会計の意味論

田中 茂次 著

中央大学出版部

はしがき

　長年勤めた大学を停年退職し、伊豆半島の一角に移り住んだのが2001年の春であった。当初、会計に関わる研究からは距離をおいて、この地方独特ののんびりした空気のなか、悠々自適の生活を送るつもりであった。ところが、2004年に中央大学経理研究所の研究誌「経理研究」に「進展する会計ビッグバン」と題する特集が組まれることになった。筆者も「会計、その神話の崩壊　―会計構造論から見た会計ビッグバン―」と題して寄稿したが、それが事の始まりであった。当初は、その都度、思いついた論題について感想を述べるという程度の、軽い気持ちで書き始めたのが、いつのまにか、それにはまってしまい、それ以後、同誌に2016年まで連続して13回も書き込んでしまった。本書はこれら一連の論文のなかから、主な論題を引き出し、その一部分については内容を修正かつ補修しつつ、一つの全体に集成して出来上がったものである。

　現在の会計情報は伝統的に受け継がれてきた複式簿記によって生み出されている。複式簿記は「会計の言語」ともいわれるが、本論はこのような複式簿記の計算構造を特に意味論という観点から明らかにしようとしたものである。

　制度会計では会計情報の比較可能性を保持するために会計基準の設定が必要とされるが、このような会計基準はいくつかの定義文の連鎖から構成されており、その際、複式簿記の計算構造について何らかの勘定観を前提に置くことを避けることができない。特に現在、国際会計基準の設定とともに会計基準のグローバル化が進んでいるが、そこでも、公的な会計基準が特定の勘定観に従って強引に集約されるという傾向を避けることができないでいる。

　複式簿記の意味論は古くは20世紀初頭を中心にドイツ語圏内で展開された、いわゆる勘定理論にその根源を持っている。しかし、その論争の歴史は決着を見ないまま終焉を迎え、現在、制度会計の理論のなかでこれに言及されることはほとんどない。というよりも、会計情報の有用性の強調という名のもとで、複式簿記の構造をどのように捉えるべきかという問題は、ほとんど無視されて

いるのが現状である。

　そこで問題となるのは、現在のグローバル化した会計制度のもとで、世界的に共有された勘定観なるものが存在するのかということである。そして、それが存在しないのであるならば、今後、共有されるべき勘定観はいかなるものであるべきかという問題になる。

　筆者は複式簿記を会計の言語として捉え、これまで会計深層構造論という名のもとで私見を披露してきた。このような勘定観は、筆者が1970年代から1980年代にかけて、当時、問題となっていた「会計の一般理論」、ないし「会計の公理体系」の樹立という課題をめぐって、筆者なりに思考しながら独自に構成してきたものである。それは一言でいえば、複式簿記の構造を深層構造と表層構造とに分け、複式簿記が生み出す会計情報、すなわち、貸借対照表、損益計算書、キャッシュ・フロー計算書をはじめ、マクロ会計の生産勘定などをも含めて、それらすべてを、理論的に設定した変動貸借対照表と原型損益計算書から導出可能なものとして統一的に説明しようとするものである。通常、われわれが経験的に目にする財務諸表はその表層構造であって、それは一つの深層構造からいくつかの変形を経て生成されたものにすぎない。その基底にあるものが、変動貸借対照表と原型損益計算書であって、それらは相互の一対一の関連で貸借反対に対応する。したがって、ここでは、両者のいずれが論理的に先行するかという問題は生じない。筆者のこのような基本的な観点は、実は極めて単純なものであって、これまでいくつかの著書や論文を通して公表してきたが、本書でも変わることなく、そのまま受け継がれている。

　歴史的に提示された勘定理論は、おおよそ、一元論、二元論および折衷論という三つに分けることができるが、深層構造論はこの中でも特に一元論に立つ。これに対して、現在の国際会計基準は資産負債アプローチに基づく定義体系のうえに立っているが、その立場は、この分類法からいえば、折衷論に位置づけられる。20世紀後半から21世紀の初頭にかけて、特に資産負債アプローチという名のもとに、会計理論の語り方は大きく変貌したといわれる。現在のグローバル化した会計環境のなかで、本書もこのアプローチを取り上げている

が、深層構造論の立場から、そこで見逃されているいくつかの面を指摘しつつ、それを批判的に検討することも本書の中心的な論点の一つとなっている。

　本書の読み方としては、読者の自由にお任せしたい。特に関心のある章から読み進むのも一つの手である。また、簿記技術的に専門に過ぎて無用と思われる部分は無視するのも、もう一つの手である。筆者の常として、それぞれの論文を書く際には、そのたびごとに深層構造との関わりから説明しようとするあまり、どうしても繰り返しが多くなる。いくつかの論文の内容を一冊の本にまとめるにあたり、その点には注意したつもりではあるが、そのくどい部分のいくつかが削ぎ落とされないまま、残っているかもしれない。その点はお許しを請いたい。

　退職時には予想もしなかった出版の機会に恵まれ、感慨もひとしおである。私事にわたって恐縮であるが、本書を長年にわたり人生を共にしてきた妻良子に捧げたい。

　本書は中央大学の学術図書出版助成の資金助成によって出版されたものである。この援助がなければ、本書が日の目を見ることはなかったであろう。心よりお礼申しあげたい。

　2018年4月

田 中 茂 次

会計の意味論

目　　　次

はしがき

第1章 複式簿記の意味論 … 1

第1節 意味構造の抽出 … 3
1. 意味符号としてのプラスとマイナス … 3
2. 資産と負債の意味論上の対立 … 4
3. 三つの意味論 … 9

第2節 会計取引と一元論 … 13
1. 損益取引への一元化 … 13
2. 財務諸表の意味構造 … 22
3. 変動差額損益計算式 … 26
4. 損益勘定を通過しない損益項目 … 27
5. 会計等式 … 31

第3節 折衷論の問題 … 37
1. 折衷論の不可能性 … 37
2. シェアの純資産二重表示論——補論 … 40

第2章 純資産概念の意味するもの … 53

第1節 借方残高としての純資産 … 53
1. 残余額の概念 … 54
2. 財産目録の純資産 … 55
3. 「純資産の部」という用語の矛盾 … 56
4. 純資産概念の形骸化 … 58

第2節 純資産損益計算式 … 59
1. 純資産損益計算式の派生的性格 … 59

2　財産法と損益法という二項対立概念の問題 …………………… 60
　第3節　資産負債アプローチの純資産概念 ……………………………… 63
　　1　資本の部と純資産 …………………………………………………… 63
　　2　資産負債変動と収益費用概念 ……………………………………… 65
　　3　資産擬制論 …………………………………………………………… 71
　　4　支払手段としての持分金融商品 …………………………………… 75
　　5　負債と資本 …………………………………………………………… 76
　　6　日本の資産負債アプローチ ………………………………………… 77

第3章　純利益と包括利益 ……………………………………………………… 87
　第1節　未実現利益系統と実現利益系統 ………………………………… 87
　　1　評価法と期間損益 …………………………………………………… 87
　　2　その他の包括利益の損益繰延機能 ………………………………… 92
　第2節　包括利益計算書の意味構造 ……………………………………… 94
　　1　変動貸借対照表の自動的調整機能 ………………………………… 94
　　2　三つの仕訳法と包括利益計算書 …………………………………… 97
　　3　その他の包括利益と調整仕訳 ……………………………………… 102
　第3節　包括利益変動差額計算式 ………………………………………… 111
　第4節　資産負債アプローチと包括利益 ………………………………… 113
　　1　純資産（資本）の側からの定義法──意味論の欠如 ………… 113
　　2　日本の概念フレームワークと包括利益 ………………………… 117
　　3　構造論と評価法 …………………………………………………… 119

第4章　会計取引と勘定構造 …………………………… 123

第1節　会計取引の基礎概念 ……………………………… 123
1　一元的取引の概念 ……………………………………… 123
2　正味の債権または債務 ………………………………… 126
3　相殺の諸相 ……………………………………………… 133
4　金融商品の定義法 ……………………………………… 136

第2節　転換仕訳と有高変動型の費用収益対応 ………… 138
1　商品売買取引の三分法と転換仕訳 …………………… 140
2　経過勘定と転換仕訳 …………………………………… 146
3　時価評価と転換仕訳 …………………………………… 148
4　変動差額と残高差額 …………………………………… 161

第5章　キャッシュ・フロー計算書の意味構造 ………… 163

第1節　変動貸借対照表と原型損益計算書とキャッシュ・フロー計算書 ……………………………………… 163
1　通常仕訳と分解仕訳 …………………………………… 164
2　変動貸借対照表より作成する方法 …………………… 166
3　原型損益計算書より作成する方法 …………………… 171
4　キャッシュ・フロー変動差額計算式 ………………… 174

第2節　キャッシュ・フロー計算書の作成法 …………… 177
1　後退法 …………………………………………………… 178
2　前進法 …………………………………………………… 183
3　間接法の収入項目と支出項目 ………………………… 186
4　実務指針の精算表の問題 ……………………………… 189

第3節　キャッシュ・フロー計算書を巡る概念的諸問題 …… 194
　　　1　作成方法か写像対象か ………………………………… 194
　　　2　会計のグレーゾーン …………………………………… 196

第6章　ミクロ会計とマクロ会計 ……………………………… 199

　第1節　変動貸借対照表勘定と原型損益勘定 ………………… 200
　第2節　ミクロ会計型損益勘定とマクロ会計型損益勘定 …… 202
　　　1　ミクロ会計型損益勘定 ………………………………… 202
　　　2　マクロ会計型損益勘定 ………………………………… 203
　第3節　総資本形成の位置付け ………………………………… 217
　第4節　財貨・サービス勘定の問題 …………………………… 223
　　　1　総資本形成と損益勘定 ………………………………… 223
　　　2　生産側と支出側 ………………………………………… 228
　　　3　基本3勘定説か基本2勘定説か ……………………… 231
　　　4　会計一般理論 …………………………………………… 235

　結　び …………………………………………………………… 239

第1章

複式簿記の意味論

　現在の会計制度を基本的に支えてきたのは複式簿記の記帳体系である。複式簿記は「会計の言語」とも呼ばれるが、企業をはじめ社会の諸機関から提供される会計情報の意味をくみ取るためには、いうまでもなく、複式簿記についての基本的な理解が要求される。ここでは、このような複式簿記の意味論を考察する。

　一般に意味論といっても、会計の場合、複式簿記を基礎にしたその計算構造論的側面から、会計情報の実用的側面に至るまで、広く幾つかの異なった視点からのアプローチが可能であると考えられる。筆者はすでに貸借対照表勘定の分類構造を巡って意味論の一端を展開したこともあるが[1]、ここでは考察の対象を特に複式簿記の計算構造論的側面に絞って考察したいと思う。すなわち、ここでの意味論とは、複式簿記の計算構造についての意味論を指すものとする。

　このような複式簿記の意味論は、古くは、特に20世紀初頭を中心にドイツ語圏内で展開された、いわゆる勘定理論にその根源をもつ。しかしながら、現在、会計の理論の領域でこれに言及されることはほとんどない。というよりも、会計情報の「実用性」を口実に、この側面はほとんど無視されているのが実情である。

　制度会計では、社会に提供される様々な会計情報について、その比較可能性を保持するために、会計情報を産み出す手順を何らかの形で統一化する必要がある。そのため、従来、個々の具体な会計処理に関しては、一定の規則を設定する必要に迫られてきた。広く、「会計基準」と呼ばれるものがそれである。このような会計基準は、もともと、一連の定義文から構成される。その場合、

そのような会計基準の設定には、複式簿記の計算構造について、何らかの特定の見方、いわば、ある種の勘定観が前提に置かれる。すなわち、複式簿記は会計の言語であるから、それを基礎として産み出される会計情報を産出するにあたって何らかの公的な観点から規定を行うとすると、複式簿記という会計言語についての何らかの見方がそこに混入することを避けることはできないのである。

　従来、多くの国々はそれぞれ伝統的に何らかの会計基準の伝統をもち、それを維持してきた。しかし、現在では、国際会計基準の設定とともに会計基準のグローバル化が進んでおり、以上の関連でいえば、このような会計制度のグローバル化も特定の「一つの勘定観」に従って公的な会計基準が強引に集約されるという側面を持たざるをえないという意味をも含んでいる。そこに、グローバル化の怪しさと恐ろしさがある。

　ここで問題は、現在のグローバル化した会計制度のもとで、一体、複式簿記という会計言語について、世界的に「共有されている勘定観」が存在するのかという問題になる。もし、あるとすれば、それはどのようなものであるか。また、それが今なお現存しないのであるならば、共有されるべき勘定観とはいかなるものであるべきか。翻って見ると、20世紀初頭の勘定理論の歴史においてすら、この点については、まだ決着はついていないのである。

　ここでは、もし共有すべき複式簿記構造観というものがあるとすれば、それはどのようなものであるかということが考察の対象となる。筆者は、会計学の研究を始めて以来、特に1970年頃から、複式簿記について構造論的分析を展開してきた。この構造論的視点とは、複式簿記には深層構造と表層構造とがあり、我々が通常目にし利用している複式簿記は、その深層構造から一定の規則の適用によって生成されたものであるとする構造観である。この構造観は、かの有名なるアメリカの言語学者ノーム・チョムスキーの生成文法論にならったものである。ここでも、この構造観が論を進める上での始点となる。

第1節　意味構造の抽出

1　意味符号としてのプラスとマイナス

　複式簿記では、取引が発生すると、先ず仕訳帳において、その取引をある勘定の「借方」と他の勘定の「貸方」に記入するための仕訳を行う。これを取引の分解ともいう。次に、それを、総勘定元帳にあらかじめ設定されている各勘定口座（貸借対照表勘定と損益勘定とからなる）の借方と貸方に転記する。例えば、A社がB社から現金10円を借り入れたという取引が発生すると、仕訳帳に「（借方）現金10円（貸方）借入金10円」という仕訳を記入する。これは「仕訳文」ということもできる。複式簿記を学んだ人は、この文の意味を充分に理解できるはずである。次いで、総勘定元帳の「現金勘定の借方」と「借入金勘定の貸方」にそれぞれ金額10円を記入するのである。これは、借方と貸方が共に貸借対照表勘定の事例である。

　日常、目にする一般の計算式であれば、プラス符号とマイナス符号は不可欠である。しかし、複式簿記の記帳体系ではプラス・マイナスの符号を付けない。なぜであろうか。複式簿記は紛れもなく統一した「計算」構造をもっているはずである。しかし、複式簿記ではすべてが無符号である。ただ、無符号はプラス符号付きともみることができるから、複式簿記では特に「マイナス符号を用いない」と考えた方が適切かもしれない。例えば、現金勘定の貸方記入は現金の減少であるがマイナス符号は用いない。すべてが無符号、すなわちプラス符号で処理されている。とすれば、このような状況のもとで、複式簿記はいかにして計算構造として成立し得ているのであろうかという疑問が生じよう。

　これに対する答えは次のようになる。すなわち、複式簿記では、プラス・マイナスという数学的対立関係を左側（借方）と右側（貸方）という「空間的な位置」の対立で表現しているためである、と。実際には、記帳者は、このプラス・マイナスの数的関係を考えながら記帳していると考えられる。複式簿記を知る人は、現金勘定の借方の記入（収入）は意味的にはプラスであり、その貸

方の記入(支出)はマイナスであると理解しているであろう。これは、複式簿記でも単に機械的に記帳を行っているのではなく、プラスとマイナスの数的関係を考えながら記帳していることを意味している。ある一つの勘定において、借方と貸方のうち、その一方が「増加」であれば、他方は「減少」であることは、一般に認められることである。

会計理論は取引の仕訳法や記帳規則を機械的に打ち立てるだけで終わるわけではない。それは複式簿記の計算構造を「通常の意味での数学的計算構造」に「解読」して示すことが必要である。例えば、一般に、簿記の入門書は、勘定記入の技術を説明する際に、「資産の『増加』(プラス)は借方であり、負債の『増加』(プラス)は貸方である」と説明している。というのは、『増加』は常にプラスを意味するから、負債の『増加』にマイナス符号を付けることはあり得ず、その増加もプラスと定義される。しかし、なぜ、資産の増加(プラス)は「借方」に、負債の増加(プラス)は「貸方」に、つまり貸借反対に記帳するのかと問われれば、どのように答えるべきであろうか。

資産と負債との間には、「借方(左側)」と「貸方(右側)」という対立的形式がすでにその前提に置かれている。しかし、日常語でこれを理解する場合、両者の増加をともにプラスということで説明できるであろうか。同じ増加といっても借方と貸方という左右反対の空間的位置付けで記入されているのであるから、その意味は異なるのではないか。ここで、人々は、まさに、「会計構造の意味論」に踏み込むことになる。ごく単純化していえば、この符号の付け方を議論するのが複式簿記の意味論ということになる。

2　資産と負債の意味論上の対立

いま、資金借入れの取引例を用いて、勘定記入からその意味構造を取り出してみよう。図表1-1の設例[1]では、先ず、㋑現金50を借入れ、ついで㋺借入金5を返済したと仮定している。ここでは、特に意味符号を問題にするので、普通は無符号の通常仕訳①にもプラスの符号を付けている。次の意味表示②では、意味符号と勘定形式との関連を示している。先ず、現金勘定では、借方記

図表1-1　意味論上の対立

[1] 資産と負債の意味論上の対立					
	(借方)	現金勘定 (貸方)	(借方)	借入金勘定	(貸方)
通常仕訳	㋑増加　+50	㋺減少　+5	㋺減少　+5	㋑増加　+50	
意味表示	㋑増加 +（+50）	㋺減少 -（-5）	㋺減少 +（+5）	㋑増加 -（-50）	
設例：	㋑現金50を借り入れた。　　　　（借）現金　50（貸）借入金 50				
	㋺借入金5を現金で返済した。　（借）借入金 5（貸）現金　5				
説明：	意味表示について。**現金勘定**の括弧内は意味表示を示す。現金の増加は（+50）で示し、減少は（-5）で示す。括弧の前の符号は貸借対照表勘定の「借方+」と「貸方-」の意味論的対立を示す。貸借対照表勘定の借方はプラスであり、貸方はマイナスである。**借入金勘定**の括弧内は意味表示である。負債の「増加」は（-50）で示し、負債の「減少」は（+5）で示す。 　　資産増加と負債減少は「借方」に記入されるが、意味論的には、共にプラス（+）であり、資産減少と負債増加は「貸方」に記入されるが、意味論的には、共にマイナス（-）である。				

[2] 収益と費用の意味論上の対立					
	(借方)	売上原価 (貸方)	(借方)	売上	(貸方)
通常仕訳	㋑発生　+30			㋺発生　+40	
意味表示	㋑発生 -（-30）			㋺発生 +（+40）	
設例：	㋑商品の売上原価30を計上する。（借）売上原価 30（貸）商品　30				
	㋺売上高40を計上する。　　　　（借）現金　40（貸）売上　40				
説明：	意味表示について。**売上原価勘定**の括弧内は「費用」の発生であるから（-30）で示す。括弧の前の符号は損益勘定の「借方」と「貸方」の意味的対立を示す。複式性により、損益勘定の貸方はプラスであり、借方はマイナスである。**売上勘定**の括弧内は「収益」であるから（+40）で示す。会計の意味論上の符号は、ある勘定の借方記入または貸方記入が、純利益の数値にプラス（収益）として作用するかマイナス（費用）として作用するかで決まる。				

入は日常語では「収入」という用語で語られており、プラス符号をもつことは明らかである。括弧付きの（＋50）は収入50があったことを示す。この括弧の前のプラス符号「＋」はこれが「貸借対照表勘定の借方記入」であることを示す。両者の結合「＋（＋50）」が通常仕訳「＋50」となる。ついで、現金勘定の貸方は「支出」であり、これが意味上はマイナス符号をもつことは誰でも認めるであろう。括弧付きの（－5）は支出5が発生したことを示す。この括弧の前のマイナス符号「－」はこれが貸借対照表勘定の「貸方記入」であることを示す。両者の結合「－（－5）」が通常仕訳「＋5」となる。つまり、意味上は括弧内のマイナスであるが、ここでは貸方（マイナス）に記入されているのでマイナス符号は不要となり、プラス符号のままでよいということになる。

このように、通常の仕訳ですべてがプラス符号で済まされるのは、複式簿記では、あらかじめ「借方・貸方という空間的対立」がT型の形式でその前提に設定されているからである。現金の支出（マイナス）は借方（左側）から区別された「貸方」（右側）に記入される。複数の支出分だけを貸方に集め、プラス符号付きのまま加算しても問題は生じない。

次に借入金勘定であるが、これも同様に考えることができる。借入金の増加がマイナスであることは後に分解仕訳を用いても明確にするが、ここでは先ず借入金の減少を見よう。借入金について債務免除を受けた場合、「（借）借入金5 （貸）債務免除益5」という仕訳になるが、利益が発生するので「借入金の減少（借記）」はプラスであり、意味符号で（＋5）となる。従って、通常仕訳では「＋（＋5）＝＋5」によって表現される。借入金の減少がプラスであるならば「借入金の増加（貸記）」は必然的にマイナスとなり、意味表現は（－50）となり、通常仕訳では「－（－50）＝＋50」となる。

このようにして、意味上の関連を示すために、現金勘定借方（収入）にプラスの符号を、貸方（支出）にマイナスの符号を付けることができ、また、借入金勘定の増加すなわち貸方にはマイナスの符号を、その借方にはプラスの符号を付けることができる。一般に、意味論上の符号として、貸借対照表勘定の借方記入にはプラス、その貸方記入にはマイナスを付けることができる。これは

資産勘定や負債資本勘定を含むすべての貸借対照表勘定の記入に当てはまる。

　このような意味関係はむしろ損益勘定を直接に考察した方がより明確となる。図表の[2]は損益勘定を採り上げている。以上の考察と同じように、括弧内の（＋収益）と（－費用）は意味を示す。収益がプラス符号付きであり費用がマイナス符号付きであることは誰でも認めるであろう。この例での純利益の計算は「純利益＝＋収益40－費用30＝＋10」という計算式で表現される。ついで、括弧の前の符号は損益勘定の借方と貸方の符号を示す。後に詳しく考察するが、「複式性」によって借方と貸方の対立は貸借対照表勘定の場合とは反対になる。損益計算書では貸方がプラスで借方がマイナスである。そのため、マイナスの費用項目もプラスで表現される。意味表示は「－（－費用）」となり、通常表示は「＋費用（または無符号）」となる。

　以上の考察は、勘定は必ずプラスとマイナスという意味上の対立を内蔵しているものの、複式簿記の適用面では、それを借方貸方という空間的対立で表現しているため、敢えてプラス・マイナスの意味の符号は必要ないということを示している。しかし、それと同時に、数学的意味構造を解きほぐすためには、すべてがプラス符号付きで処理されているからこそ、すべての記帳をプラス・マイナスの符号きの関連に解読して翻訳しなければならないことをも示してもいるのである。

　いま、借入金取引[1]を例にとると、二つの取引で生じた現金の純増加額は、意味論上の「括弧付きの数値」だけを結び付けて、「現金純増加＝＋50－5＝＋45」となる。これは通常のプラス・マイナスの符号を用いた計算式である。つまり、勘定記入が「通常の計算式」に翻訳されているのである。

　現金勘定を、借方（左側）と貸方（右側）という「Ｔ勘定形式」を用いながら、その上に、さらに貸方に意味上のマイナス符号をつけることは、余計で過剰な表記法ともいえる。しかし、この表記法は決して邪魔にはならない。むしろ、「収入50－支出5＝現金純増加45」という数学的関連を直接に示すので、意味論的解明や説明には極めて便利といわなければならない。

　このように、意味論を論ずる場面では、勘定科目名や数値にプラス・マイナ

スの符号を付けてその意味関連を示すことができる。特に、変動貸借対照表を想定し、そのさい、貸借対照表の各勘定の記入について、T勘定形式を用いて借方と貸方に分けることなく、単にプラス（借方記入）とマイナス（貸方記入）の記号だけでその意味関連を表現することができる。この説明法で複式簿記の計算構造は矛盾なく説明が可能である。むしろ、意味を示す符号としてプラス・マイナスの符号を積極的に用いて、複式簿記の記帳体系の意味関連を解きほぐすことが、現在の複式簿記構造論には広く求められているように思われる。なお、通常の表記法で、例えば展開表などではプラス項目については無符号のままである。ただ、計算式に転換する際には、プラス項目についてはプラス符号を欠かすことはできない。そのため、以下の議論では、多くの場合、敢えてプラス符号をつけて押し通すことにしている。

　複式簿記では、ある勘定が資産、負債及び資本のいずれに属するかは、その勘定の「科目名」で判断することができる。したがって、その「金額」に一元論のプラス・マイナスの符号を付けておけば、あえてT型の勘定形式を用いなくても、それが借方記入であるか貸方記入であるかは判断できることになる。例えば、現金「－5」という記入は、現金という資産勘定の貸方記入であることがわかる。また、借入金「－50」という表示は、借入金という負債勘定の貸方記入であってその増加を示し、借入金「＋5」は負債勘定の借方記入であってその減少を示すと判断できる。一般に、貸借対照表勘定の借方記入は、意味論上はプラスであり、貸方記入はマイナスとなる。それは資産勘定であれ、負債資本勘定であれ変わらない。また、損益勘定では、収益勘定の貸方記入の金額には一律にプラス符号を、費用勘定の借方記入の金額にはマイナス符号を付けることができる。

　貸借対照表勘定に限定すると、現金勘定については、その増加を「収入」と呼び、その減少を「支出」と呼ぶ。これは伝統的に「日常語」として現実の社会で広く用いられ定着している用語である。しかしながら、このように、意味構造つまりプラスとマイナスを直接に表現する用語は現金勘定の「収入」と「支出」という用語を除いてはほとんど存在しない。つまり、財の増加や減少

の過程が「独特の日常的用語」で表現されるという事例は収入支出という用語を除いてはほとんどないのである。ただ、資産勘定であれば、一般に、その借方はプラスであり、その貸方はマイナスであるということは容易に理解できる。意味論で特に問題が生ずるのは貸借対照表の貸方の「負債」や「資本」についてである。これらの勘定の貸方側の増加記帳や借方側の減少記帳が本質的にマイナス符号付きなのかプラス符号付きなのかについては、現在でさえ一般的な認識が得られていないのが現状である。考えてみると、これは極めて異常な事態である。会計においては、複式簿記の計算構造自体については、未だに共有されている見解が存在しないことを示しているからである。

　歴史の教えるところによれば、ルカ・パチオリは先ず数学者であった。しかるに、15世紀末、彼がベネチア式の複式簿記を紹介したときには、単に「借方」と「貸方」という用語を用いてその勘定記入の方法を紹介したにすぎない。歴史的研究では、借方・貸方という用語がどのようにして発生したかということについては語られることが多いが、それらの記入体系が「数学的に」どのような意味関連を内包しているかについては、パチオリ自身さえも全く問題にしなかったし、また彼によって明らかにされることはなかった。そして、それ以来、複式簿記に見られる貸借対照表勘定と収益費用勘定の記入が数学的にどのように関連しているかという問題については、ベニス式簿記の紹介以来すでに幾世紀を経た現在においてさえ、「共有された理論」が形成されてはいないのである。われわれは、このような事実をどのように受け止めたらよいのであろうか。

3　三つの意味論

　従来、複式簿記の計算構造については多くの議論がなされてきた。古くは、ドイツ語圏内で展開された勘定理論がある。ここでは、以下の議論を始めるきっかけとして、まず、図表1－2に貸借対照表と損益計算書の意味論ともいうべき側面について、三つの異なった見方を示しておくことにしよう。

　筆者の深層構造論は一元論に立つ。一元論と呼ぶのは、貸借対照表借方の資

図表1-2　一元論、二元論及び折衷論

[一元論]			
貸借対照表			
資産	+	負債	−
		資本	−
損益計算書			
費用	−	収益	+
[二元論]			
貸借対照表			
資産	+	負債	+
		資本	+
損益計算書			
費用	+	収益	+
[折衷論]			
貸借対照表			
資産	+	負債	−
		資本	+
損益計算書			
費用	−	収益	+

説明：
　一元論は深層構造論の立場である。**二元論**は意味論を無視したものであり、簿記教科書もこの立場で勘定記入の規則を説明している。マクロ会計の表記法もこの二元論に従う。**折衷論**の代表的なものはシェアの純資産二重表示論である。「資産と負債」及び「収益と費用」の関係では一元論であるが、「資産と資本」の関係では二元論である。

産系統の勘定についても、また貸方の負債資本系統の勘定についても、一元的に、その借方記入がプラスで、その貸方記入がマイナスとされているからである。貸借対照表には、その借方がすべてプラス、その貸方がすべてマイナスであるような、一つの勘定系統しか存在しないことになる。さらに、この一元論

では、損益計算書との関連で見た場合でも、貸借対照表の借方のプラスが損益計算書の貸方の収益のプラスと「貸借反対」に対応し、また、貸方の負債・資本のマイナスが損益計算書の借方の費用のマイナスと「貸借反対」に対応している。この関連で見れば、一元論では、貸借対照表勘定の項目に付けられたプラス・マイナスという意味論上の符号はそれが純利益の計算に対して、プラス（収益）として作用するか、マイナス（費用）として作用するかという観点から付けられたものであることもわかる。

　次に示す二元論は、特定の学説として提示されているものではない。これを二元論と呼ぶのは、貸借対照表の資産勘定系統では借方がプラスで貸方がマイナスであるのに対して、負債資本勘定系統では貸方がプラスで借方がマイナスとされており、借方と貸方が意味的に反対の二つの勘定系統が想定されているからである。

　このような二元論の特徴は、それが、むしろ意味構造を無視したところに成立しているところにあると考える方が適切かもしれない。一言でいえば、意味論無視の理論である。複式簿記の入門書に見られる勘定記入の規則も意味論を無視したところに成立している。そこでは、Ｔ字型の勘定を前提に置き、例えば、現金の増加は現金勘定の「借方」にプラスし、その減少はその「貸方」にプラスすると説明する。資産勘定であれ負債資本勘定であれ、その増加記帳も減少記帳もすべてプラス（無符号）で説明される。

　ただ、損益勘定については、一般に、一元論のプラス・マイナス符号の付け方にほとんど異論はないであろうという点を忘れてはならない。複式簿記では、費用項目だからといってマイナス符号は付けないが、純損益の計算式それ自体を問題にするときに費用にプラスの符号を付ける人はいないであろう。損益勘定の収益勘定は便益価値を表しプラスであり、費用勘定は犠牲価値を表しマイナスであるという認識は共通のものと見なければならない。複式簿記では、収益勘定や費用勘定にもプラスやマイナスの符号を付けないのであるが、それでも意味論の場ではこのような損益勘定の記帳は一般にプラスとマイナスの符号付きで理解されていると見なければならない。

二元論的な定義法では、先にも述べたように、資産の増加も負債の増加も同じプラスであるのに、なぜ、資産勘定ではそれを借方に記入し、負債勘定や資本勘定ではそれを貸方に記入するのかという問題に答えなければならない。さらに、二元論の定義法を貫けば、損益勘定では「収益の増加（貸記）」はプラスであり「費用の増加（借記）」も同じくプラスとなるかもしれない。しかし、先にも述べたように、「収益－費用＝純利益」という計算式を前にしては、二元論者がいかにすべての記帳体系について、そのプラス性を主張しても、収益概念と費用概念との間に、プラスとマイナスという意味論上の反対関係が存在することを否定することはできないであろう。

　最後の折衷論は、資産と負債の関連では一元論を適用し、資産と資本の関連では二元論を適用するものである。損益計算書については、以上に述べたように、意味論的な理解に一致が見られるとしても、貸借対照表を構成する資産、負債及び資本という三つの構成要素については、その理解の仕方に大きな差異がある。というよりも混乱がある。ただ、一般に、借方の資産勘定についてはすべてプラス符号を付ける点で一致するであろう。これに比べて、基本的な意見の相違が生ずるのは、主に貸方の「負債」と「資本」についての符号の付け方である。ここに、次に見るように、折衷論が発生する余地がある。

　シェアの純資産二重表示論に代表されるものであるが、これについては、後に第3節でやや詳細に検討する。筆者が先に敢えて二元論を想定したのは、シェア理論のように貸方の「資本の増加」を「資産の増加」と同じく「プラス」とする見解が現在もなお存在しているからである。つまり、シェア理論では資産と資本の関連では二元論を想定しているのである。現在の資産負債アプローチはシェアの折衷論を継承しており、現在でも、部分的ではあっても、二元論が意味論無視の理論として存在していることになる。

第2節　会計取引と一元論

1　損益取引への一元化
(1)　通常仕訳と分解仕訳

　プラス・マイナスの意味符号は貸借対照表勘定の借方または貸方の記入が純損益の計算に対してプラスとして作用するかマイナスとして作用するかという観点とそのまま呼応する。以下、しばらく、一元論に立つ深層構造論についてその骨格を述べておく。

　複式簿記の理論では、取引概念を交換取引、損益取引および混合取引の三つに分類している。いま、A社はB社から10円の商品を現金払いで購入したという取引が認識されると、A社ではその取引を「(借方) 商品10円 (貸方) 現金10円」という仕訳で表現する。これは交換取引の部類に入る。ただ、ここでいう「簿記論上の交換取引」という概念は必ずしも日常の「交換」という概念と重なるわけではないので注意が必要である。例えば、運送費を現金で支払った場合、それを「サービスと現金との交換取引」ということができる。しかし、会計上の仕訳は「(借方) 運送費×× (貸方) 現金××」という仕訳となり、これは交換取引と区別して「損益取引」に属するとされる。簿記論上は、交換取引という概念を、借方と貸方がともに貸借対照表勘定によって表現されている取引に限定していることに注意が必要である。純損益への影響はゼロである。上の商品仕入れの例では商品勘定と現金勘定とが結合している。

　伝統的な勘定理論はこのような取引の分類にはほとんど重要性を置かず理論構成を行っている。これに対して、筆者の深層構造論では、その出発点に、交換取引や混合取引もすべて損益取引に分解可能であるという命題をおく。

　次の図表1-3の［1］では、先ず、A社がB社から現金50を借り入れたという交換取引を仮定し、その通常仕訳を分解仕訳①と②に分解している。分解仕訳①は借方に貸借対照表勘定（現金勘定）、貸方に損益勘定（現金増加勘定）をもち、貸借ともにプラス符号付きであり、これを便益（収益）関連取引と呼

図表1-3　通常仕訳と分解仕訳

[1] 交換取引の例	(借方)	仕訳	(貸方)	
通常仕訳	現金	+50	借入金	-50
分解仕訳①：便益関連取引	現金	+50	現金増加	+50
分解仕訳②：犠牲関連取引	借入金増加	-50	借入金	-50

仮定：A社はB社から現金50を借り入れた。ゴシック体で示した項目は原型損益計算書の構成要素である。

説明：
(1) 分解仕訳①の貸方「現金増加」は**原型損益計算書の収益勘定の科目名**である。この取引を便益（収益）関連取引、または単に**収益取引**と呼び、借方と貸方にプラス符号を付ける。また、分解仕訳②の借方「借入金増加」は**原型損益計算書の費用勘定の科目名**である。この取引を**犠牲（費用）関連取引**、または単に**費用取引**と呼び、借方と貸方にマイナス符号をつける。
(2) **複式性**：分解仕訳に見られる貸借対照表勘定と損益勘定との間の一対一の対応関係を複式性と呼ぶ。
(3) **貸借均等の法則**は、すべての仕訳において、借方金額は貸方金額と常に等しいという原則である。この原則は、分解仕訳①または分解仕訳②という**損益取引の仕訳**において、すでに成立している。貸借均衡の法則は交換概念とは関係がない。

[2] 混合取引の例	(借方)	仕訳	(貸方)	
通常仕訳	現金	+50	商品 商品売買益	-40 +10
分解仕訳①：便益関連取引	現金	+50	現金増加（売上）	+50
分解仕訳②：犠牲関連取引	商品減少(売上原価)	-40	商品	-40

仮定：A社はB社へ商品50を現金で販売した。商品の売上原価は40であった。分記法による。

説明：
(1) 混合取引（交換取引と損益取引の結合）も損益取引に分解される。
(2) この分解仕訳①と②は、通常の**売上原価法**と同じである。

ぶ。また、分解仕訳②は貸方に貸借対照表勘定（借入金勘定）、借方に損益勘定（借入金増加勘定）をもち、貸借ともにマイナス符号付きであり、これを犠牲（費用）関連取引と呼ぶ。これらの損益勘定（現金増加勘定・借入金増加勘定）は原型損益計算書の構成要素である。ここでは、対応する貸借対照表勘定（現金・借入金）に「増加・減少」又は単に「増・減」という語を付して原型損益計算書の収益費用項目の勘定科目名としているのである。

　次に、図表の［2］の混合取引については、商品売買取引を仮定し、「分記法」と呼ばれている仕訳法を想定している。現金受取額と商品原価との差額を商品販売益として処理する方法である。ここでも、混合取引は二つの損益取引の結合に還元されている。

　この分解仕訳は、一般に「売上原価法」と呼ばれる処理法に等しい。混合取引による処理法を純額法と呼べば、この方法は総額法である。これ以上は分解されない。ただ、この売上原価法で注目すべきことは、売上高という概念は「貨幣資産の増加」を指示対象とした概念であるということである。通常の理解では、「売上高」勘定は「商品の流れ」そのものを示しているかのごとく説明されることが多い。しかし、ここでは「売上50」が「現金の増加50」に対応していることが明らかであろう。売上げという概念は商品という財の移動を直接の指示対象とするものではない。商品の流出はここではもっぱら「売上原価」という費用勘定によって表現されている。

　売上高の概念はミクロ会計ではもちろん、マクロ会計でも中心的な役割を果たしている。その際、売上高がそのまま商品の流れを示すかのごとく説明されることが多いが、それは売上げの対価として得られた金融資産の増加を指す概念である。企業から流出する財貨やサービスそのものの流れを指すのではない。この点は後に第6章で明確にする。

　すべての通常の会計仕訳は、便益（収益）関連取引と犠牲（費用）関連取引の集合に分解される。前者は貸借共にプラス符号付きであり、後者は貸借共にマイナス符号付きである。

(2) 変動貸借対照表、原型損益計算書から通常損益計算書へ

すべての会計取引は、以上のようにして、「損益取引の集合」に還元される。いま、変動貸借対照表や原型損益計算書から通常損益計算書が生成される過程を、展開表を用いて示せば、図表1-4のようになる。この展開表は深層構造論を論ずる場合の基礎として以下の考察でしばしば用いるものである。これは、変動貸借対照表、原型損益計算書及び通常損益計算書の三つの表からなる。

変動貸借対照表では、貸借対照表勘定の借方記入にはプラス符号を、貸方記入にはマイナス記号を付ける。このような符号を付ける以上、各勘定上で借方と貸方を空間的に区分する必要はない。

貸借対照表の側では、「期首貸借対照表」を上段に置く。次いで、貸借対照表項目の期中増減額を会計取引の仕訳に基づいて記入する。その記入単位の全体が変動貸借対照表である。各勘定の期中の純変動額を「変動差額（貸借対照表）」に記入している。そして、期首貸借対照表に変動差額貸借対照表の純変動額を加減したものが「期末貸借対照表」となる。式で示せば、「期首貸借対照表＋変動差額貸借対照表＝期末貸借対照表」となる。変動差額貸借対照表という用語は、後に述べる変動差額損益計算式との関連で名付けたものである。

変動貸借対照表の記入単位は通常仕訳のそれと変わらない。通常の仕訳法と異なるのは、変動貸借対照表の記入をすべて一対一の対応関係で「原型損益計算書」に記入する点である。すなわち、原型損益計算書には分解仕訳の収益費用項目がすべて記入される。仮定した取引①～⑤のうち、交換取引①～③についても、分解仕訳の収益項目及び費用項目が原型損益計算書に記入されている。

記入された仕訳の数値には意味論上のプラス・マイナスの符号を付けている。貸借対照表勘定の記入単位については、借方記入にプラス符号を、貸方記入にマイナス符号を付け、また、損益計算書の記入単位については、貸方記入にプラス符号を、借方記入にマイナス符号を付けている。この符号を付けるかぎり、勘定をT字型を用いて借方と貸方に分割する必要はない。ただし、ここでは、原型損益計算書と通常損益計算書については、説明上、明確化を期し

第1章 複式簿記の意味論 17

図表1-4 原型損益計算書から通常損益計算書へ

変動貸借対照表	資産		負債・資本			原型損益計算書		通常損益計算書	
	現金	商品	借入金	資本金	繰越利益	借方	貸方	借方	貸方
期首対照表	+30	+70	-35	-40	-25				
交換取引：									
①現金増	+15						+15		
資本金増				-15		-15			
②借入金減			+10				+10		
現金減	-10					-10			
③商品増		+20					+20		
現金減	-20					-20			
損益取引：									
④現金増	+50						+50		+50
（売上）									
商品減		-40				-40		-40	
（売上原価）									
⑤現金減	-3					-3		-3	
（支払利息）									
純利益					-7	-7		-7	
変動差額	+32	-20	+10	-15	-7	-95	+95	-50	+50
期末対照表	+62	+50	-25	-55	-32	※ 交換取引は相殺消去。			

仮定：取引①～⑤を仮定し分解仕訳を示す。ゴシック体の項目は原型損益計算書の要素である。

	分解仕訳			
	（借方）		（貸方）	
①	現金	15	現金増	15
	資本金増	15	資本金	15
	資本金15を受け入れた。			
②	**現金減**	10	現金	10
	借入金	10	**借入金減**	10
	借入金10を返済した。			
③	**現金減**	20	現金	20
	商品	20	**商品増**	20
	商品20を現金払いで購入した。			
④	現金	50	**現金増（売上）**	50
	商品減（売上原価）	40	商品	40
	商品を50で現金販売した。売上原価は40。			
⑤	**現金減（支払利息）**	3	現金	3
	利息3を現金で支払った。			

て、左右対称の勘定形式で示している。通常損益計算書は、原型損益計算書に表示された収益費用項目のうち、交換取引についての収益費用項目が相殺消去されて生成されたものであることがわかる。

(3) 原型損益計算書から通常損益計算書へ

(i) 分類法の転換

通常の損益計算書は原型損益計算書に特定の分類法と相殺を適用して生成される。先ず、分類法の転換という側面では、貸借対照表勘定の有高分類法から取引の活動別分類法への転化がなされる。例えば、商品を50で販売して、そのうち20を現金で受け取り、30を掛けとした場合、仕訳は「(借方) 現金20・売掛金30 (貸方) 売上50」となるが、「現金勘定」と「売掛金勘定」という二つの資産勘定の増加が損益勘定では「売上勘定」という一つの収益勘定に統合されている。その他、減価償却費勘定は多種の固定資産の減価や減耗を一つの勘定に総括した勘定であり、受取利息勘定は多くの債権勘定の利息を一つの勘定に総合したものである。ここでは、「有高勘定別分類法」から「活動別分類法」への転換がなされている。複式性により有高勘定と収益費用勘定とは価値の上では一対一の関係にあるが、勘定の「分類法」ではそうではない。有高勘定の変動が収益費用勘定へ投射されるとき、同時に、このような分類法の転換がなされるのである。

(ii) 相 殺

次に、相殺消去であるが、先の図表1-3に例示したように、複式簿記の伝統的な仕訳法によれば、認識対象がいわゆる「交換取引」である場合には損益計算書では貸借が完全に相殺消去され、また、「混合取引」である場合には、交換取引に相当する価値部分だけが相殺消去される。

いま、相殺ということの意味を考えてみよう。このような相殺消去は制度会計の損益計算書にどのような性格を与えているであろうか。いま、商品10の贈与を受けたとすれば、この商品の増加は「受贈益10」として損益計算書に計上されるであろう。しかし、現金10を支出してそれを取得した場合、仕訳は「(借方) 商品10 (貸方) 現金10」となり、商品の増加10が損益計算書に表示される

ことはなく、この取引は損益計算書から完全に排除される。次に、その費用化の側面を見ると、商品の取得原価10は例えばその売却時には売上原価10として損益計算書に計上されるであろう。ここでは奇妙なことが起こる。取得原価10の商品の増加は損益計算書に計上されないのに対して、それが売上原価、評価損、減耗損等で費用化される側面だけは損益計算書に計上されるという事実である。設備等についても同様である。取得時の投資価値の増加は損益計算書には計上されないが、その費用の側面だけは減価償却費や減耗損という形で、損益計算書に計上される。

　時価評価の体系を考えるとさらに奇妙なことがわかる。評価差額は損益として損益計算書に計上される。いま、先の商品の時価が15に上昇すれば、評価差額5が評価益として損益計算書に計上されるであろう。しかし、当初の取得による商品の価値増加10は損益計算書には計上されないままである。取得後に追加された価値上昇分だけが損益計算書に表現される。そして、それにもかかわらず、この後には売却により取得原価10を含む15が費用化されるであろう。このような相殺はプラスとマイナスの相殺であるから純損益の金額には影響しない。実務の伝統的損益計算はこのような相殺を通じて極めて単純に純損益計算を行うことができたのである。

　このような制度会計の損益計算書の特質を、通常の損益計算書には「価値の連続性がない」という表現で特徴付けることができるであろう。変動貸借対照表では資産、負債及び資本の変動が認識されるが、そこでは価値の長期的な連続性は保持されている。そして、それと一対一の対応関係で作成される原型損益計算書でも価値の連続性は常に一貫して保持される。しかし、そこからさらに通常の損益計算書が作成されるとき、価値の連続性は失われる。通常損益計算書は原型損益計算書から交換取引の相殺消去によって生成されるというとき、この事実は、以上のような形で、通常の損益計算書の性質に決定的な影響を与えているのである。

(4) 二元性と複式性

　複式簿記の「複式」という用語の意味は何かと問われた場合、一般には、「借

方と貸方」との対立関係だけを強調して述べられることが多い。例えば、シェアは、複式簿記（doppelte Buchhaltung）の特質を最も単純な形式として捉えた場合、その複式性（Dopik）とは「貸方と貸方の対立関係」をいうと定義している。そして、一般的にも、複式簿記の特質を述べる場合、このような貸借の対立面だけで捉える説明法が広く採用されている。このことは、複式簿記の発生過程を説明する場合でも、先ず「借方」と「貸方」という「用語」がどのような形で発生したか、ということが先ず問題として取り上げられることも影響しているのであろう。しかし、このような借方と貸方の対立だけで複式簿記の記帳体系の構造論的特質が表現されているとは考えられない。これにもう一つの構造を考慮しなければその特質を明確に定義したことにはならないと考えられる。

次の図表1-5では、二元性と複式性を対比させている。会計仕訳はすべて借方と貸方という二元的記入から構成される。一方がプラスであれば、他方はマイナスである。他方、すべての会計仕訳は、便益関連取引と犠牲関連取引の集合に分解されるが、便益関連取引は貸借対照表勘定のプラス（借方）と損益勘定のプラス（貸方）から成り、犠牲関連取引は貸借対照表のマイナス（貸方）と損益勘定のマイナス（借方）から成る。すなわち、貸借対照表勘定と損益勘定とでは、それぞれの側での借方と貸方という対立的な形式構造は同じであるが、プラス・マイナスという意味構造は相互に貸借反対になっている。したがって、会計仕訳を全体的に総括したとき、借方側には貸借対照表勘定のプラス項目（便益関連取引）と損益勘定のマイナス項目（犠牲関連取引）が混合的に現れ、貸方側には貸借対照表勘定のマイナス項目（犠牲関連取引）と損益勘定のプラス項目（便益関連取引）が混合的に現れる。要するに、貸借対照表勘定と損益勘定とでは、もともとプラス・マイナスの符号の与え方が貸借反対になるため、会計仕訳の借方も貸方も共にプラス項目とマイナス項目の混合から成立していることになる。このことは複式簿記については、単に貸借反対という二元性だけでその特質を規定できないことを示している。その上に、さらに複式性というもう一つの構造的要素を付加しなければ、その構造的特質を規定

図表1-5　二元性と複式性

	(借)　変動貸借対照表　(貸)		(借)　原型損益計算書　(貸)	
	(＋)	(－)	(－)	(＋)
二元性	(＋)←―――→(－)		(－)←―――→(＋)	
複式性・便益関連取引	(＋)←――――――――――――――――→(＋)			
複式性・犠牲関連取引	(－)←―――→(－)			

説明：
(1) **二元性**：すべての勘定は借方と貸方という形式的構造を持つ。一方がプラスであれば他方はマイナスである。
(2) **複式性**：同じ二元性を用いても、貸借対照表と損益計算書とでは、その意味構造(符号の付け方)が貸借反対である。
　(イ) **便益 (収益) 関連取引**：貸借対照表勘定の借方(＋)と損益勘定の貸方(＋)を結ぶ取引。貸借対照表勘定の借方記入(＋)には**資産増加**と**負債資本減少**がある。
　　　例：(借)　現金　××　(貸)　受取利息　××
　　　　　(借)　借入金　××　(貸)　債務免除益　××
　(ロ) **犠牲 (費用) 関連取引**：貸借対照表勘定の貸方(－)と損益勘定の借方(－)を結ぶ取引。貸借対照表勘定の貸方記入(－)には、**資産減少**と**負債資本増加**がある。
　　　例：(借)　支払利息　××　(貸)　現金　××
　　　　　(借)　支払利息　××　(貸)　未払利息　××

したことにはならないと考えられる。

　複式簿記が借方と貸方の対立だけを基礎とするというのであれば、このような定義法は、単式簿記にも適用することができる。例えば、家計簿などに見られる収支計算でも、借方と貸方という呼び方はしないにせよ、収入（＋）と支出（－）の二元的対立がその基礎になっていることに変わりはない。家計簿の収入は現金勘定の借方、支出はその貸方に相当する。これに対して、複式簿記の特質は、さらに、それに損益勘定が付け加わっている点にこそあると考えられる。そして、図表1-5の「二元性」で示しているように、貸借対照表勘定の二元的対立では、「借方はプラス、貸方はマイナス」であるのに対して、損益勘定の二元的対立は、それとは「貸借反対」に、「貸方はプラス、借方はマイ

ナス」となっている。筆者はこの貸借反対の意味にこそ複式簿記の特質があると思う。すなわち、ここでいう複式性を考慮しなければ複式簿記の構造的特質を定義したことにはならないと考える。二元性と複式性という用語は筆者が便宜上、勝手に付けた用語であり、別の名でもよい。とにかく、両者を区別する必要があるということである。

なお、この複式性という特質は決算期に作成される「合計試算表」の意味構造を見る場合に一つの視点を提供してくれる。合計試算表は期中の仕訳を「絶対値のまま」（プラス符号のまま）で総括したものであって、借方側と貸方側でその合計値は均衡するが、その際、両側とも意味的観点からはプラス項目とマイナス項目の混合であるから、その合計値はもともと「意味を持たない」ことになる。つまり、「合計値が意味を持たない」ということは複式性の観点から説明できるのである。この点は、後に「合計試算表の落とし穴」として、シェアの折衷論を考察する際にもう一度取り上げる。

2 財務諸表の意味構造

(1) 変動貸借対照表と原型損益計算書

複式簿記の記帳体系から得られた会計情報は財務諸表という形で外部に公表される。財務諸表の基本概念は、ここでは変動貸借対照表と原型損益計算書である。これらは、簡潔にいえば、「財貨動態」を会計的に表現するための財務諸表である。取引が認識されるたび毎になされる仕訳に基づき、両者の間には一対一の対応関係で記入がなされる。変動貸借対照表、原型損益計算書及び通常損益計算書の相互関連については先に図表1-4の展開表でも示しているが、通常のT字型の様式で示すと図表1-6のようになる。

先ず、この変動貸借対照表であるが、これは従来、ドイツ語系の貸借対照表論で「運動貸借対照表」という用語で語られてきた用語に概念的に対応する。これは株主資本等変動計算書などを除いて、一般に作成し公表されている財務諸表ではなく、理論的に設定しているものである。この変動貸借対照表の貸方側で、損益勘定から繰越利益剰余金勘定への振替を「－純利益（振替）」とい

第1章 複式簿記の意味論 23

図表1-6 財務諸表の意味構造

```
変動貸借対照表、原型損益計算書及び通常損益計算書
```

期首貸借対照表	
＋期首資産	－期首負債
	－期首資本

変動貸借対照表	
＋資産増加	－資産減少
＋負債減少	－負債増加
＋資本減少	－資本増加
（＋純利益）	－純利益（振替）

原型損益計算書	
－費用（相殺）	＋収益（相殺）

通常損益計算書	
－費用	＋収益
－純利益（振替）	（＋純利益）

期末貸借対照表	
＋期末資産	－期末負債
	－期末資本

※（相殺）の部分は、分解仕訳を通じて生じた交換取引の収益と費用が通常損益計算書では相殺消去されることを示す。

説明：
(1) **変動貸借対照表**：変動貸借対照表では、純利益は借方の（＋純利益）で示される部分をいい、**単一の価値額としてのみ計算される。これを借方残高としての純利益**と呼ぶ。損益勘定の**貸方残高としての純利益**、すなわち（＋純利益）と貸借反対に同額で対応する。
(2) **原型損益計算書**：分解仕訳により交換取引から生じた収益と費用を相殺消去すると、通常の損益取引だけを含む「通常損益計算書」が生成される。
(3) **三つの貸借対照表の関係**：
　　　期首貸借対照表＋変動貸借対照表＝期末貸借対照表、
　　　変動貸借対照表＝期末貸借対照表－期首貸借対照表、
　　故に、
　　　変動差額＝残高差額

う項目で示している。これは直接には「繰越利益剰余金」（持分）の増加部分を意味するものであって、純利益そのものを意味するものではない。本来の純利益は「借方側の点線以下の部分」であり、ここではこれを（＋純利益）で示している。これは単一の価値額として計算されるだけのものであって、以下、特にこれを「借方残高としての純利益」と呼ぶことにする。他方、損益計算書でも、その借方側で振替部分を「－純利益（振替）」として示すこととする。本来の利益は貸方の（＋純利益）で示す部分を指し、これを「貸方残高としての純利益」と呼ぶことにする。

　ここで、純利益の振替過程について、変動貸借対照表と原型損益計算書で同じ「－純利益（振替）」という表記法を採っているが、本来ならば、変動貸借対照表では、それは繰越利益勘定の増加記帳を指すのであるから、例えば「－繰越利益（純利益振替）」という形で損益勘定の記入とは区別して示すほうが適切かもしれない。しかし、ここでは表記法の複雑化を避けるため、同じ表記法をとっている。

　(2)　**財貨動態論**

　原型損益計算書から通常損益計算書が生成される過程を概念図を用いて示せば図表1－7のようになる。深層構造論は、図表のうち特に二重線で囲まれた「変動貸借対照表⇔原型損益計算書」を基礎にして、それが再分類と相殺を経て、通常損益計算書・キャッシュ・フロー計算書・マクロ型損益勘定等の諸表が生成されるという「動的な関連性」に注目するものである。

　会計言語は「会計仕訳」から始まる[2]。例えば、「利息10を現金で受け取った」という日常文が与えられると、先ず「（借方）現金10（貸方）受取利息10」という仕訳に転換されるが、これを会計文と呼ぶことができる。日常文は会計仕訳を通して会計言語に転換される。そして総勘定元帳の各勘定に転記されるが、展開表を利用した場合には、仕訳記入と諸勘定への転記が同時に行われ、貸借対照表や損益計算書の作成がそのまま一表のもとで行われることになる。

　従来の会計基礎理論は、一般に、二重線で囲んだ領域を無視して理論構成を行っている。特に、変動貸借対照表を無視しているため、キャッシュ・フロー

図表1-7　原型損益計算書から通常損益計算書へ

説明：
(1) 二重線で囲まれた部分（変動貸借対照表と原型損益計算書）は会計言語ともいうべき「会計仕訳」の集合によって構成される部分であって、会計深層構造論の基礎となる。変動貸借対照表は**財貨動態論**の基盤となり、原型損益計算書は**収益費用動態論**の基盤となる。
(2) 原型損益計算書から**通常損益計算書**が生成される場合、損益勘定については、有高勘定分類法から活動別分類法への転換がなされ、また、交換取引については相殺消去がなされる。
(3) **キャッシュ・フロー計算書**は変動貸借対照表や原型損益計算書に現金項目（直接法）と現金外項目（間接法）の分類法を適用して生成される（第5章）。**マクロ会計型損益勘定**は原型損益計算書に金融資産負債と非金融資産（資本形成）の分類法を適用して生成される（第6章）。
(4) 従来の損益法対財産法の二項対立概念や収益費用アプローチ対資産負債アプローチの二項対立概念は、その基礎に「期首貸借対照表、期末貸借対照表及び通常損益計算書」という**三つの財務諸表**だけを前提におき、二重線で囲まれた「変動貸借対照表と原型損益計算書」の存在を無視している。例えば、損益法は通常の動態的な収益費用対応を重視するものであり、財産法は静態的な期首貸借対照表と期末貸借対照表の比較を重視するものである、などとされる。

計算書、株主資本等変動計算書、包括利益計算書等の理論的位置付けが不可能な状態にまで立ち至っている。従来の「財産法と損益法」、または「収益費用アプローチと資産負債アプローチ」という二項対立概念の前提に置かれているものは、「期首貸借対照表、期末貸借対照表及び通常損益計算書」の三つである。これが従来、公表される財務諸表の基礎をなしていたためであろう。そして、例えば「資産負債アプローチは期首と期末の財産比較により純資産の増減を純利益として計算するものであり、これに対して、収益費用アプローチは通常損益計算書の収益と費用との対応によって純利益を計算するものである」などと説明されている。しかし、変動貸借対照表の純利益は「複式性」により構

造論的に通常損益計算書の純利益と必然的に一致する。さらに、変動差額は残高差額に常に一致する。すなわち、図表1-6の説明(3)にも示したように、「期首貸借対照表+変動貸借対照表=期末貸借対照表」という等式は「期末貸借対照表-期首貸借対照表=変動貸借対照表」に変換可能であり、この式は「残高差額=変動差額」という式を示す。これは特に複式簿記の特性というわけではなく、数理上の必然性によって一致するのである。以下の議論はこの二重線に囲まれた部分がその中心を占める。深層構造論は財貨動態そのものを変動貸借対照表と原型損益計算書との関連で考察の対象とするのである。

3　変動差額損益計算式

次の図表1-8に変動差額損益計算式を示している。深層構造論では変動差額損益計算式(a)がその損益計算式の中核を占める。この変動差額損益計算式の左辺と右辺を分離し、左辺を特に「有高変動」差額損益計算式と呼び、右辺を

図表1-8　純損益計算式

(a) **変動差額損益計算式**：
　　（資産増加-資産減少）-（負債増加-負債減少）-（元入資本増加-元入資本減少）
　　=収益-費用
　　上式の括弧を外すと、各項目に**意味論上のプラス・マイナス符号**が付けられていることがわかる。左辺は貸借対照表の**借方残高**としての**純利益**を示し、右辺は損益計算書の**貸方残高**としての**純利益**を示す。この式は財貨動態と収益費用動態を表現している。両辺に純利益（振替）の項目（マイナス符号付）を追加するとゼロ等式が成立する。
(a.1) **変動貸借対照表のゼロ等式**：
　　（資産増加-資産減少）-（負債増加-負債減少）-（元入資本増加-元入資本減少）-純利益（振替）=0
(a.2) **損益計算書のゼロ等式**：
　　収益-費用-純利益（振替）=0
(b) **残高差額損益計算式**：上式（a）から「**変動差額=残高差額**」という関係を通して導き出すことができる。
　　（期末資産-期首資産）-（期末負債-期首負債）-（期末元入資本-期首元入資本）
　　=収益-費用、
　　純資産純増加-元入資本純増加=収益-費用

「収益費用」差額損益計算式で呼んで区別することもできる。

変動差額計算式(a)の左辺は変動貸借対照表勘定による計算であり、資産、負債及び資本の変動を取引の発生毎に認識することにより純損益が計算される。この式は財貨動態を認識の対象としていることが明らかであろう。右辺の収益費用差額損益計算式は損益勘定による計算である。いずれにしても、複式性によって、変動貸借対照表と原型損益計算書で同一の純損益が計算される。

なお、ここではゼロ等式をも付け加えておいた。本来、純損益の計算は、損益勘定では貸方の収益総額から借方の費用総額を控除した「差額」として計算され、変動貸借対照表では期中の借方記帳総額から貸方記帳総額を控除した「差額」として計算される。そして、この純損益が計算された後には、損益勘定の「借方」で「−純利益（振替）」の記入がなされ、変動貸借対照表の「貸方」でも同額で「−純利益（振替）」（繰越利益勘定）の記帳がなされる。この振替記帳により、変動貸借対照表(a.1)も損益計算書(a.2)も貸借均衡の状態となり、意味符号で示せば、その総計は「ゼロ」となる。

複式簿記の最も基本的な純損益計算式として、変動差額損益計算式（a）を挙げている。この計算式は動的で原因的な計算である。これに対して、残高差額損益計算式(b)は複式簿記では事後的な結果計算（期末にならないと計算できない）であって、金額的には当然に変動差額計算と一致する。そのため複式簿記の計算構造を論ずる場合には、変動差額損益計算式を中心に議論するだけで充分である。

4　損益勘定を通過しない損益項目

会計では、しばしば、本来の損益項目が損益勘定を通過することなく、直接に資本の部に計上されることがある。ここでは、その場合に行われる仕訳について、その意味構造を明らかにしておく。

変動貸借対照表のみで独立に損益計算が可能であるか、という問いを出された場合には、二つの面を区別して答えなければならない。一つは、純損益の「金額」だけを計算するだけであるならば、それは可能である。これは複式性の原

理から明らかである。経験的に認識された取引は仕訳を通じて「貸借対照表勘定」と「損益勘定」の間で貸借反対に記入されるが、期末においてそれぞれの貸借合計の金額の差額も貸借を反対にして金額的に一致する。期末決算で純利益の振替が可能となるのも、それ以前に、振替先の貸借対照表の側では、それを振替えるべき場所が金額的にも確保されているからである。貸借対照表と損益勘定の「それぞれの側の貸借差額」が一致しているからこそ純利益の振り替えも可能となるのである。

　しかし、貸借対照表だけでは、純損益の金額は計算できても、純損益の「発生原因」からする損益計算はできない。売上高や受取利息、減価償却費等の用語を用いた純損益を計算するためには、どうしても損益勘定の助けを借りなければならない。このような勘定はもともと貸借対照表には存在しないからである。

　したがって、この点を考慮すれば、たとえ、収益項目や費用項目を損益計算書には表示しない場合でも、すべての収益費用項目が、一旦、損益勘定を通過して繰越利益勘定に振替えられた状態を想定すればよいことになる。次の図表1－9では、商品の売上収益と売上原価を計上した事例を想定し、仕訳を行う毎にそれらの損益項目を繰越利益勘定へ振替えるものと仮定して処理している。この場合、変動貸借対照表だけの記入は、損益勘定への記入や損益の振替仕訳を省略したものと見ることができる。売上収益については、「（借方）現金50（貸方）繰越利益（売上）50」となり、意味符号を付けた場合、現金増加の「＋50」に繰越利益増加の「－50」が対応する。また、売上原価については、商品減少の「－40」に繰越利益減少の「＋40」が対応することになる。これらは変動貸借対照表勘定で二重線の内部を構成する要素だけから成り立つ。

　ここでの要点は、「繰越利益（売上）」のような収益発生に伴う貸方増加項目はマイナス符号付きであり、「繰越利益（売上原価）」のような費用発生に伴う借方増加はプラス符号付きであるということである。これらはすべて変動貸借対照表の勘定の符号の付け方に従う。複式性により、損益勘定の符号の付け方とは貸借反対になる。

図表1-9　損益勘定を通過しない損益項目

	変動貸借対照表				損益勘定	
	資産		負債・資本			
	現金	商品		繰越利益	費用	収益
期首貸借対照表	〃	〃	〃	〃		
売上高	①+50			②-50	②-50	①+50
売上原価		③-40		④+40	③-40	④+40
変動差額貸借対照表	+50	-40	〃	-10	-90	+90

仮定：
1. 商品50を現金販売した。売上収益を繰越利益勘定へ振り替える。
　　①（借）現金　　　　　　　　+50（貸）売上　　　　　　　　+50
　　②（借）売上　　　　　　　　-50（貸）繰越利益（売上）　　-50
　　損益勘定を通過しない仕訳：
　　　　（借）現金　　　　　　　+50（貸）繰越利益（売上）　　-50
2. 売上原価は40である。売上原価を繰越利益勘定へ振り替える。
　　③（借）売上原価　　　　　　-40（貸）商品　　　　　　　　-40
　　④（借）繰越利益（売上原価）+40（貸）売上原価　　　　　　+40
　　損益勘定を通過しない仕訳：
　　　　（借）繰越利益（売上原価）+40（貸）商品　　　　　　　-40

説明：
(1) 収益費用項目が損益勘定を通過しない場合、変動貸借対照表の二重線枠内の仕訳だけがなされる。すべての勘定記入は変動貸借対照表の諸勘定の符号の付け方に従う。**繰越利益勘定の貸方（収益）はマイナス符号付きであり、繰越利益勘定の借方（費用）はプラス符号付きである。**なお、ここで（売上）や（売上原価）という語彙を付したのは説明のためであって、資本の部にこれらの項目が現れることはない。
(2) **包括利益計算書**との関連。包括利益計算書の「その他の包括利益勘定」の項目については、上の**処理法**とは逆の方向で考えることができる。商品50の例をとれば、上の「①→②」の逆方向で「②→①」となる。貸方残高として計上されている「その他有価証券評価差額金（-50）」は、反対仕訳によってプラス符号つきの「当期発生高（+50）」となり、「売却益」として当期収益に**振り戻される**と見ることができる。後に「振り戻し損益」として説明する（図表3-6、3-7参照）。

収益費用項目が貸借対照表勘定によってのみ表示されているという理由で、繰越利益勘定の貸方項目（損益勘定の収益項目に対応する）をプラス符号付き、その借方項目（損益勘定の費用項目に対応する）をマイナス符号付きと誤解してはならない。しかし、このような誤解は一般に普及した見解となっているように思われる。例えば、資産負債アプローチが資本の部に含まれる項目の増加を純資産（プラス）の増加と「同視」するのもこのような誤解と直接につながっているのである。

損益勘定を経過しない処理法は一般に見られるものである。例えば、過去に採用されたものとして当期業績主義の立場がある。損益計算書には経常的な損益のみを計上し、災害損失などの特別損益（期間外損益とも呼ばれた）は損益計算書から外して未処分利益剰余金の増減として処理される。この方法をとると、投資期間の全体利益の観点から見た場合、連続した損益計算書に記載される期間損益の合計が本来の損益の合計額とは一致しないことになる。期間利益の合計が全体利益に等しいという原則を「一致の原則」というが、当期業績主義ではこの一致の原則は破壊される。事実、これは「一致の原則の破壊」という用語で説明されてきた。現在、資産負債アプローチでは、「その他の包括利益」をリサイクリングするとかしないとか議論されるが、この問題も帰するところ、この論点と結び付く。

損益勘定を経過しない処理法はマクロ会計にも見られる。例えば、相続税などの資本移転等は、経常勘定（生産勘定や所得分配勘定）を経過せずに、経常勘定から振り替えられた「貯蓄」と並んで、蓄積勘定（変動貸借対照表に相当する）の貸方に直接に記入される。また、自然資源の増加減少、災害損失や不良債権の償却など、通常取引以外の不測の事象による資産変動を記入する「その他の資産量変動勘定」などもある。

なお、図表の説明の（2）に包括利益計算書との関連を述べているが、これは「繰越利益勘定」を「その他の包括利益勘定」に置き換えてみると、その意味関連が明確になるからである。例えば、貸方残高の「その他有価証券評価差額金50」があれば、それは意味論的には「－50」である。包括利益計算書を作成

する場合には、これを以上の仕訳とは反対の方向で損益勘定に振り戻してゆくのである。すなわち、反対仕訳（消去仕訳）によって、その他有価証券評価差額金（−50）は損益勘定の要素である評価益（＋50）に振り戻される。包括利益計算書の意味論的な構造については、第2章で改めて考察する。

5　会計等式

(1)　貸借均衡式としてのゼロ等式

意味符号としてのプラス・マイナス符号がある以上、ゼロ等式も存在する。ゼロ等式は、例えば、簿記上の交換取引のように、便益関連取引（プラス）と犠牲関連取引（マイナス）が等価で結合した場合に成立している。また、純利益振替を例にとれば、損益勘定からの振替額が資産勘定の借方残高と等価で関連づけられ、その結果、貸借対照表全体についてもゼロ等式が成立する。

図表1−10に、時点 t_0 で現金 X 円を借り入れ、時点 t_1 でそれを返済した例をとり、両時点でそれぞれゼロ等式が成立していることを示している。ここではこれを水平型ゼロ等式と名付けている。また、返済時点の現金と借入金の流れを見ると、それぞれが最終的には相殺され、勘定残高が事実上ゼロとなっていることもわかる。これを垂直型ゼロ等式と名付ける。この事例では、時点 t_1 では、ゼロ等式が同時的（水平型）にも、異時的（垂直型）にも成立していることがわかる[3]。

現金が当初のプラスから決済時のマイナスへ移行することは、当初の収入（プラス）から決済時の支出（マイナス）という形で理解しやすい。他方、借入金の増加がマイナスというのは、負債は「将来の支出」として説明することができる。貸付金の増加が「将来の収入」という意味でプラスと理解されるのと「対称的」である。資産の流れが「プラスからマイナスへ」であれば、負債と資本の流れは反対に「マイナスからプラスへ」となる。いま、時点 t_1 において、現金の減少のみが発生する取引を仮定すれば、垂直型ゼロ等式のみが成立し、借方に費用が計上される。また、借入金の減少だけが記入されれば債務免除益のように収益が計上されることになる。垂直型ゼロ等式のみの発生であ

図表1-10 貸借均衡式としてのゼロ等式

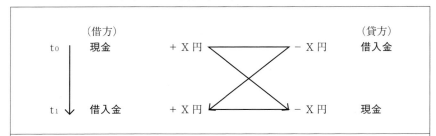

仮定：時点 t_0 で現金 X 円を借り入れ、時点 t_1 で返済した。

説明：
(1) ゼロ等式。便益関連取引（プラス）と犠牲関連取引（マイナス）が等値で結び付けられ、または関連づけられるとき、ゼロ等式が成立する。
(2) 水平型ゼロ等式と垂直型ゼロ等式
　　(a) 水平型ゼロ等式
　　　t_0 ……………現金＋X 円－借入金 X 円＝0
　　　t_1 ……………借入金＋X 円－現金 X 円＝0
　　　※ 異なった複数の財の間に貸借反対に同時的に成立する関係を示す。
　　(b) 垂直型ゼロ等式
　　　現金…………＋X 円 t_0 －X 円 t_1 ＝0
　　　借入金………－X 円 t_0 ＋X 円 t_1 ＝0
　　　※ 同一財が時間を隔てて貸借反対に関連づけられ、事実上ゼロとなる関係を示す。**資産はプラスからマイナスへ変動し、負債・資本はマイナスからプラスへ変動する。**

れば、費用または収益が計上される。

(2) 三つの会計等式

　会計理論でしばしば取り上げられるものに会計等式と呼ばれるものがある。これは、特に貸借対照表を構成する資産、負債及び資本という三つの分類項目の間の数的な関連性を表したものである。会計の計算構造について、勘定形式を用いて考察したり説明する限りにおいては、意味論の問題は発生しない。これに替えて、プラス・マイナス符号付きの計算式を用いてその構造を説明しようとすると、意味論に突き当たるのである。

　図表1-11を用いてこれを考察しておく。通常、会計等式として挙げられる

図表1-11　三つの会計等式

[1] 三つの会計等式	説明：
①貸借対照表等式 ＋（＋資産）　　｜　－（－負債） 　　　　　　　　｜　－（－資本） ＋（＋資産）＝－（－負債）－（－資本）、 　　資産＝負債＋資本 ②資本等式 ＋（＋資産）　　｜ ＋（－負債）　　｜　－（－資本） ＋（＋資産）＋（－負債）＝－（－資本）、 　　資産－負債＝資本 ③ゼロ等式 ＋（＋資産） ＋（－負債） ＋（－資本） ＋（＋資産）＋（－負債）＋（－資本）＝0、 　　資産－負債－資本＝0 [2] 純資産と資本 　資本等式②について： 　　資産－負債＝資本、 　　純資産（借方残高）＝資本（貸方残高）	[1]　各項目の最初の符号（＋、－）は貸借対照表勘定の借方と貸方の対立を示し、括弧内のそれは意味論上の対立を示す。 　貸借対照表等式①は、T字型そのままを等式で示したものである。資産は等式の左辺であり、負債・資本は右辺である。 　資本等式②は「資産と負債」の関連を、マイナス符号を用いて「計算式」に翻訳したものである。 　ゼロ等式③は、さらに資本をもマイナス符号を用いて「計算式」に組み込んだものである。 [2]　資本等式②の左辺は「**借方残高としての純資産**」を示し、その右辺は「**貸方残高としての資本**」を示す。資本等式は両者が価値的に等価であることを示す。純資産と資本とは区別しなければならない。資本勘定はそのまま貸借対照表の勘定体系の一部をなす構成要素であるが、純資産勘定は存在せず、計算上の借方残高を「単一の価値額」として計算したものにすぎない。

ものは貸借対照表等式①と資本等式②の二つであるが、ここでは、第三の等式としてゼロ等式③を挙げている。これらすべての式が貸借均衡式である。以下の考察では、貸借対照表等式から資本等式を経てゼロ等式に至る過程で、貸借対照表勘定の借方と貸方という空間的、位置的区別が取り払われ、プラス・マイナスの符号を含んだ計算式へ転化している様が読み取れるであろう。

　図表の[1]のうち、先ず、貸借対照表等式①については、資産、負債及び資

本の配置が貸借対照表のT字型そのままで示されている。各項目の最初の符号すなわち＋と－は、貸借対照表勘定における借方と貸方との対立を示し、次の括弧内の符号（＋）と（－）は意味論上の対立を示す。「資産」と「負債・資本」の間には意味上、プラスとマイナスの対立があるのであるが、T字型では、資産項目を借方（左側）、負債項目と資本項目を貸方（右側）という空間上の対立で表現しているので、すべてプラス符号のままでよいことになる。

ついで、資本等式②では負債項目のみを左辺に移項している。意味等式で示すと「＋（＋資産）＋（－負債）＝－（－資本）」となり、資本等式「資産－負債＝資本」が得られる。すなわち、負債項目のみが左辺に移され、そのため意味上のマイナス符号に転換し、プラス符号付きの資産に対してマイナス符号付きの負債という意味論的表現に転換している。資産と負債の関係については、借方と貸方というT字型の空間的対立の表示を取り払ったために、マイナス符号付きの「計算式」に翻訳されているのである。同値の資産と負債が関連づけられた部分にはゼロ等式が適用されていると見ることができる。

なお、この資本等式②については、同図表の説明の[2]に示すように、今後の考察のためにも、純資産と資本を意味上、明確に区別しておかなければならない。資本等式の右辺の「資本勘定」は「貸方残高としての資本」を意味し、貸借対照表の「構成要素」の一部分を構成する。すなわち、この資本勘定は資本金、資本剰余金、利益剰余金等の諸勘定の集合から構成されており、それらはそのまま貸借対照表の構成要素である。これに対して、資本等式の左辺「資産－負債」という等式によって計算される価値は「借方残高としての純資産」を示す。これは「資産の価値総額が負債の価値総額を超える超過額」であって、借方側で単一の価値額として計算されるだけである。もともと、純資産勘定なるものは存在せず、この単一の価値を構成する資産勘定や負債勘定の集合を特定できるものでもない。その意味で、資本勘定は貸借対照表の構成要素であるのに対して、純資産は貸借対照表の構成要素ではないということが出来る。貸方残高としての資本概念と資産の借方残高としての純資産概念は厳密に区別されなければならない。

最後に、ゼロ等式③であるが、資本等式からさらに資本項目を左辺に移すと、ゼロ等式「資産－負債－資本＝ゼロ」となる。これも当然ながら、貸借均衡式の一つである。ここで、資本は負債と同じく、プラス符号付きの資産に対して、マイナス符号を持つことが表現されている。結果的に、意味的関連だけを取り出して計算式に転換してみると、三つの項目の合計はゼロとなるのである。このようにして、貸借対照表等式①と資本等式②は必然的にゼロ等式③へと結びつく。ここでいうゼロは、もちろん、数学的にすべてが「無」に帰するという意味でのゼロではなく、対立する項目が実際に相殺消去されるというわけでもない。借方と貸方とが同額でプラスとマイナスとで意味的に対立しているという意味でのゼロである。会計的意味での貸借均衡を示し、恒等式ともいえるものである。このようなゼロ等式は、誤解を防ぐために、「意味論上の」という限定を付して「意味論上のゼロ等式」と呼ぶことも考えられよう。

　このようなゼロ等式は、貸借対照表の至る所で適用可能なものである。仕訳の段階でも、先に借入金の取引で説明したように、交換取引は同じ金額のプラス符号付き借方項目とマイナス符号付き貸方項目の結合（貸借同額）であるから、すでにゼロ等式が成立している。また、先の資本等式②でも、貸方側を負債と資本に二分割したうえで、同額の資産と負債の間にのみゼロ等式を適用したものと見ることができる。すなわち、これもゼロ等式の部分的な適用例の一つであるといえる。したがって、ここで特にゼロ等式③として示したものは、その等式を特定の企業の貸借対照表の「全項目」に適用した特殊な事例の一つに過ぎないと見なければならない。

　なお、企業全体の貸借対照表にゼロ等式を適用した事例の一つとして、後に第5章で取扱うキャッシュ・フロー計算書を挙げることができる。この計算書では、貸借対照表勘定の変動の全体を、「直接法」の認識対象である「現金項目」の変動と「間接法」の認識対象である「現金外項目（現金外資産項目、負債項目及び資本項目からなる）の変動とに二分する。全体の合計がゼロであるから、例えば、現金項目（直接法）の純増加が「＋10」であるならば、現金外項目（間接法）の純増加は必ず「－10」になる。＋10－10＝0．両者ともに現金増加額

が同じプラス符号の＋10となることはあり得ない。

ところで、これら三つの会計等式と先の図表1－2に示した貸借対照表観（一元論、二元論、折衷論）との関係はどのように考えられるであろうか。先ず、深層構造論は一元論をとり三つの式をすべて認める。資本の増加は負債の増加と同じくマイナスである。ここで、先ず、問題となるのは折衷論であろう。そこでは、ゼロ等式は認められないであろう。というのは、それを認めると、資本を負債と同じく資産のマイナスと認めることになり、資本をプラスとするその理論的基盤が根本的に否定されることになるからである。ゼロ等式では、資本が負債と同じくマイナス符号付きとなっており、このことはその定義体系を根本的に否定するものである。

このゼロ等式は企業会計ではほとんど提示されることはない。このことは、伝統的に受け継がれてきた通常の会計理論が、いかに、この折衷論を暗黙のうちにその理論的基礎に置いているかを物語っている。そのためか、この式は特別の名を持たないが、先の二つの式から必然的に導き出される会計等式であり、ゼロ等式という用語は以下の議論でもしばしば用いる。

企業会計ではゼロ等式が用いられることはほとんどない。せいぜい、折衷論のよりどころとする資本等式止まりである。ところが、マクロ会計では、事情は異なり、T型の勘定表示と同時にこのマイナス符号も頻繁に用いられる。通常の表記法では二元論を前提においているが、例えば、蓄積勘定では「設備増加」の項目には「固定資本減耗」がマイナス符号付きで追加的に記入されたりする。と同時に、マクロ会計ではこのゼロ等式も頻繁に用いられる式の一つである。もちろん、マイナス符号やゼロ等式が用いられているというだけのことであって、それが正当な意味論の認識の上に立っているかどうかということは、これとは別に、理論的に検討を要する問題である[4]。いずれにしても、同じ複式簿記の計算機構を前提に置きながら、このような異なった状況が存在するのも、会計理論上の不思議の一つと見てよい。

第3節　折衷論の問題

1　折衷論の不可能性

　折衷論は貸借対照表の貸方をマイナス部分とプラス部分とに分ける見解をいう。資本の部全体をプラスとする説をはじめ、損益勘定から貸借対照表の繰越利益剰余金勘定に振り替えられた当期純利益部分のみをプラスとする見方などをも含めて、ここでは折衷論としておく。負債の部を一元論と同じくマイナスとして、資本の部を二元論と同じくプラスとするもので、勘定学説の歴史のなかではシェアの純資産二重表示論で代表されるものである。現在では、グローバル化した国際基準やそれに従った多くの企業会計に導入されている資産負債アプローチの定義体系が採用しているもので、負債をマイナスとし純資産（資本）をプラスと見るのである。後に明らかにするように、このプラスの純資産概念の理論的不明確さが資産負債アプローチの定義体系そのものの曖昧さのもとになっている。

　折衷論は理論的に不可能であると考えられる。もともと貸借対照表貸方の全体をマイナス部分とプラス部分とに分けることは複式簿記の計算論理から不可能である。この点を、資産相互取引と負債資本相互取引の対比によって説明しよう。折衷論の問題点は、最も単純にいえば、貸借対照表借方側の「資産相互取引」は常にプラスからプラスへの転換であるのに、その貸方側の負債と資本との間の「持分相互取引」ではなぜマイナスからプラスへの転換となるかという問題である。折衷論はこの疑問に答えなければならないのである。

　いま、現金払いで設備を購入する取引は、プラス・マイナスの意味符号をつけて「(借方) 設備 (＋) 100 (貸方) 現金 (－) 100」という仕訳になるが、このような資産相互取引では借方のプラスと貸方のマイナスとでゼロとなり「総資産の合計額」に変化はない。この取引では、資産側の現金が減少 (－) して、その代わりに同じ資産側で同額の設備が増加 (プラス) するだけである。すなわち、取引前の「現金 (＋) 100」の「構造上の位置」をそのままにして、

その勘定名の「現金」を「設備」という他の勘定名に置き替えたにすぎない。もとの構造的位置は変わらず、ただ「現金」という勘定名を「設備」という勘定名のレッテルに貼り替えたに過ぎないのである。借方は取引後も依然として「プラス」のままにとどまり、かつ、その借方資産の総計に変化はない。

　このようなレッテルの貼り替えによる説明は貸借対照表の貸方側の「負債と資本との相互取引」にもあてはまる。図表1-12に、デット・エクイティ・スワップの例を挙げている。これは負債を株式化する取引であるが、「負債と資本の同質性」を明確に表現している取引例の一つとして挙げることができる。いま、債務者A社の負債の部に計上されている「B社に対する債務」勘定は、債務者に株式を交付する取引により、同じ貸方で「資本金」勘定に転換する。他方、債権者であるB社の資産の部に計上されている「A社に対する債権」勘定はこのスワップにより同じ借方で「A社株式」勘定に転換する。ここでも、負債プラス資本の総額は変わらず、借方貸方の構造上の位置は変わらない。そのレッテルが負債から資本に貼り替えられただけである。負債と資本との区別

図表1-12　デット・エクイティ・スワップ取引による負債資本区分の変化

A社貸借対照表		取引前	取引後
資産	負債	負債①	負債②
	債務① → 資本金②		
	資本	資本①	資本②

説明：
　当初、負債の部①に属していた「債務①」が、取引により、資本の部②に属する「資本金②」に振替えられた。デット・エクイティ・スワップ取引の仕訳は、例えば「（借）B社に対する債務××（借）資本金××」となる。この取引により債務は株式化されるが、**構造上の位置は変わらず**、債務の勘定名が資本金という勘定名に貼り替えられたに過ぎない。折衷論はこの事実を債務のマイナスから資本金のプラスへの転換として説明しなければならないが、それは不可能である。

はその権利や義務の法的内容の差異に基づく。しかし、構造上の位置は、取引の前と後とでは変化はない。折衷論はこのレッテルの貼り替え部分をマイナスからプラスへの転換として説明しなければならないが、負債の「マイナス」の符号がこのような単なるレッテルの張り替えによって「プラス」に転換することは考えられない。

　資本全体ではなく、繰越利益剰余金勘定に振替えられた当期純利益の部分だけをプラスとする主張もあるかもしれない。しかし、この場合も、同じことが当てはまる。いま、純利益部分を配当金に充当することが決定されたとすれば、未処分利益勘定から未払配当金という負債勘定に振り替えられるが、折衷論は、先の例とは反対方向に、これをプラス（未処分利益増加額）からマイナス（未払配当金）への振替えとして説明しなければならなくなる。しかし、この取引も単なるレッテルの貼り替えにすぎないから、このような説明は不可能である。

　以上のレッテル貼り替え論のほかにも、折衷論を批判する場合、幾つか別の観点を挙げることができる。ここでは思いつくままに、三つを挙げておこう。その第一は加法性である。資産側はすべてプラスであるから資産総額をプラス項目の総計として計算できる。これに対して、貸方はマイナス項目とプラス項目であるから、通常、計算表示されている「負債資本合計額」は、一体、なにを意味しているのかという問題になる。第二に、一つは負債資本区分の概念的不確定性とも呼ぶべきものである。従来、特にその貸方側については、その境界線をどこに引くかという問題がしばしば発生した。例えば、古くは普通株式と優先株式の区分問題があるし、最近では新株予約権が負債か資本かという問題がある。そのため、純資産概念は資本と負債の間の区分の仕方によって左右され、折衷論によれば、「境界線上にある諸項目」は分類の仕方に応じてマイナスともなればプラスともなる。そこで、これは一体なにを意味するかという問題になる。第三に、連結や合併等の資本結合の相殺性を説明できないということである。金融商品相互の間の相殺はプラス要素とマイナス要素の間でしか考えられない。親会社の保有する子会社株式はプラス（資産）であり、子会社

の資本の部はマイナス（資本）であるからこそ相殺が可能となる。

　資本金の増減が収益や費用と結びつく例はあまりないが、ここでは二つの例を挙げておく。一つは資本主の労務出資である。資本金の増加に費用（労務費）が対応する。もう一つは、現物出資の例である。評価額10の建物を現物出資として受け入れたが、その後、実際には価値は８しかないことが判明した。資本金増加２の部分について損失２が発生している。借方残高としての純資産が資本金より小である場合欠損金が計上されるが、これはそのまま資本金の費用性を表現している。

　さらに、資本金勘定または繰越利益剰余金勘定の貸方に振り替えられ当期純利益部分をプラスと主張する人も、会計上の記号とその指示対象とを取り違えているのである。純利益という勘定は貸借対照表には存在しない。例えば、利息の現金受取りの仕訳「（借方）現金××（貸方）受取利息××」があれば、純利益は意味上、貸借対照表では「現金」の「借方残高の増加」を指すのであって、損益勘定から振り替えられた繰越利益勘定の増加をいうのではない。この貸方記入はあくまで会社と株主との間の関係を意味するのであって、広い意味での「義務」（マイナス）の側面を指示するものとみなければならない。このように、折衷論は現在の勘定観の中でも根強く残っている貸借対照表観の一つであるにもかかわらず、論理的には成立しない。

2　シェアの純資産二重表示論——補論

　ここでは補論として、シェアの勘定理論の概略を見ておくことにする。これはドイツ語圏内で歴史的に展開された勘定理論の中でも採り上げられることの多い代表的理論の一つである。いま、ここでこれを特に考察の対象とするのは、現在の資産負債アプローチの提供する定義の体系が、このシェア理論と強い親近性をもっていると見られるからである。

(1) 純資産二重表示論

　シェア理論は、純資産二重表示論と純利益二重表示論からなる。先ず、図表１-13に彼の純資産二重表示論の概略を図示している。ただ、その内容を検討

図表1-13　シェアの純資産二重表示論

財産勘定		資本勘定	
＋期首資産	－期首負債	－資本減少	＋期首資本
＋資産増加	－資産減少	－費用	＋資本増加
＋負債減少	－負債増加		＋収益
	［借方残高］：	［貸方残高］：	
	＋期末純資産　＝	＋期末資本	

説明：
　シェアの次の資本等式(1)は等式(2)と等式(3)に分けることができる。
　　＋（＋資産）＋（－負債）＝＋（＋資本）……………………………… (1)
　　＋資産－負債＝＋純資産（借方残高）…………………………………… (2)
　　＋純資産（借方残高）＝＋資本（貸方残高）…………………………… (3)
　シェア理論では資本等式(1)の「資本」にプラス符号を付ける。等式(2)は財産勘定の等式であり、借方残高としての純資産を計算する。問題は等式(3)にある。貸方残高としての資本に負債と反対のプラス符号を付けることができるかという問題になる。

する前に、あらかじめ彼の理論の展開で欠落している点について述べておかなければならない。彼はその論を交換取引や損益取引など幾つかの取引例を挙げながら展開しているのであるが、この場合、期中の「資本取引」を全く想定していない[5]。例えば、いわゆる増資取引は「（借）現金××（貸）資本金××」という仕訳になるが、これは「交換取引」の部類には含められていないのである。彼がなぜ資本取引を無視したのかその理由は明らかではないが、当然のことながら、一般的な議論としては、この取引を無視できないので、ここでは敢えて網付きで「＋資本増加」と「－資本減少」を資本勘定の貸方と借方に追加している。

　彼は、純資産二重表示論では、貸借対照表勘定を財産勘定と資本勘定とに二分する。端的にいえば、合計試算表を「資産・負債勘定」（財産勘定）と資本勘定（損益勘定を含む）に二分したものと見ればよい。ここで財産勘定というのは、「一個の勘定」に統合された勘定ではなく、資産および負債に属する諸

勘定の「集合体」に与えられた名にすぎない。仮に一個の「純財産勘定」というものを設定するとすれば、期中の資産増加と負債増加は貸借反対であるからその勘定の内部で相殺消去され、期末には純資産残高だけが次期に繰り越されるであろう。しかし、複式簿記の計算体系のなかで、資産勘定や負債勘定を相殺消去することはできない。したがって、図表では、財産勘定の貸方で、「借方残高」として「純資産」を示しているが、純資産という一個の勘定があるわけではなく、それはあくまで資産及び負債の諸勘定をその原型のまま残しながら、一つの集合体として総括したものにすぎない。そのようにして計算される純資産は、これらの諸勘定の各残高をそのまま価値額として一括し、それを「単一の価値額」として表現したものに過ぎないのである。

　シェアはこのように貸借対照表勘定の全体を財産勘定と資本勘定とに二分したうえで、資本等式「資産－負債＝資本」をその理論の出発点に置く。この式について、これまで述べてきた一元論によれば、意味符号のプラス・マイナスの符号の付け方は、「＋（＋資産）＋（－負債）＝－（－資本）」であった（図表1－11の資本等式②）。これに対して、シェアが付ける意味符号は図表で等式(1)として示しているように「＋（＋資産）＋（－負債）＝＋（＋資本）」となる。つまり、負債にはマイナス符号を付けるが、資本には資産と同じくプラス符号を付けるのである。

　この等式(1)の左辺は「財産勘定の借方（＋）」であり、右辺は「資本勘定の貸方（＋）」である。いま、図表の説明が示すように、この等式を等式(2)と等式(3)に二分してみる。

　等式(2)は「財産勘定の借方残高」すなわち本来の純資産を示し、そのためプラス符号を付けることに問題はない。問題となるのは、等式(3)に示すように、貸借対照表の貸方の「資本」がプラスと定義されている点である。純資産は「財の具体的な運用形態」を示し、資本はその「抽象的な価値総額」を示すという。この解釈をストレートに当てはめると、純資産の「プラスの価値総額」は資本でもそのまま「プラスの価値総額」を表すものと解することになる。ここから、資本は純資産と同じくプラスとされたのではないかと考えられる。し

かし、意味論からすれば、「絶対値」が等しいということがそのままプラス・マイナスの符号も同じという理由にはならない。

　シェアの場合、資本勘定が資本主の勘定を表すという特殊な意味合いを除けば、資本等式に基づく純資産二重表示論を支えているのは、財産勘定の借方残高が資本勘定の貸方残高と貸借を反対にして常に同値性を保っているという点だけである。しかし、この事実だけで負債勘定を資本勘定と本質的に異なったものとして区別する正当性が保証されるわけではない。なぜならば、貸借対照表の貸方項目をどのような形で二分してもそれに対応する借方残高としての資産価値との同値性は常に成立する。純資産額と資本額の同値性は無限に可能な同値性の一こまに過ぎない。そうすると、シェアのプラス項目とマイナス項目は二分の仕方に応じてどのようにも変動することになる。

　先に見たように、シェアの資本等式(1)は二つの等式(2)と(3)に分解される。最初の等式(2)は彼の「財産勘定」をそのまま等式で表現したものである。この等式により、純資産は借方残高であることがわかる。ここで問題は等式(3)にある。いま、株主から現金の出資を受け入れたと仮定する。このような取引はシェアが全く無視した取引であるが、仕訳では「(借方) 現金 ×× (貸方) 資本金 ××」となり、簿記上の交換取引（貸借が共に貸借対照表勘定）に属する。また、借入金の取引では「(借方) 現金 ×× (貸方) 借入金 ××」となるが、シェアは貸方の借入金の増加を資産増加のプラスに対してマイナスとしている。なぜ出資取引に限って貸方がプラスであるかという単純な疑問が残る。交換取引の仕訳では一般に借方と貸方は意味上の対立を示すが、資本取引での借方と貸方の対立は同じプラスでの対立となり、このことは一体何を意味するかという疑問は避けられないのである。

　シェアの「＋資本」とは、詰まるところ、「貸方残高としての資本」を「借方残高としての純資産（資産が負債を超える超過額）」と「同視」したということである。このことが「純資産二重表示論」を生んだ。シェアに代表されるこのような純資産の二重表示観は、現在の一般の会計学者の会計構造観にも残っているものの一つであると考えられる。特に、それは現在の資産負債アプ

ローチをとる論者達によって根強く受け継がれている。
(2) 純利益二重表示論

純利益二重表示論では、シェアは期首貸借対照表について資本勘定を財産勘定に吸収させる[6]。損益計算は特定期間の財産勘定の変動から生じた収益と費用のみを計算するものであるから、期首貸借対照表は貸借均衡した状態、すなわちゼロの状態にして置かなければならない。図表1-14の説明の(1)に示すように、「期首資産-(期首負債+期首資本)＝0」という等式を彼は開始等式（Anfangsgleichung）と呼んでいる。これは筆者のいうゼロ等式（図表1-11）

図表1-14　シェアの純利益二重表示論

財産勘定		損益勘定	
＋期首資産	－期首負債 －期首資本		
＋資産増加 ＋負債減少 ＋資本減少	－資産減少 －負債増加 －資本増加	－費用	＋収益
［借方残高］： ＋純利益	＝	［貸方残高］： ＋純利益	
※純利益は財産勘定では借方残高である。			

説明：
(1) シェアは期首貸借対照表の**資本勘定を財産勘定に吸収させ、ゼロ等式**を立てる。
　　開始等式：期首資産－（期首負債＋期首資本）＝0 ……………………(1)
　　　期首に財産勘定および資本勘定の残高は総括してゼロの状態にある。当期に純資産の変動を記録するために新しい勘定が必要となるが、これが損益勘定である。期末には次のように**純利益二重表示**となる。
　　　　財産勘定の借方残高（純利益）＝損益勘定の貸方残高（純利益）…………(2)
(2) 問題点：純利益二重表示論では資本勘定は財産勘定に吸収されて**負債と同じくマイナス**となっている。
(3) 基本等式と損益等式：
　　　　純資産二重表示論の基本等式：資産－負債＝資本＋収益－費用
　　　　純利益二重表示論の損益等式：資産－負債－資本＝収益－費用

に等しい。この式により当期の損益勘定は財産勘定から分離され、独立の損益計算が可能となる。再び期末に向かって、財産勘定の増減に対応した収益と費用が財産勘定と損益勘定で貸借反対に記入される。その結果、財産勘定の純増加が損益勘定の純利益に一致し、期末には等式(2)が示すように、財産勘定の「借方残高」は損益勘定の「貸方残高」すなわち「純利益」と一致する。この等式により、純利益は財産勘定では「借方残高」であることが明確に表現されている。このように、財産勘定と損益勘定の間の貸借を反対にした価値の一致関係が「純利益の二重表示（doppelter Nachweis des Reingewinnes）」と呼ばれる。

筆者はシェアが期首の資本残高を負債残高と同じようにマイナス符号付きで財産勘定に吸収させたとき、彼の折衷論は根本的に崩れ去ったと考える。開始等式が示すように、資本を財産勘定に吸収させた段階で、資本は資産に対して負債と同じくマイナスに転化している。シェアの純資産二重表示論では資本は負債と「同じ意味」を持つことはできないはずである。さらに、網掛けで示した期中の資本増加や資本減少を考慮すると、これらは期首資本と同じように財産勘定に吸収させる以外に方法がない。資本増加は負債増加と同じようにマイナス符号付きとなり、資本減少は負債減少と同じくプラス符号付きとなる。一元論にならざるを得ないのである。

シェアもこの矛盾に内心気づいていたと見られる。しかし、図表の説明(3)に示したように、彼は純資産二重表示論の等式「資産－負債＝資本」を「基本等式」と呼び、純利益二重表示論の等式「資産－負債－資本＝純利益」を「損益等式」と呼んで区別しながら、この損益等式は基本等式の変形（Umformung）に過ぎないと強調し、複式簿記の目的はあくまで基本等式に従った純資産の二重表示にあると主張している[7]。彼の場合、理論以前に「はじめに資本等式ありき」という命題が基礎に置かれており、複式簿記の機構は単にそれを表現するための手段にすぎないものと考えられていたのである。

(3) 合計試算表の落とし穴

先の図表1-14に示したシェアの「純利益二重表示論」の図式は、実は筆者

の「複式性」に基づく一元論とほとんど同じものである。期首貸借対照表を除けば、期中の財産勘定の構成要素の変動は筆者の「変動貸借対照表」と同じものであり、「変動差額損益計算」を通じて損益勘定の収益費用と一対一の対応関係で結び付く。それにもかかわらず、シェアはそれを「基本等式の『変形』」であるとし、あくまで資本等式に基づく純資産二重表示論をその基本に据える。このようなシェアの姿勢から生ずる矛盾の原因がどこにあるかということは、合計試算表を用いて考察するとより明らかになるように思われる。

合計試算表は、決算時に貸借対照表と損益計算書に属する勘定について、各勘定口座の借方記帳合計額と貸方記帳合計額を集計し、両者を対比的に示した試算表である。図表1-15に二つの合計試算表を示している。本来の合計試算表は、それぞれ具体的な勘定名（現金、商品、借入金、資本金、売上、支払給料など）ごとに集計するが、ここではそれを理論的に整理して、資産、負債、資本、収益、費用等の勘定名で総括し再分類した上で示している。

先ず、「一元論の合計試算表」であるが、各項目には一元論のプラス・マイナス符号を付けている。貸借対照表勘定については、すべての勘定の借方合計額と貸方合計額は、期首残高（期首貸借対照表の要素）と期中増減（変動貸借対照表の要素）との合計額であるから、総括的に整理して、その構成要素の全体を、期首残高（期首貸借対照表を構成する要素）と期中増減高（変動貸借対照表を構成する要素）とに二分して示すことができる。このうち、期首貸借対照表については、「期首資産－期首負債－期首資本＝0」というゼロ等式が成立している。

この合計試算表について注意すべきことは、それは純利益を損益勘定から貸借対照表勘定に振替える以前のものであるから、「(借方)損益勘定××(貸方)資本金勘定（または繰越利益剰余金）××」という純利益振替の仕訳はこの表には含まれないということである。この振替仕訳は複式簿記が行う他の取引についての仕訳と同様に、財務諸表を作成するうえにおいて不可欠な仕訳の一つである。この仕訳の追加によって、はじめて純利益の金額に相当する資本金または繰越利益剰余金の増加が認識され、期末貸借対照表が貸借平均し完成する

第1章　複式簿記の意味論　47

図表1-15　合計試算表と純資産二重表示論

一元論の合計試算表	
＋期首資産 ＋資産増加 ＋負債減少 ＋資本減少	－期首負債 －負債増加 －資産減少 －期首資本 －資本増加
－費用	＋収益

シェア理論の合計試算表	
＋期首資産 ＋資産増加 ＋負債減少	－期首負債 －負債増加 －資産減少 ＋期首資本
－資本減少	＋資本増加
－費用	＋収益

＋資本減少	－期首資本 －資本増加
	－純利益(振替)
－純利益(振替)	
－費用	＋収益

※合計試算表は、損益勘定から資本金勘定へ純利益を振り替える以前のものである。左表は純利益を振り替えた後の状態を示す。

説明：
(1) **一元論の合計試算表**：**複式性**に基づくプラス・マイナス符号の付け方である。
　　期首資産＋資産増加＋負債減少＋資本減少－（期首負債＋負債増加＋資産減少＋期首資本＋資本増加）＝収益－費用 ……………………………………（1）
　　「－純利益（振替）」の項目を両辺に追加すると、貸借対照表（上部）と損益計算書（下部）が作成され、それぞれ**ゼロ等式**が成立する。
　　期首資産＋資産増加＋負債減少＋資本減少－（期首負債＋負債増加＋資産減少＋期首資本＋資本増加）－純利益（振替）＝収益－費用－純利益（振替）
　　＝0 ……………………………………………………………………………（2）
(2) **シェア理論の合計試算表**：複式性を無視した符号の付け方である。
　　期首資産＋資産増加＋負債減少－（期首負債＋負債増加＋資産減少）＝期首資本＋資本増加－資本減少＋収益－費用…………………………………（3）
　　この等式の右辺は**貸借対照表勘定と損益勘定の混合である**。純利益の振替仕訳に独自の意味が与えられていない。

からである。図表ではこれを下部に追加して示している。

　この合計試算表が理論的に見て興味深いのは、実務上、これが筆者のいう二元性と複式性という二つの構造を明確に示している唯一の表だからである。この合計試算表では、プラス・マイナスの符号のつかない絶対値で、その「借方合計額」は「貸方合計額」と等しいことを示すが、通常、説明されているように、その合計額は何らの意味も持っていない。それは貸借対照表勘定と損益勘定の貸借記入を単純に一表に集めて合計したものにすぎないからである。すなわち、借方には「＋期首資産＋資産増加＋負債減少＋資本減少」というプラス要素と「－費用」というマイナス要素が、もちろんプラス・マイナスの符号なしの絶対値のままで、単純に合計されており、貸方では「－期首負債－負債増加－資産減少－期首資本－資本増加」というマイナス要素と「＋収益」というプラス要素が、ここでもプラス・マイナスの区別無く絶対値のままで合計されている。これら二つの合計値に意味がないのは当然である。そのため、実務では、合計試算表は単に期間中の仕訳や記帳が貸借平均の原則に従って正しく行われたかどうかを検算するためにのみ用いられる。

　合計試算表が一つの計算書として意味をなさないのはその複式性のためであることがわかる。その借方合計額は貸借対照表勘定の借方記入（プラス）と損益計算書勘定の借方記入（マイナス）の合計額であり、その貸方合計額は貸借対照表の貸方合計額（マイナス）と損益計算書勘定の貸方合計額（プラス）の合計額である。プラス要素とマイナス要素について、その絶対値だけを加算した合計額に意味がないのは当然である。

　このように、合計試算表を意味論の観点から見れば、それは「複式性」を最も鮮明に表現しているものであるといえる。図表では、複式性の等式(1)を示している。この等式は貸借対照表勘定の借方のプラス要素は損益勘定の貸方のプラス要素と対応し、貸借対照表の貸方のマイナス要素は損益勘定の借方のマイナス要素に対応することを示している。貸借を反対にした意味上の同一性、すなわち複式性である。これに「純利益の振替仕訳」を付け加えて初めて相互に独立した変動貸借対照表と通常損益計算書が作成され、等式(2)が示すよう

に、二つの表において、それぞれゼロ等式が成立する。

　これに対して、右側に示した「シェア理論の合計試算表」では、資本勘定の貸方はプラスでその借方はマイナスである。その結果、計算式(3)が示すように、右辺は貸借対照表の資本勘定と損益勘定の収益費用の混合である。ここから、シェア理論の場合、決算時における純利益振替の処理をどのように見ているかという疑問が生ずる。

　シェアは、この純利益振替の過程を、二つの貸借対照表勘定相互間の振替過程と全く同じ平面上のものとして説明している。すなわち、振替先の勘定では、振替元の勘定と「同じ性質のものをもって同じ側に現れる」という[(8)]。例えば、ある勘定の貸方残高を他の勘定の貸方に振り替える場合、振替先の貸方項目の性質は振替元の勘定の性質と変わらないというというのである。いま、この理屈をここにあてはめると、純利益振替の仕訳であっても、損益勘定の貸方残高（プラス）として捉えられた純利益は振替先の資本勘定では同じその貸方に振替えられるが、それは損益勘定の貸方と「同じ性質」つまり「プラス」の符号を持たなければならない、とされることになる。

　純利益の振替仕訳は一元論では借方と貸方のいずれにもマイナスの符号がつく。貸借反対であるが、複式性であるから同じ符号（ここでは同じマイナス）で結びつくのである。これに対して、シェア理論では、この仕訳の損益勘定の借方にマイナス符号が付けられ、振替先の資本勘定の貸方に同じプラス符号が付けられることになる。つまり、二つの貸借対照表勘定の間の振替仕訳と同じように、振替元の勘定残高が減少（マイナス）して振替先の勘定残高が増加（プラス）する。振替元の損益勘定の貸方残高はプラスであるから、振替先の資本勘定の貸方残高もプラスでなければならないという理屈になる。シェアは純利益振替項目の抜け落ちた合計試算表の落とし穴にはまったのである。彼は合計試算表それ自体が検算表という点を除いて意味のないものであることは認めたが、なぜそうであるか、その理由を明確にすることはできなかった。複式性の概念がなかったからである。それが結果的に、先に折衷論の不可能性として説明したように、貸借対照表の貸方は負債のマイナスと資本のプラスの混合とい

うことになる。シェアが複式性を無視し、二元性のみで押し通そうとしている事情が明らかであろう。

シェアも合計試算表がプラスとマイナスの混合であり、その合計額が無意味であることは充分に承知している。しかし、純利益振替の独自性を無視し、損益勘定を貸借対照表勘定から独立させなかったために、二元性と区別された複式性（これまで述べてきた意味での）というもう一つの構造が存在することに気づかなかったといえる。

このようにして、シェア理論では、結果的に、損益勘定は資本勘定の下位勘定となり、資本勘定から独立したものとして捉えられてはいない。損益勘定から資本勘定への純損益振替処理に特別の意味が与えられておらず、その処理の独自の意味は無視されている。それは二つの財務諸表の間の純利益振替の独自な意味を無視した論ともいうべき性格を持っているといえよう。

現在の複式簿記論においてさえ、「二元性」と区別された「複式性」について明確に説明されることはほとんど無い。むしろ、合計試算表は損益勘定が資本勘定の下位勘定であるかのごとき誤解を生む原因とすらなっているのではないかとさえ疑われるのである。シェア理論の合計試算表を見ると、純利益が振り替えられる以前のものであるため、損益勘定の「貸方残高としての純利益」の部分が変動貸借対照表の貸方側へプラスのまま食い込んだ形をとっていることがわかる。純利益振替項目がないため、貸方残高としてのプラスの純利益がそのまま直接に同じプラスのまま資本に加算されている。「折衷論」にしたがって、「期首資本」や「資本増加」を「プラス」と定義すると、純利益により増加した資本勘定部分（食い込む食い込んだ部分）も、この「＋純利益」と「同じもの」と観念されることになる。すなわち、この食い込んだ部分がそのまま貸借対照表の資本勘定の一部分を構成すると見なされる。

一般に、純資産概念を必要以上に強調する論者達の脳裏には、おそらく図表1-14に示したような「シェア理論の合計試算表」がインプットされていると見てよいのかもしれない。損益計算書は貸借対照表の下位に位置づけられ独立性を持たない。損益勘定はまだ資本勘定から分離されていない。現在のアメリ

カ流の資産負債アプローチでもこれとほとんど同じものがその念頭に置かれているものと考えてよい。この意味で、ここに示した「シェアの合計試算表」については、極めて象徴的な意味を持つものとして、それを脳裡にとどめておきたい。ドイツ語圏内で歴史的に展開された勘定理論はほとんどこの折衷論で終わってしまっているのである。一元論は提示されることはあっても一般の承認を得ることはなかった。一元論への転換がほとんどなされないままに、その歴史は終焉を迎えた。アメリカ会計学を中心に、グローバル化した現在の会計理論もこのような見方をそのまま受け継いでいると考えられる。

注
(1) 拙著「会計言語の構造」森山書店、1995年、89-94頁。交差分類の概念を中心に論じている。
(2) 前掲書、1-116頁。
(3) 水平型、垂直型という用語は、マクロ会計でも用いられることがあるが、ここではそれとは全く関係のない用語として用いている。
(4) 日本の国際収支統計が2014年1月から見直された。このような見直し問題もプラス・マイナスの符号の付け方を巡るものであって、意味論については、マクロ会計でも混乱が生じていることを物語っている。このような問題が生ずるのは、伝統的に会計理論の領域に意味論が欠如していたこと、いわば意味論の不在がその基本的な要因となっていると考えられる。例えば、国際収支統計についてのゼロ等式として「経常収支＋資本移転等収支－金融収支＋誤差脱漏＝0」という式などが使われている。日本銀行国際局「国際収支関連統計の見直しについて」2013年10月。
(5) Schär, J. F., *Buchhaltung und Bilanz*, 4. Aufl., Berlin 1921, S. 25−33. シェアは彼の理論を純資産及び純利益の「複式表示(doppelter Nachweis)」という用語を用いて展開している。日本の訳語としては一般に「複式」という用語が用いられるであろうが、ここでは敢えて「二重表示」という訳語を用いた。これはシェアの「複式表示」という表現が筆者のいう「複式性」を意味しないため、混乱を避ける必要があるからである。
(6) Schär, *a.a.O.*, S. 33−38. 日本では、筆者の知る限り、シェアの純資産二重表示論についての紹介はなされているが、純利益の二重表示論についての紹介やその問題点を指摘したものはないようである。畠中福一著「勘定学説研究」(森山書店、1932年)では無視されている。黒沢清著「改訂・簿記原理」(森山書店、1951

年、130-131頁）では「利益の複式表示」という題名で、簡単に紹介されているだけである。
(7) Schär, *a.a.O.*, S. 37.
(8) Schär, *a.a.O.*, S. 48.

第 2 章

純資産概念の意味するもの

第 1 節　借方残高としての純資産

　純利益概念と純資産概念のいずれが基本的な概念であるかという問題を出されたとすれば、その答えはどのようになるであろうか。ここで最も基本的で単純な判断基準となることは、「純利益勘定」は存在するが、「純資産勘定」は存在しないということである。すなわち、貸借対照表の中には、純利益勘定はもちろんのこと純資産勘定も存在しない。これに対して、純利益勘定だけは貸借対照表の外部に独立して存在する。

　純資産という用語は経済社会において最も広くかつ頻繁に用いられる用語の一つであるが、それが一体何を指示しているのかという観点から見ると、多くの場合、極めて曖昧な使われ方をしている用語の一つであるといえる。会計の領域では、特に、資産負債アプローチという名のもとに、資本等式として、「資産－負債＝資本」に代わって、「資産－負債＝純資産」という式が猛威を振るっている。このアプローチが提示する定義によれば、純資産は資産から負債を控除した残余額であるとか余剰額であるといわれる。しかし、「この余剰額としての純資産という用語が意味するものは何であるか」という点についてはほとんど問題にされず、この定義だけが一人歩きしている感がある。ここでは、純資産の「純」という名によって表現されるものは一体何であるか、改めてその意味を問い、それが会計の基礎的な諸概念のなかでどのように位置付けられるべきかについて明らかにしておきたい。

1　残余額の概念

　一般に残余額（residual）を求める式を「被控除項目－控除項目＝残余額」という式で表すことができよう。この式で、被控除項目の額が控除項目の額よりも数的に大であれば、残余額は被控除項目の価値の一部分を示す。ここで明確にしておきたいことは、被控除項目と控除項目との間の関係では、残余額というのは被控除項目と控除項目のいずれかの側の超過額を示すのみであって、それ以外の第三の項目とは何ら直接の関係がないということである。

　ところが、会計において、資本等式と呼ばれる式では、特定の企業の貸借対照表の資産総額から負債総額を控除した残余額は必然的に貸方の資本残高と金額的に一致するという関係にある。そのためか、貸方の資本総額を表現するのに、資産と負債との残余額で間接的に表現するということがしばしば起こり、そのため純資産という概念の指示する対象が曖昧になるという危険性が常に存在する。

　図表2-1の[1]に二つの数式を示している。先ず、資産と負債の残余額を上の控除式に従って示すと式(1)のようになる。ここでは、資産が被控除項目であり負債が控除項目である。いま、資産価値が負債価値よりも大という関係がある場合には、残余額は被控除項目である資産の残高、つまり「借方残高としての純資産」を意味する。この式では企業の正常な状態を想定して純資産を示している。また、資産価値が負債価値よりも小という関係がある場合には、残余額は控除項目である負債の残高でマイナスとなるが、これは「貸方残高としての純負債」を意味することになる。いずれの場合にも、概念的には、貸方の資本残高とは直接の関係がないのである。この控除式で表現されているものは数の大小関係によって、資産残高（借方残高）か負債残高（貸方残高）のいずれかでしかあり得ない。資産価値が負債価値よりも大であるという正常な状態を仮定すると、一般に、純資産は資産の借方残高超過額を意味するものと見ることができる。この超過額部分は「借方残高としての純資産」と呼ぶことができる。そして、価値的に見れば、純資産と資本との間に等値関係が成立するため、式(2)が成立することになる。

図表2-1　借方残高としての純資産

[1] 借方残高としての純資産

　残余額は「被控除項目－控除項目＝残余額」という式で表される。
　　資産の借方残高（被控除項目）－負債の貸方残高（控除項目）
　　＝資産の借方残高超過額（純資産）…………………………………… (1)
　ゼロとなる場合を除いて、残余額は**資産の借方残高超過額**か、**負債の貸方残高超過額**となる。
　貸借対照表では価値的に「資産－負債＝資本」という資本等式が成立している。
　　借方残高としての純資産＝貸方残高としての資本………………… (2)

[2] 財産目録の純資産の位置

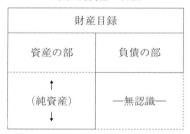

（a）純資産の表示　　　　　　　（b）純資産の位置

※ 財産目録を貸借対照表の形式で示す。純資産は「単一の価値額」としてのみ示される。

※ 純資産は借方残高である。資本（持分）の部は認識しない。

　ここで貸方残高としての資本は払込資本や留保利益を示す利益剰余金などの諸項目の集合から構成されており、このことは、資本が、借方残高としての純資産とは、その総計は等しくとも、全く異なった独自の指示対象を有していることを示している。

2　財産目録の純資産

　財産目録から貸借対照表を作成した場合、その貸借対照表は複式簿記から誘導的に作成された貸借対照表と同じものではない。財産目録はもともと資産の部と負債の部しか持っていない。それぞれの部の諸項目を実地棚卸しによって

認識し、一表にまとめる。それぞれのその合計の差額を純資産とする。先の図表の[2]の(a)「純資産の表示」のようになる。これが一般に広く普及している表示法の一つである。しかし、以上の考察に照らせば、その純資産の本来の表示は、(b)「純資産の位置」に示すような形をとるべきである。純資産は依然として借方残高である。財産目録は実地棚卸しによって資産と負債の部に属する諸項目を認識するだけで、「純資産がどのような源泉から得られたか」ということについては、全く関知しない。したがって、もともと、通常の貸借対照表の「資本の部」の諸項目については、「無認識」の状態にあるといわなければならない。そのため、たとえ貸借対照表の形式を借りて「純資産」と表示したとしても、それは単に借方残高としての純資産の単なる価値の反映にすぎない。

3 「純資産の部」という用語の矛盾

　資産の部や負債の部はそれぞれの部に属する諸勘定の集合から構成されている。そして、純資産の増加は資産増加と負債減少など借方記入によって生じ、その減少は資産減少と負債増加など、貸方記入によって生ずる。その場合、「純」資産とは、資産の価値総額から負債の価値総額を控除した後の、単なる「価値」の「純」差額をいうのであるから、「単一の価値額」としてしか存在しない。そのため、この純差額を何らかの資産や負債の諸勘定の集合として規定することは原理的に不可能である。「純資産」を構成する諸勘定の集合が存在するわけではない。したがって、「純」資産の「部」という呼び名それ自体がもともと用語上の矛盾を含んでいることになる。

　別の言い方をすれば、純資産は資産や負債の諸勘定と並ぶ一個の勘定としては存在しえないものである。このような勘定は複式簿記には存在しない。個々の勘定の集合とは異なった理論語のレベルに存在する概念である。経験的にはまたは直接的には、認識不可能、識別不可能なものというべきである。

　純資産の変動は具体的には資産や負債に属する諸勘定の集合体の変動によって表現されるので、これをさらに別の一個の勘定で表現する必要はない。この

意味でも、純資産という概念は、複式簿記の記帳体系の中に組み込まれた特定の勘定としてあるのではなく、計算上の等式の適用を経て、それとは上位のレベルにある理論語の一つに過ぎないと見なければならない。現在、資本の部を一括して一個の純資産勘定が存在するかのごとく見なす傾向があるが、これは、異なった二つの言語レベルを混同した結果にほかならない。

　同じように、純（net）を用いたものとして、「純」利益（net profit）という用語がある。純利益勘定は純資産とは異なり貸借対照表から独立して存在する一個の勘定である。したがって、そこには、収益勘定の集合からなる「収益の部」と、費用勘定の集合からなる「費用の部」という二つの部が存在する。これに対して、純利益は貸借対照表ではどのように表現されているのであろうか。先の図表1-6で示したように、貸借対照表では純利益は借方残高としての純資産の純増加額として計算されるものであるから、純資産価値の計算と同様に、「単一の価値額」としてしか計算されない。当然に、貸借対照表では純利益の部なるものも存在しない。

　現在、資本の部が「純資産の部」と呼ばれている。同値関係を利用して、「資本」という用語を「純資産」という用語に置き換えた後には、資本の部はもともと資本に属する諸勘定の集合から構成されているので「純」資産の「部」という、それ自体矛盾を含んだ表現も可能となっている。しかし、この言い換えは、全く無意味であり、非論理的ですらある。最近は「持分の部」という用語の用い方も一般的ではあるが、以下、筆者は従来どおり、「資本の部」と呼び、必要に応じて、「資本（純資産）の部」と呼ぶことにする。あるいは、この純資産は本来の純資産概念によるものではないから、これを「擬似純資産」とすれば、資本の部を「資本（擬似純資産）の部」と呼ぶ方法もあろう。

　公正価値評価を理念として掲げた資産負債アプローチは、本来、「借方残高としての純資産（資産－負債）」の評価を対象としていたはずである。しかるに、いつのまにか、その拠点を「資本の部」に移してしまった。その定義体系の不透明さはここから始まる。

4 純資産概念の形骸化

　従来の資本の部を純資産の部と言い換えた結果、仕訳上、奇妙なことが起こる。例えば、従業員等に無償でストック・オプションを付与した場合、仕訳は「(借)株式報酬費用××(貸)新株予約権(純資産)××」となる。貸方の「純資産の増加」が費用の発生に直結するという奇態な状態が起こる。本来、純資産の増加には収益の発生は結び付いても、費用の発生が結び付くことはない。

　また、いわゆる「その他有価証券」について生じた評価益を、その他有価証券評価差額金勘定（その他の包括利益の一項目であって、以下、単に「評価差額金勘定」と呼ぶことがある）に貸記する処理法については、従来の資本直入法から「純資産直入法」という用語に変更されたが、これも奇妙な表現といわなければならない。というのは、借方残高としての純資産概念に立てば、純資産直入法は評価差額金勘定の貸方記入ではなく、当の「その他有価証券」という資産勘定の借方記入を意味するからである。「売買目的有価証券」であれ「その他有価証券」であれ、評価益計上はその「資産」勘定の借方増加であり、それは純資産価値の増加をもたらす。したがって、いずれも純資産直入法である。評価差額金勘定の貸方の増加記入は純資産の計上には直接の関係はない。売買目的有価証券では評価益を先ず損益勘定に含め、当期の純利益の計算を経て繰越利益に振り替えるが、その他有価証券では、これを特定の勘定、すなわち評価差額金勘定に拘束しておき、売却による実現とともに損益勘定に振り替える処理をとる。評価差額金勘定の増加（貸方記入）はマイナスであり、そのためにこそ評価益の計上をゼロとする効果をもつ。また、その減少（借方記入）はプラスであって、実現利益として計上される。この問題は、後に述べる「包括利益概念」の理解の仕方と深く関わってくる。

　要するに、売買目的有価証券のように、未実現の評価益を通常の実現利益剰余金と混合処理するか、それとも、その他有価証券のように、評価差額金のような特定の勘定に拘束するかは資本の部の内部の区分問題に係わるに過ぎない。両者の違いを純資産に含めるか否かで区別するのは筋違いである。

第2節　純資産損益計算式

1　純資産損益計算式の派生的性格

筆者は先に、図表1-8において、基本的な損益計算式として、「変動差額損益計算式」について述べた。次の図表2-2では、この変動差額損益計算式（a）

図表2-2　変動差額損益計算式と純資産変動差額損益計算式

---
［1］変動差額損益計算式から純資産変動差額損益計算式へ
　（a）**変動差額損益計算式**：
　　　（資産増加－資産減少）－（負債増加－負債減少）－（元入資本増加－元入資本減少）＝収益－費用、
　　　資産純増加－負債純増加－元入資本純増加＝収益－費用
　（a'）**純資産変動差額損益計算式**：
　　　純資産純増加－元入資本純増加＝収益－費用
［2］残高差額損益計算式から純資産残高差額損益計算式へ
　（b）**残高差額損益計算式**：
　　　（期末資産－期首資産）－（期末負債－期首負債）－（期末元入資本－期首元入資本）＝収益－費用、
　　　資産純増加－負債純増加－元入資本純増加＝収益－費用
　（b'）**純資産残高差額損益計算式**：
　　　純資産純増加－元入資本純増加＝収益－費用

説明：
（1）**純資産変動差額損益計算式（a'）について**：
　　純資産変動差額損益計算式は変動差額損益計算式から、「（資産増加－資産減少）－（負債増加－負債減少）」の諸項目を部分的に総括しただけのものである。その意味で、純資産変動差額損益計算式は**派生的、副次的な計算式**にすぎない。基本的な損益計算式は変動差額損益計算式だけで充分である。また、純利益の計算のためには純資産の純増加からさらに「元入資本純増加」を控除しなければならないため、当式の「純資産純増加」部分は**純利益概念に直結しない**。さらに、元入資本純増加も「収益」と「費用」との関連で定義する必要がある。
（2）**純資産残高差額損益計算式（b'）について**：
　　純資産残高差額損益計算式は「変動差額＝残高差額」という基本等式によって純資産変動差額損益計算式(a')から導きだすことができ、同じ派生的で副次的な性格を持つ。通常、複式簿記では、残高差額損益計算式を特別に問題にする必要はない。

から純資産変動差額損益計算式(a')を導き出している。この純資産変動差額損益計算は変動差額損益計算の要素のうち、資産と負債の要素について「部分的な組み替え」を行っただけで導き出されたものであり、その意味で派生的で副次的な計算式と見なければならない。貸借対照表に属する勘定によって、借方残高としての純資産や純利益は、変動貸借対照表に基礎を置いた動的な変動差額損益計算によって自動的に計算されている。したがって、貸借対照表勘定による損益計算式としては、変動差額損益計算式だけがあれば十分である。それとは別に、純資産変動差額損益計算式を特別に必要とするわけではない。

さらに、純資産変動差額損益計算は純利益に直結しないということから、変動差額損益計算式の左辺(変動貸借対照表)と右辺(原型損益計算書)との関連で、元入資本増加及び減少もそれぞれ費用と収益との関連で定義しなければならない。

2 財産法と損益法という二項対立概念の問題

筆者の会計構造論では、以上の考察から明らかなように、貸借対照表勘定での記帳と損益計算書勘定の記帳との間には,常に一対一の対応関係がある。この観点に立つと、貸借対照表勘定の認識と損益計算書勘定のそれとの間に、いずれが先かということはいえないし、また、それを議論すること自体が無意味である。しかるに、損益計算書勘定を重視し、そこから出発するアプローチを収益費用アプローチと呼び、他方、貸借対照表勘定を重視し、そこから出発するアプローチを資産負債アプローチと呼んで、あたかも、収益費用の概念と資産負債の概念とが本来的に対立している概念であるかのごとき前提のもとで議論することが、特に何かと対立図式の好きな日本の論者達の間で盛んである。

従来も、会計理論を構成するうえで、特に伝統的にその中核に置かれてきたものものに「損益法と財産法」という二項対立概念があった。現在、「収益費用アプローチと資産負債アプローチ」という対立で語られているものも、おおよそ、この思考系統のもとでの対比と見てよいであろう。もともと、このよう

な対立概念に明確な定義が与えられている訳でもなく、そのため批判の対象としては取り扱いにくい側面をもつが、以下、問題と思われる点をいくつか挙げておきたい。

第一に、このような二項対立概念には、その出発点に、損益計算書と貸借対照表の二つを「対立的なもの」と捉えて、そのいずれをもとに理論を構成するかという、二者択一的な問題意識が前提に置かれているように見える。昔、米国の文献を中心に流行した言葉で表現すれば、「損益計算重点主義か財産計算重点主義」かというような曖昧な表現で語られてきたものである。

このような対立概念は、先に図表1-7に示したように、期首と期末の「静態的な」二つの貸借対照表と「動態的な」損益計算書以外の財務諸表は前提におかない。いま、図表2-2の損益計算式を考慮しながら説明すると、このような会計観は、筆者が提示しているような貸借対照表勘定の変動を主体にした変動差額損益計算式(a)を有しないのである。そのため、「純損益」を計算する式としては、変動差額損益計算式(a)の右辺（収益−費用）（左辺は無視）の収益費用差額損益計算式(a)と純資産残高差額損益計算式(b')の左辺（純資産純増加−元入資本純増加）（右辺は無視の）の間で、「あれかこれか」の選択問題となる。資産負債の公正価値会計への転換を図った資産負債アプローチが、従来の損益計算書中心的な立場への反動として、期首と期末の純資産残高差額計算重点主義に移行したのもこの関連でこそ考えることができる。しかし、変動差額損益計算式(a)の左辺と右辺を結び付け、変動貸借対照表の記入と原型損益計算書の記入との間に一対一の対応関係を設定すると、このような二項対立概念の無意味性は明らかであろう。

現在、日本の学界では、特にこの二項対立概念による定義法が猛威を振るっている。しかも「純利益は期首と期末の純資産の差額によって『計算される』」という「素朴な財産法」の定義が横行している。ここで「素朴な」という限定を付したのは、この定義では、純資産残高差額計算式(b')の「マイナス元入資本純変動」の要素が全く無視されているからである。さらに、この定義でもう一つ問題となるのは、ここで純利益は期首期末の純資産の比較によって『計算

される』と定義されていることである。

　財産法概念の基礎となっている財産目録だけを用いて純損益を計算する場合には、期中の取引についての認識は行われない。そのため、必然的に期首純資産と期末純資産との比較計算になる。もちろん、この場合でも、期中に元入資本の変動があった場合にはそれを記録にとどめておき、期末の計算でそれを考慮しなければ正しい純損益は計算されない。これに対して、複式簿記での継続的な記録計算では、財の変動はその取引毎に認識されているので、このような時間的距離を置いた比較計算は不要である。複式簿記では、繰り越された「簿価」を時価と比較し、その評価差額を時価変動差額として認識する。しかも、ここでは、残高差額計算は変動差額計算と常に等しい。敢えて残高差額計算を強調する必要は無い。

　第二に、問題となるのは、これらの対立概念に前提とされている評価問題との関連である。評価問題と計算構造とは厳格に区別されなければならない。しかし、これを混同した理論があまりに多すぎるのである。

　本来、財産法という用語には、複式簿記と財産目録とを対比させる考え方が潜んでいると考えられる。先ず、複式簿記の計算は収支計算を基礎にした原価評価に基づくものであり、財産目録は時価評価によるという形で、両者を対比させる。複式簿記の記帳システムのなかでは、その決算処理において、棚卸表は財産目録と結び付く。つまり、原価で評価された財の簿価を棚卸しによる評価額と「突き合わせる」手続きに財産法の特質を見るのである。いま、この局面を重視すると、公正価値評価を標榜する資産負債アプローチは「損益法ではなく」財産法でなければならないということになる。

　しかし、計算構造の側面と評価問題の側面とは明確に区別すべき問題である。いま、簿価100の売買目的有価証券について、期末の時価120に修正するために評価差額20を評価益として計上したとする。仕訳は「(借方) 売買目的有価証券20 (貸方) 評価益 (運用益) 20」となる。この場合、計算構造論的関連というのは、「貸借対照表」の資産勘定借方の増加20と損益計算書の評価益20の「一致関係」をいう。このような一致関係はいかなる時価変動による修正に

よっても保持される。評価法がどのように変化しても、両者の一致関係が破壊されることはない。つまり、この計算構造的関連性は変わることなく維持される。貸借対照表と損益計算書のいずれを重視するかという問題はここには生じない。

残高差額が常に変動差額に等しいということは、会計以前の数学の問題である。1期間における各勘定の記入関連は「期首残高＋当期増加高－当期減少高＝期末残高」となる。これは「当期増加高－当期減少高＝期末残高－期首残高」、すなわち、「変動差額＝残高差額」と変形される。棚卸しに基づく期末の修正事項なども当期増加高や当期減少高に含まれる。したがって、このような関係は、当期増加高や当期減少高をどのように評価しようと、その如何に関係なく成立する関係である。

筆者は、これまで会計理論の中で、変動差額損益計算式(a)や純資産変動差額損益計算式(a′)を目にしたことは一度もない。誰でも考え付きそうな式であるのになぜであろうか。また、純資産による損益計算式といえば、式(a′)ではなく、式(b′)だけが前提に置かれるのはなぜであろうか。公正価値会計の枠組みのなかでは、それ以前には問題とされなかった局面について種々の「仕訳法の開発」がなされてきているのである。それは変動差額損益計算式(a)の局面でなされている開発である。この局面を無視して、単に損益法と財産法の対立というような粗雑な図式だけでは、現在の会計の本質的な局面を捉えることはできない。

第3節　資産負債アプローチの純資産概念

1　資本の部と純資産

米国の財務会計基準審議会の財務会計諸概念に関するステートメント第6号「財務諸表の構成要素」(1985年)——ここでは概念意見書第6号と略称する——の定義によれば、「持分（equity）または純資産（net assets）は、負債を控除したのちに残るある実体の資産に対する残余請求権」であって[1]、この持

分または純資産という用語は「互換可能（interchangeable）」であるという⁽²⁾。しかも、さらに「持分は純資産と同じものであり（equity is the same as net assets）、企業の資産と負債の差額である」という⁽³⁾。ここでは、貸方残高としての資本（持分）が借方残高としての純資産とほとんど「同一視」されている。しかし、純資産に対する請求権（claims）である持分が、その対象であるべき純資産と同じものであるとはどういうことなのであろうか。

いまや、資産負債アプローチが純資産を資産から負債を控除した残余額として定義するとき、この純資産は「貸方残高としての資本」を意味することが明らかとなった。ここでは「同じ意味」が「借方残高としての純資産」から「貸方残高としての資本」へと、その極限まで推し進められている。

プラス・マイナスという符号面から見ると、概念意見書の定義によれば、資産は将来の経済的便益であり、負債は将来の経済的便益の犠牲であるから、資産をプラス、負債をマイナスと見ていることは確かである。また、資本の部については、それを純資産と同じものと断言しているくらいであるから、これをプラスと見ていると解してよい。さきに述べたように、このような資産負債アプローチの立場は、シェア理論の唱える「折衷論」とほとんど同じものと見ることができる。

資本の部を「持分」とか「残余請求権」と呼ぶのは一般的であるが、この用語の意味についても注意が必要と思われる。というのは、資本の部が資本主の「請求権」を表すという定義の仕方も、厳密にいえば正確とはいえないからである。資本主の請求権そのものは、資本主自身の貸借対照表の「資産の部」において保有する投資証券によって表現されている。請求権そのものが貸方に現れることはない。とすれば、これらの所有主によって所有されている企業の資本の部は「請求されていること」、すなわち「受動態」の表現をとるのが正しい。これを「純資産に対する請求権」という用語で定義する場合には、定義の上で、暗黙のうちに、主体の逆転が行われている。他者からの請求に応ずべき被所有者の義務があたかも所有者の請求権そのものであるかのごとく定義されているのである。

持分が企業の純資産に対する請求権を表すという定義のなかには、概念上、その請求権に応えるべき財産の流出が当然に想定されているはずである。株主集団の請求権に応えるためには、企業は財産を流出させねばならない。貸方残高としての資本は、負債と同じく、将来のキャッシュ・アウトフローを予期していると見るべきである。将来のキャッシュ・インフローは借方の資産項目によって潜在的に表現されている。請求権の対象であるべき純資産が借方残高であってプラスであるならば、資産流出の義務を示す資本は企業にとってマイナスでなければならない。

2 資産負債変動と収益費用概念

図表2-3の[1]に、概念意見書第6号の取引分類法を示している[4]。次いで、その[2]に、変動貸借対照表のゼロ等式を示し、それを概念意見書の取引分類法と対応させている。ここで、幾つかの観点から問題を採り上げていく。

先ず提示したい問題の一つは、意見書の取引分類法は、あたかも変動貸借対照表の資産、負債及び資本の概念だけで取引分類を行っているかのような外観をとっているけれども、それだけで複式簿記上の取引分類が可能であるかという問題である。一般に、「取引」の分類である以上、財の「変動」が問題となるから、「変動」貸借対照表が前提におかれなければならないのは当然である。したがって、この定義法も、財の「変動」を前提においたものである点では正当である。例えば、分類Aはこれまで「交換取引」として示したものに相当する。純利益には影響しない。また、分類BのうちのB_1は損益取引とその他の包括利益の変動を含むであろう。純利益に影響を与える項目である。「その他の包括利益」の構成要素（その他有価証券評価差額金など）は変動貸借対照表自体の変動に含まれる要素であるから問題はないが、「純利益（振替）」を構成する諸要素、すなわち「売上高、受取利息、減価償却費、支払給料など」については損益計算書でしか表現されない。それが変動貸借対照表の本来の要素となることはあり得ないのである。しかもこれらの用語は「日常語」として通常に用いられているものである。これらを「持分の変動」としてのみ定義するこ

図表2-3　概念意見書第6号の取引分類

[1] 米国の概念意見書第6号、64及び65項より。

一会計期間に営利企業に影響する取引その他の事象及び環境要因
 A. 資産・負債の変動であって、持分の変動を伴わないもの。
  (1)資産と資産の交換。(2)負債と負債の交換。
  (3)資産取得と負債増加。(4)資産の譲渡と負債の弁済。
 B. 資産・負債の変動であって、持分の変動を伴うもの。
  B_1　収益、利得、費用、損失（包括利益）
  B_2　出資者との取引による持分の変動
   出資者による投資、出資者への分配
 C. 資産・負債の変動はなく、持分内の変動のみを伴うもの

[2] 変動貸借対照表のゼロ等式との関連

変動貸借対照表のゼロ等式は次のとおりである（図表1-8の(a_1)）。
（資産増－資産減）－（負債増－負債減）－（元入資本増－元入資本減）－（その他の包括利益増－その他の包括利益減）－純利益（繰越）＝0
意見書の分類法を上式に関連づける。
 分類A　：（資産増－資産減）－（負債増－負債減）
 分類B_1：（資産増－資産減）－（負債増－負債減）－（その他の包括利益増－その他の包括利益減）－純利益（繰越）
 分類B_2：（資産増－資産減）－（負債増－負債減）－（元入資本増－元入資本減）
 分類C　：－（元入資本増－元入資本減）

説明：
(1) 貸借対照表勘定の変動を中心にした取引分類法である。分類B_1の「収益、利得、費用、損失（包括利益）」のうち、「その他の包括利益」は変動貸借対照表自体によって表現されるが、「繰越（純利益）」と関連する諸要素（売上高、受取利息、減価償却費など）は、外部の損益計算書においてのみ表現される。したがって、ここでも損益計算書が前提に置かれている点に変わりはない。
(2) 分類B_1の「収益費用等」の定義は「資産と負債の変動」とのみ関連づけられている。
(3) 分類B_2の「出資者との取引」は「資産と負債の変動」とのみ関わり、「収益費用」とは無関連であるとされている。資産や負債の変動がなく、費用や収益と直接に結合する取引は排除されている。これを理由づけるために提示されているのが「資産擬制論」である。
(4) 持分内の変動のみの取引分類Cでは、費用収益等は発生しないとされている。日本の概念フレームワークが新株予約権の戻入益計上などを例外的に認めているのとは異なる。

とができるであろうか。このような定義法の偏向性は明らかであろう。

　先にも述べたように、損益計算書での費用収益項目の分類法は貸借対照表勘定の分類法とは全く異なったものであるから、これらの収益費用概念を貸借対照表勘定の変動だけで表現することはもともと不可能である。純利益の振替直前の段階で変動貸借対照表の貸借差額は「金額的」に「純利益」と一致するが、それは「単一の価値」としてのみ確定するだけで、収益費用等の諸項目の発生状況はあくまで損益勘定の変動やそれを要約した損益計算書を参照しなければ知ることができない。先に図表1-9「損益勘定を通過しない損益項目」を用いて説明したように、変動貸借対照表だけを用いて収益費用項目を定義するさいにも、損益勘定からの振替過程を前提において定義しているのである。したがって、資産負債アプローチの定義法に見られる問題点は、それにもかかわらず、なぜ、敢えて損益計算書を前面に打ち出すことを避け、変動貸借対照表の変動だけを前提に置いて定義可能であるかのような「外見」をとらなければならないかということである。

　第二の問題点は、「出資者との取引」に係わるものである。通常、この取引は「資本取引」という名で総括されている。分類B_2の出資者との取引は資産負債の変動とのみ関連付けられ、費用収益とは関連付けられていない。したがって、資本主との取引でありながら「資産・負債の変動がなく、損益が発生するもの」、たとえば、資本主の労務出資のほか、従業員に対するストック・オプションの無償交付のように、資本金や新株予約権（資本項目と見た場合）の増加に対して費用が計上される取引はこの定義体系からは完全に排除されている。そのため、これらの取引では資産・負債の変動はないのであるが、その変動があるかのように仮定するほかないことになる。これを理由付けるために提示されたのが後述する資産擬制論である。

　最後に、分類Cの資産・負債の変動なく持分内の変動のみを伴うものについても、それが収益費用の発生と結びつく事例はこの定義体系からは排除されている。純資産（資本）の変動の強調の裏には、伝統的な「資本取引」の概念を維持し、そこから「資本取引の損益作用性」という観念を徹底的に排除する

という意図が含まれている。

次の図表2-4では、概念意見書第6号の定義体系のうち、資産負債アプローチの基本命題と思われるものを三つの命題にまとめている。

先ず、第一命題であるが、一般に、「純資産は資産から負債を控除した差額である」と定義するとき、このような純資産の定義法には払拭できない基本的な曖昧さが常に付きまとう。ある人（多分、多くの会計論者）は、この定義から、この差額を「借方残高としての純資産」と受け取るかもしれない。他の人は、「貸方残高としての資本」と解するかもしれない。両人は、それぞれの異なった理解の上で、この定義を「正当」と認めていることになる。資産負債アプローチの定義は、後者の解釈、つまり貸方残高としての「持分」を「純資産」と「同視」するのであるが、このような定義法に潜む「基本的な曖昧さ」をうまく利用しているという感があるとさえいえるかもしれない。

第二命題は包括利益に関するものである。包括利益の概念については後に考察するが、ここで指摘しておきたいことは、第二命題では「包括利益」の変動は「持分の変動」であるとされているが、本来の包括利益は資産勘定の「借方残高」（利益が計算された場合）であって、それも「単一の価値額」としてのみ計算されるものであるということである。貸借対照表の枠内で、「純利益勘定」とか「純資産勘定」と呼ばれるものがないのと同じく、「包括利益勘定」なるものは存在しない。これに対して「持分の変動」として変動貸借対照表に現れるものは、例えば、「その他有価証券評価差額金」勘定など「その他の包括利益」と呼ばれてはいるものの、それは本来の包括利益を指示する勘定ではない。包括利益とは、この場合、「その他有価証券」という資産勘定の借方残高の価値増加（簿価に加減される評価差額に相当する）をいうのである。

最後に、第三命題は損益計算書の収益と費用についての定義であるが、ここでの問題は、先に図表2-3との関連でも述べたことであるが、収益や費用を資産と負債の変動との関連でのみ定義することが可能かという点にある。資産負債アプローチを巡る基本的問題の一つは、収益や費用の定義がもっぱら資産と負債とを構成要素とする純資産の変動との関連でのみ定義されているという点

図表2-4　資産負債アプローチの三つの命題

第一命題：持分または純資産とは、負債を控除した後に残るある実体の資産に対する残余持分権をいう。
第二命題：包括利益は、出資者以外の源泉からの取引その他の事象から生ずる一期間における営利企業の持分の変動である。
第三命題：収益は、ある実体の資産の流入その他の増加、または負債の弁済（または両者の結合）である……。費用は、ある実体の資産の流出その他の費消、または負債の発生（または両者の結合）である……。
※ 概念意見書第6号。49項、70項、78項（収益）、80項（費用）より。

説明：
(1) 第一命題について。純資産は貸方残高としての持分と同視されている。この定義体系全体の基本的な曖昧さは、ここにその根を持つ。
(2) 第二命題について。資本の部の「その他の包括利益」や「純利益（振替）」の項目は、「その他有価証券評価差額金勘定」や「繰越利益剰余金」をいうのであって「包括利益」を指示するものではない。
(3) 第三命題について。資産と負債の変動のみが収益費用と関連するとされている。変動差額損益計算式は次のようになる。意味不明な項目を？で示す。

　　資産増加(収益) − 資産減少(費用) − 負債増加(費用) + 負債減少(収益) − 元入資本増加(？) + 元入資本減少(？) = 純利益、
　　純資産純増加(収益 − 費用) − 元入資本純増加(？) = 純利益

　元入資本の増加と減少についても収益費用概念との関連で定義しなければ定義は完成しない。第三命題により、資金の借入れと増資の仕訳を比較すると次のようになる。

　(イ) 資産増加と負債増加の結合：純利益はゼロとなる。
　　　通常仕訳：(借) 現金　　100　(貸) 借入金　100
　　　分解仕訳：(借) 現金　　100　(貸) 収益　　100
　　　　　　　　(借) 費用　　100　(貸) 借入金　100
　　　故に、純利益 = 収益100 − 費用100 = 0
　(ロ) 資産増加と資本増加の結合：純利益はゼロにならない。
　　　通常仕訳：(借) 現金　　100　(貸) 資本金　100
　　　分解仕訳：(借) 現金　　100　(貸) 収益　　100
　　　　　　　　(借) ？　　　100　(貸) 資本金　100
　　　故に、純利益 = 収益100 − ？ = ？

にある[(5)]。

　図表の説明(3)が示すように、第三命題に従えば、純利益が計算されない。そもそも、貸借対照表に属する諸勘定の変動によって純利益を定義する場合には、純利益を収益と費用との差額として定義する以上、元入資本の変動をも収益費用概念との関連で定義しない限り、定義不能に陥る。資金の借入の事例(イ)では、資産と負債との取引であるから、この定義がそのまま当てはまる。しかし、増資取引(ロ)の事例は資産と資本との取引であるから、この定義によれば、それが純損益ゼロとなる理由を説明できない。この第三命題は元入資本の変動がゼロであるという特殊な事例にのみ当てはまる命題にすぎないのである。第三命題は最も初歩的なところでミスを犯している。

　伝統的に、純利益計算は損益計算書の収益費用勘定を中心に定義されてきた。これに対して、時価評価の導入に伴い、新たに貸借対照表勘定の変動を中心に損益計算を定義しようとするならば、それなりに、貸借対照表勘定と損益計算書勘定とが計算構造論的にどのように関連しあっているかという問題について、新しい視点が必要とされるはずである。

　しかるに、当意見書は、二項対立概念の提供する財産法という先入観に影響されてか、これを純資産概念と短絡的に結び付けてしまった。その産物が第三命題である。財貨動態計算に対する新たな展望が全く欠如しているのである。筆者は、これまで純資産概念は純損益計算に直結しないことを強調してきたが、会計構造論の基本的理解を誤らせるほどに、現今の資産負債アプローチに見られる純資産概念の強調は会計の理論構成を歪曲する側面をもっている。

　第二命題と第三命題とに共通していえることは、貸借対照表からの損益勘定の独立性という点についての認識が希薄であるということである。先の図表2-3に見られるような取引分類法は、損益勘定を持分勘定の単なる下位勘定と見る点でシェアの純資産の二重表示論と類似しているが、他方、ここではシェアの「純利益の二重表示論」に類するものが欠けている点には注目してよいと思う。シェアは、簿記取引の説明に際して期中の元入資本の変動を無視したけれども、ともかくも、「損益勘定」を資産、負債及び資本の諸勘定から独立し

たものとして独立に考察している。これに対して、概念意見書は、終始、損益勘定を持分に埋没させたままであって、純資産の二重表示論のレベルを一歩も抜け出していない。損益計算も純資産概念によってのみ定義可能であるかのごとく錯覚し、もともと直結しないものを直結させようとしている。

　いま、貸借対照表の貸方側を「負債＋元入資本」と「純利益」とに二分する立場を純損益中心主義と呼び、「負債」と「元入資本＋純利益」とを二分する立場を純資産中心主義と呼ぶことにしよう。概念意見書は純資産中心主義であるが、理論を構成する場合、純損益中心主義に対して、純資産概念中心主義をとることにどれだけの積極的意味があるかという疑問を提示することもできよう。純資産の内部を元入資本と純資産とに二分するのであれば、最初から純利益純損益中心主義にしたがって、貸方全体を「負債＋元入資本」と「純利益＋その他の包括利益」（包括利益）とに二分しても何ら問題はないはずである。純資産の公正価値評価という観点を重視しても、選択された評価方法の影響は純損益計算を通してのみ現れる。選択された資産負債評価方法は先ず借方残高としての純資産の価値を決定づけるが、純利益の決定にはさらに元入資本の変動の影響を取り除かなければならない。純利益の計算には元入資本変動の除去は当然の前提になっているのであるから、公正価値会計という理念のもとでも、純利益を中心に理論を構成することに何ら問題はない。

3　資産擬制論

　先に筆者は、純資産概念は純損益概念に直結しないと述べた。元入資本の変動をも含むので、純資産の変動がそのまま純損益になるわけではない。しかし、資産負債アプローチの第三命題が純利益の構成要素である収益と費用を純資産の構成要素である資産と負債の変動との関連でのみ定義しようとするとき、このことは「純資産概念は純利益概念と直結する」と述べていることになる。他方、このアプローチは伝統的な資本取引の概念を維持するためにも、第二命題にいう「出資者との取引」すなわち「資本取引」の損益作用性を避ける必要がある。このように、一方で資本取引の損益作用性を回避しながら、他方で第三

命題を貫こうとしてとして提示されたものが資産擬制論である。

　ストック・オプションを従業員や役員に無償で提供する場合、資本の増加に株式報酬費用の発生が対応する。しかるに、このアプローチでは、費用は資産の減少または負債の増加であると定義されているので、この事例はそのいずれにもおさまらない。そこで、この難点を避けるために、資本の増加に伴う費用の計上については、何らかの資産を受け取り、次いで、これが費消されたと見なすのである。用役（サービス）の費消には必ず資産の取得が先行するという理論となる。

　米国の財務会計基準審議会の財務会計基準意見書123号「株式報酬の会計」は、「費用と資本取引」という表題のもとで、この問題を取り上げている[6]。それによると、公開草案について寄せられた意見として、「費用は資産の費消やその他の利用、または負債の発生（または両者の結合）から生ずる」という概念意見書第6号の定義を引き合いに出して、「ストック・オプションの発行は負債の発生ではないから費用を認識すべきでない」という批判が出されたという。そして、この批判に対して、当意見書は、概念意見書第6号の「費用の定義」との関連で、「概念上、たいていの費用は資産を減少させる。しかし、サービスのように資産の受取りとその費消は同時に発生するため、資産はしばしば記録されることはない」という指摘で応えている。他から提供されるサービスは、あくまで先ず資産として受け取られ、その費消によって費用が発生するというのである。サービスは本来、資産であるが、直ちに費消されるので、資産は記録されず、費用だけが記録されるという論法である。

　ここで断わっておきたいのは、概念意見書第6号では、ここでいう資産擬制論は正面切っての議論として提示されているわけではなく、単に、断片的で、かつ断定的な定義としてのみ語られているということである。先ず、資産一般の概念を定義している箇所で、「人的サービスを含めて、他の実体によって提供されたサービスは貯蔵されず、受け入れられると同時に費消される。それは、実体が受取り使用する間に、瞬間的にのみ、実体の資産であり得る……」という[7]。それ以外の議論では、主に脚注という形をとり、批判に対する部分的な

反論として断片的に述べられているにとどまる[8]。「瞬間的にのみ」実体の資産であるというような定義に加えて、「ほとんどの費用」、「多くの財貨及び用役」、「少なくとも一時的には」、「同時かその直後に」という類の曖昧模糊とした表現が多用される。

いま、ストック・オプションの無償交付について、このような擬制に従うと、次のようになろう。

　通常仕訳　：（借方）株式報酬費用　××（貸方）新株予約権　　××
　擬制仕訳(イ)：（借方）サービス資産　××（貸方）新株予約権　　××
　擬制仕訳(ロ)：（借方）株式報酬費用　××（貸方）サービス資産　××

擬制仕訳(イ)によって、新株予約権の増加に費用の発生は対応しなくなり、資産と資本の間の取引になる。このことにより、伝来の「資本取引」の概念は保証される。仕訳(ロ)によって初めて「資産の減少」として「費用」が発生するという。このような擬制を前提に置けば、株式報酬費用の計上は「資産の減少」と結びつくという第三命題も有効となる。

このようなサービス資産の擬制が無意味な空論であることは説明するまでもないと思う。サービス資産なるものはどこから来てどこへ消え去ったのか。しかも、受け取って必ず即座に費消されなければならない資産とは一体何者なのか。労務サービスを内蔵し、その減少が労務費用を発生させるようなそのような資産とは一体何か。疑問は尽きない。取得された財の即座の費消によって結局はゼロに期すべき資産が第三命題に合わせるために捏造された資産であって、一時しのぎの弁解論であることは否定できないようである。

資産擬制論が発生した背景には、資産という概念の拡張解釈が影響しているとも考えられる。「すべての資産は将来の便益的サービスの貯蔵庫である」という定義が先ずあって、「したがって、すべてのサービスは資産である」という逆方向の定義になる。しかし、これは無形のサービス概念の独自の存在を否定することにつながる。

資産擬制論の背景には、資本はプラスであるという、シェア流の資本観に倣った揺るぎなき信念が存在することはいうまでもない。資本概念については

一片の疑念すら抱かず、ひたすら、費用概念を「資産の減少」と結び付けることに専念している。資産の擬制を介して借方資産も貸方資本もともにプラスとなれば、従来から支配的であった二元論とも重なり、少なくとも矛盾は表面化しない。資産の擬制は資本増加を費用発生と直接に結びつけることを防いでくれると同時に、資本増加はプラスであるというシェア流の資本概念を保証する擬制としても働く。しかしながら、「(借方) サービス費用 ×× (貸方) 資産 ××」と「(借方) サービス費用 ×× (貸方) 資本 ××」という二つの仕訳が与えられている場合、前者を「真」とし、後者をもっぱら「偽」とみなす権利が、少なくとも客観性を標榜する会計理論にあるとは思えない。資産擬制論は資本増加のプラス性を保持しようという縫合策が産み出した偽造の創作物と見るほかはない。

いま、新株予約権を「有償」で発行すれば、資産が流入する。この取引では、借方残高としての純資産は増加する。その通常仕訳を分解仕訳とともに示すと次のようになる。

通常仕訳　：(借方) 現金　×× (貸方) 新株予約権　××
分解仕訳(イ)：(借方) 現金　×× (貸方) 収益　　　　××
分解仕訳(ロ)：(借方) 費用　×× (貸方) 新株予約権　××

有償取引は財の流入するプラス価値と流出するマイナス価値との交換取引である。交換取引である以上、分解仕訳(イ)は資産の増加であるから便益関連取引(プラス)であり、分解仕訳(ロ)は犠牲関連取引(マイナス)でなければならない。企業は将来、予約権者の権利行使により、市場時価よりも低い行使価格で新株を発行すべき義務を負う。新株予約権の発行は、有償の取引においても犠牲取引である。新株予約権の取得者はそれによって便益を受けるが故にこそ、現金を支払う。企業は新株発行の義務を引き受けるが故にこそ、現金を受け取る。

これに対して、ストック・オプションを「無償」で発行した場合には、資産は流入しないので「借方残高としての純資産」は増加しない。純資産は不変である。後述するように、新株予約権の無償交付は「資本内部の振替取引」である。それは、上の分解仕訳のうち、分解仕訳(イ)が欠如している状態をいう。資

産の流入が欠如すれば、必然的に分解仕訳㈹だけが残り、犠牲（費用）関連取引だけが単独で一方的に発生する。

　この取引の特質は資産の流入が欠如している点にこそある。それにもかかわらず、資産擬制論は資産の流入を擬制しようとしている。純資産の変動はないにもかかわらず、それを偽装していることになる。

4　支払手段としての持分金融商品

　持分証券は古くより企業買収のための支払手段として利用されてきた。持分証券が財貨やサービスを取得するための支払手段として利用されることが一般化すれば、資産擬制論も実質的な意味を失うであろう。交換取引においては、流入する資産がプラスであれば流出する現金はマイナスである。支払手段たる現金の提供が犠牲値でマイナスであるならば、新株予約権の提供も犠牲値でマイナスでなければならない。借方と貸方が共にプラスであるならば交換にはならない。

　国際会計基準第2号は株式報酬の報告基準を規定するにあたって、基本的に二つのものに分類している[9]。一つは持分決済型の株式報酬取引（equity-settled share-based payment transaction）という概念のもとに統括されているものであって、これは株式報酬取引のうち、企業が自らの持分金融商品（株式及びストック・オプションを含む）の対価として財貨またはサービスを受け取る取引をいう。これは資本の部に計上される。これに対して、現金決済型の株式報酬取引（cash-settled share-based payment transaction）は、企業が財貨またはサービスの提供者に対して、当企業の株式または他の持分金融商品の価格（価値）を基礎とする金額で現金その他の資産を移転する義務を負う取引をいう。これは従業員に対する報酬として株式増加受益権を付与するような事例を含み、負債の部に計上される。このような定義法から明らかなことは、資本と負債で表示区分は異なるとはいえ、持分金融商品の発行が、現金の支出やその他の資産の提供と同じく、受け入れられた財貨やサービスに対する「支払手段」と見られているということである。いま、この持分決済型を現金決済型と対比

させると、当然に、支払手段としての現金支出が犠牲関連取引であるならば、同じく支払手段としての持分証券の発行も犠牲関連取引でなければならない。

5　負債と資本

　従来、純利益の概念については、損益計算書を中心に据え、それを収益と費用との差額として定義するのが普通であった。そしてその限りで極めて単純な定義だけで済んでいたのである。しかし、いまや、有高勘定の価値変動という観点から、しかもそれを収益費用概念との関連で定義しようとすると、以上の考察から明らかなように、事はそれほど単純ではないことがわかる。資産負債アプローチは、このような定義法の転換期に直面して、先の第三命題に見るように、大きな誤りを犯してしまった。

　先にも述べたように、損益法と財産法の対立を強調する二項対立概念は変動貸借対照表や変動差額損益計算式を有しない。そのため、貸借対照表勘定による損益計算といえば、もっぱら財産法の概念にしたがって、純資産概念に依拠するほかはない。このような事情が変革期における定義法転換の不透明さにつながったものと考えられる。

　伝統的な資本取引の概念を維持しようとするところから発生した資産擬制論は、他方では、資産と負債を構成要素とする純資産の変動だけを基礎とする損益計算勘定を支える役割を担うものとなっている。しかし、先に見た無償交付の新株予約権の例のように、借方残高としての純資産の変動に左右されずに、元入資本の変動が独立に損益に作用するという事態に直面すれば、純資産概念は副次的な意味しか持たなくなり、結局、純損益計算中心主義に帰着するほかはない。

　無償交付によって発生した新株予約権勘定は借方残高としての純資産には何らの変化も与えないまま、その権利が行使されると、行使価格に見合う資金の流入額とともに、資本金勘定等に振替えられる。この場合、当初の新株予約権に対応する資金の流入は欠如したまま、つまり費用性を担ったまま、資本化する。新株予約権を負債とするか資本とするかは、広義の持分の分類論に関わる

問題である。しかし、どのように分類しようと、その増加は費用となり、損益計算に対する影響は負債と同じである。

　日本では新株予約権を仮勘定と解し負債勘定とする見方が強かった。しかし、解釈によってどのようにも分類できるという事実が、負債と資本とが同質性を持つことを証明している。それは同じ犠牲関連取引の集合の中での分類論にすぎない。新株予約権の増加に伴う費用の認識を認めたことで、収益と費用を「資産と負債」を構成要素とする純資産の増減にのみ係わらしめて定義しようとする概念意見書の定義体系は、基本的には、事実上、崩壊していると考えられる。

　資産負債アプローチは、負債については、そのマイナス性を認めるところまで来ている。これは負債をもプラスとする過去に支配的であった二元論からすれば一つの進歩である。しかし、もはやここから後戻りはできない。負債のマイナス性は否定できないほど明白になっているからである。他方、収益や費用が資産と負債の変動によってのみ決定されるという定義法や伝統的な資本取引の概念は、ストック・オプション等の費用計上の一般的認知によって、本質的には否定されたと見るべきである。資産負債アプローチは、今後、どのような方向に進もうというのであろうか。

6　日本の資産負債アプローチ

(1)　資産擬制論の受容

　日本の企業会計基準第6号「ストック・オプション等に関する会計基準」は米国の概念意見書第6号の資産擬制論をそのまま受け継いでいる。当基準は、一方では「財貨またはサービス」という用語によって、二つのものを並列的に表現しているが、他方では「サービスを貸借対照表に計上しないのは、単にサービスの性質上、貯蔵性がなく取得と同時に消費されてしまうからにすぎず、その費消は財貨の費消と本質的に何ら異なるところはない」[10]という。財貨の擬制によって「サービスの費消」も「財貨の費消」と同視されることになる。無形の「サービス」がいつのまにか「財貨」にすり替えられている。

また、同基準はストック・オプションの費用性を弁護するために、「現物出資・贈与」によって償却資産を受け取った事例を挙げている[11]。ストック・オプションの無償交付では資産の流出がないにもかかわらず費用を計上しているが、この事実は、費用は「資産の減少」または「負債の増加」によって発生するという第三命題にあてはまらない。したがって、これが負債の増加でないならば、その費用性を説明するために、どうしても資産の増加とその減少という擬制が必要となる。ここで持ち出されたものが、取得後に費用計上をもたらす「償却資産」の擬制である。このような資産擬制論では、貸方資本のプラス性については疑問を差し挟むことなく、ひたすら、第三命題に合わせるためだけの説明に終始している。それにしても、この文脈のなかで、どうして償却性資産が出てこなくてはならないのであろうか。

(2) 純資産を構成する項目間の振替

　日本の討議資料「財務会計の概念フレームワーク」は、2004年の公表時のものによれば、収益費用概念については、原則と例外とを区別している点で、米国の概念意見書第6号とは異なっている[12]。次の図表2-5には、先に第三命題として示した収益費用概念の定義（図表2-4）に対応して、日本の概念フレームワークの定義を示している。

　先ず、「原則」であるが、概念意見書第6号と同じように、収益費用概念の定義の際に、元入資本の変動を全く無視しておいり、定義上の誤謬を免れていない。純利益の計算では、元入資本の変動を考慮することは必須の前提要件であって、そこには原則も例外もないはずである。

　次に「例外」として「純資産を構成する項目間の振替」を挙げており、これについては、資産や負債の変動はなくても収益や費用が発生する場合があることを認めている。新株予約権が失効した場合や、過年度の包括利益をリサイクルした場合などがその例である。従業員等に対する新株予約権の無償交付は資産擬制論に倣って「真正の資本取引」であるが、その失効に伴う戻入益については「収益」の計上を認めるというのである。

　このように例外的にせよ収益や費用の発生を認めた場合、さらに疑問は避け

図表2-5　日本の「財務会計の概念フレームワーク」の収益費用概念

1．収益

　　収益とは、純利益または少数株主損益を増加させる項目であり、原則として資産の増加や負債の減少を伴って生じる（13項）。

　　資産の増加や負債の減少を伴わないケースには、純資産を構成する項目間の振替と同時に収益が計上される場合（新株予約権が失効した場合や過年度の包括利益をリサイクルした場合など）がある（注7）。

2．費用

　　費用とは、純利益または少数株主損益を減少させる項目であり、原則として資産の減少や負債の増加に伴って生じる（15項）。

　　資産の減少や負債の増加を伴わないケースには、純資産を構成する項目間の振替と同時に費用が計上される場合（過年度の包括利益をリサイクルした場合など）がある（注8）。

説明：
　(1) 原則規定についての問題点：
　　　収益費用の原則的定義に元入資本の変動が考慮されていない。
　(2) 例外規定「純資産を構成する項目間の振替」についての問題点：
　　　1．新株予約権の無償交付も「純資産を構成する項目間の振替」に属する。
　　　2．新株予約権の戻入益はマイナスからプラスへの転換である。

られない。なぜならば、新株予約権の無償交付に伴う株式報酬費用の認識そのものがすでに純資産（資本）を構成する項目間の振替に属するからである。先にも見たように、無償交付の場合、資産や負債に変動はなく、借方残高としての純資産は不変である。新株予約権の認識は、株式報酬費用を認識することによって、さもなくば計上されたであろうところの利益剰余金の一部を新株予約権という特定の勘定に振り替えて拘束したにすぎない。すなわち、この過程も本質的にはここでいう純資産（資本）の内部での項目の振替以外のなにものでもないのである。このフレームワークはその失効についてのみ収益性を認めるけれども、失効の時のみならず、新株予約権の設定そのものが資本を構成する項目間の振替である。

　とすると、当初、資産擬制論の助けを借りて真正の資本取引とされた新株予約権の無償交付が純資産の項目間の振替という例外規定によって打ち消され、「資本取引の例外」すなわち「本来の資本取引」ではないとされることになる。

資産擬制論の助けを借りて当初の取引を「資本取引」として定義したにもかかわらず、いまやそれは例外として自己否定されることになる。それとも、当会計基準は、ここでも、事実上、借方残高としての純資産が変動したとでも見ているのであろうか。それとも、貸方残高としての新株予約権(持分)の増加は、第一命題の「定義」により「純資産の増加」と「同じもの」とされているのであるから、ここでも純資産は事実として増加したものと見られているのであろうか。このような本末転倒した定義法を、先に筆者は「純資産概念の形骸化」として批判している。

　貸方項目としての新株予約権の増加を純資産の増加と同視する定義法に従えば、シェアの資本勘定と同じように、新株予約権の増加はプラスであり、その解消による戻入益もプラスということになる。しかしながら、失効に伴う新株予約権の減少を「収益」と認めた以上、当初の新株予約権の増加を「費用」取引と見ることを否定することは不可能である。仕訳で示す。

（借方）株式報酬費用（－）　××（貸方）新株予約権（－）　××
（借方）新株予約権（＋）　　××（貸方）戻入益（＋）　　　××

　当初の費用（マイナス）の認識を通じて新株予約権勘定へ振り替えられた利益剰余金部分が、今や収益（プラス）の認識を通じて再び利益剰余金へ振り戻されたことになる。

　戻入益（プラス）の計上は当初の費用（マイナス）の取り消しを意味し、そうでなければ戻し入れにならない。両仕訳がともにプラスということはあり得ないのである。新株予約権の収益への戻入はマイナスからプラスへの転換と考える以外に考えようがない。

　このように、米国の概念意見書と日本の概念フレームワークとの間に差異が生じていることは、資産負債アプローチにあっては、元入資本変動と収益費用との関連性に関わる構造観において、すでに内部分裂が生じていることを示している。と同時に、日本の概念フレームワークが例外的に資本変動の損益作用性を認めたことで、伝来の資本取引概念を保持しようとしてきたその努力も、その陣営の一郭から、崩壊への道をたどり始めたということができる。

(3) 簿記教科書の異変

　国際会計基準に沿った新基準の設定後、日本の簿記教科書の一部に異変が生じている。先ず、複式簿記の基礎概念として「純資産は資産と負債の差額として計算される」という定義から始まり、「純利益＝期末純資産－期首純資産」という素朴な財産法の損益計算式が掲げられる。取引概念に基づく複式簿記についての説明内容は従来のまま、ただ、その入口だけが資産負債アプローチの定義の羅列によって埋め尽くされている。あたかも世は一夜にして、損益法体系から財産法体系へと逆転したかのごとくである。

　さらに、ある教科書では、いわゆる簿記取引の八要素の結合関係が書き換えられていた。次の図表2-6に示すように、従来の八要素は(a)に示した通りである。これに対して、資産負債アプローチでは(b)のように変えられている。それによると、「資本増加（又は減少）」には「資産増加（又は減少）・負債減少（又は増加）・資本減少（又は増加）」という三つの結合関係が示されているだけで、「費用（又は収益）の発生」との結合関係は排除されている。先に見た「純資産を構成する項目間の振替」についての「例外規定」との関連はどうなるのであろうかという疑問も残るが、ともかくも、日本では、たちまちにして、資産擬制論の影響がここにまで及んでいるということを示す一例である。今後、米国の概念意見書をバイブルと見立てた資産負債アプローチの論調そのままに、資産擬制論を利用した安易な論法が日本でも流布されるものと思われる。

　図表の説明の(1)では、従来の説明法による取引の八要素(a)について、それをプラス・マイナスという意味符号と関連付けている。借方要素のうち、「資産増加、負債減少、資本減少」は「プラス符号付き」であり、「費用発生」は「マイナス符号付き」である。また、貸方要素のうち、「資産減少、負債増加、資本増加」は「マイナス符号付き」であり、「収益発生」は「プラス符号付き」である。このように、借方側と貸方側がともにプラス要素とマイナス要素とから構成されていることが「複式性」の原理によるものであることは、これまでの議論で明らかにした。したがって、この取引の八要素は、借方と貸方という

図表2-6　取引の八要素

(a) 取引の八要素 ―伝統的な説明法による―	(b) 取引の八要素 ―資産負債アプローチによる―
借方　　　　　　　貸方 資産増加　　　　　資産減少 負債減少　　　　　負債増加 資本減少　　　　　資本増加 費用発生　　　　　収益発生	借方　　　　　　　貸方 資産増加　　　　　資産減少 負債減少　　　　　負債増加 資本減少　　　　　資本増加 費用発生　　　　　収益発生

説明：
(1) 取引の八要素(a)について。八要素をプラス・マイナス符号と関連付けてみる。二元性(借方対貸方)と複式性(貸借対照表勘定対損益計算書勘定)とを同時に示している。

　　　（借方）　　　　　　　　（貸方）
　　資産増加　　＋　　　　－　　資産減少
　　負債減少　　＋　　　　－　　負債増加
　　資本減少　　＋　　　　－　　資本増加
　　―――――――――――――――――――
　　費用発生　　－　　　　＋　　収益発生

(2) 取引の八要素(b)について。「資本減少と収益発生の結合」と「費用発生と資本増加の結合」は排除されている。プラス符号とマイナス符号の間の一義的な関連性は不明である。

「二元性」に基づいて各勘定の間の結合関係を示していると同時に、その「複式性」の構造的関連についても最も端的に表現しているということができる。

ところで、いま、このようなプラス・マイナスの符号の付け方を資産負債アプローチによる取引の八要素(b)についても行った場合、その配置はどのようになるのであろうか。パズルの出題というつもりはないが、先の八要素(a)の符号と異なった符号の付け方が可能かどうか、可能であるならばどのようになるのであろうかを問うことも無駄ではあるまい。

資産や負債の概念をより厳密に定義しようとするその意向そのものには何ら批判すべき問題はない。ただ、複式簿記の計算構造というのは、客観的に存在するものであって、どのようなアプローチをとるかによってそれが変わるとい

うものでもない。資産負債アプローチをとれば計算構造はこのようになるというものではないのである。取引の八要素を書き換えた論者たちはこの点をどのように解しているのであろうか。

(4) 結語──純資産概念の基本的な曖昧さ

筆者が会計構造論を常に勘定理論との関連で論ずるのは、会計理論がもつべき計算構造論としての理論性、いわばその科学性を高めたいという思いがあるからである。勘定理論に基づく意味論的考察を施すことによって、理論構成上の問題点やその矛盾が、単なる概念論なり観念論の域を超えて、浮き彫りにされることに注目しておきたい。

会計理論の歴史の中で、勘定理論的、意味論的考察が、その表舞台から姿を消して久しい。現在の資産負債アプローチは、シェアの純資産二重表示論の後継者であることを暗に示しながらも、それでも勘定理論的な語り方をとらない。むしろ、それを無視することが、資本取引と損益取引の関係についてシェア以来の観点をそのまま温存しつつ、その理論の正当性の検討から、議論をそらすことに役立っているともいえる。会計の基礎概念とその指示対象の間の意味論的関連の考察を無視する限り、いままでのとおり、資本の部は依然として神話の世界にあって、議論を拒絶されたグレーゾーンとして生き続けるのであろう。

会計基準は、いうまでもなく、単なる複式簿記の記帳体系を超えて、社会的な要請から必要不可欠な制度的な産物として育成されてきたものである。したがって、純資産概念を中心に置くことが社会的観点から重要なものと見なされるならば、それを定義体系の中心に置くことには何らの問題はない。しかしながら、その場合でも、新しい定義体系が複式簿記の計算原理を無視したようなものであれば、それはあくまで問題として追求されなければならない。従来の会計基準の体系のもとでは、資産・負債及び資本の概念が充分に定義されてきたとはいえないことも事実である。

資産負債アプローチの定義体系は、最初に指摘したように、借方残高とも貸方残高とも解しうる純資産概念の基本的曖昧さの上に設定されている。本来な

らば、両者はプラスとマイナスという、意味上、正反対の対立関係にあるべきものである。結果的にその概念構成全体が非論理的という性格を免れえなかったのは当然といえよう。しかも、シェア理論の後継者であるという意味において、新しい神話の創造どころか古い神話の復活しか見られず、未だに一世紀前の会計観の呪縛から解放されないままである。他の分野と比較しても、会計の分野における基礎概念論の後進性は否定できないままになっていると考えられる。

資産負債アプローチが自己を収益費用アプローチに対比させたとき、それは公正価値評価会計を促進させるための政治的なプロパガンダとしての意味を持っていた。概念意見書第6号の定義体系の組み立て方それ自体が、このようなプロパガンダ的二項対立概念から決定的な影響を受けていると考えられる。しかも、資産負債アプローチにとっては、このような二項対立概念に基づく定義法が、その立場を政治的に促進させるにあたって極めて有効に働いたということはできよう。しかし、このようなプロパガンダ的対立概念の上に立つ限り、パラダイムの移行といっても一つの偏見から他の偏見への移行という意味しかもたない。そこに、科学性をそなえた会計基礎理論の樹立への見通しが保証されているとは思われない。

注
(1) Financial Accounting Standards Board, Statement of Financial Accounting Concepts No. 6, *Elements of Financial Statements*, 1985, par. 49. 平松一夫、広瀬義州訳「FASB財務会計の諸概念」中央経済社、2004年。
(2) *Ibid.*, par. 50, footnote 26.
(3) *Ibid.*, par. 60.
(4) *Ibid.*, pars. 64 and 65.
(5) *Ibid.*, pars. 78 and 80.
(6) Financial Accounting Standards Board, Statement of Financial Accounting Standards No.123, *Accounting for Stock-based Compensation*, 1995, par. 88, footnote 14 and par. 89.
(7) Financial Accounting Standards Board, Statement of Financial Accounting Concepts No. 6, *Elements of Financial Statements*, par. 31.

(8) *Ibid.*, par. 79 and footnote 40.
　「企業実体はその生産活動を遂行するために資産(経済的便益)を取得するのであり、費用または損失を獲得するのではない。そして、ほとんどの費用は少なくとも一時的には資産である。多くの財貨及び用役は取得と同時かまたはその直後に使用されるので、それらを取得時の費用として記録することが一般的な実務である」(脚注40)という。ここでは、資産の持つ経済的便益という用役概念が、逆に、用役自体の「資産性」にすりかえられている。
(9) 国際財務報告基準第2号「株式報酬(Share-based Payment)」第7項。
(10) 企業会計基準第8号「ストック・オプション等に関する会計基準」第35項。
(11) 同上，第38項。
(12) 企業会計基準委員会「討議資料・財務会計の概念フレームワーク『財務会計の構成要素』」2004年、第13項、注(7)、第15項、注(8)。以下、日本の概念フレームワークについては、2004年のものを参照している。斉藤静樹編著「討議資料・財務会計の概念フレームワーク」中央経済社、2005年、212-264頁。

第3章

純利益と包括利益

第1節 未実現利益系統と実現利益系統

1 評価法と期間損益

　包括利益の概念及び包括利益計算書の性格を明確にするためには、会計の財務諸表体系のなかで、それが構造的にどのような位置を占めているかを明らかにする必要がある。包括利益は「純利益」と「その他の包括利益」を総括する用語として用いられているが、このうち、「その他の包括利益」の諸項目は変動貸借対照表の部分集合であるから、変動貸借対照表を構成する有高価値の変動、すなわち変動差額損益計算と、損益計算書の収益費用差額計算との間の期間的な対応のもとで、その位置付けを行う必要がある。次の図表3-1では、保有有価証券（株式）の例をとり、有高価値変動を認識する時点と損益計上の時点との間の期間的な対応関係に焦点を合わせながら、三つの処理法を比較している。

　先ず、取得原価評価法(a)は実現利益系統の損益計算の基本的な型であるが、各期に認識された有高価値変動と各期に計上される純利益とが同時的に対応している。第1期には、有高価値の上昇は認識されず、したがって純利益もゼロである。これは、「純利益0＝実現利益0＝包括利益0」という式で示すことができる。ここで包括利益がゼロなのは、資産価値の増加がゼロとされているからである。取得原価評価の実現利益は無調整のまま包括利益の構成要素でありうる。ついで第2期には、売却益30が計上されるが、それは有価証券売却に伴う現金収入額80が取得原価50を超える資産増加額30にそのまま対応している

ので、有高価値増加額と売却益との間には同時的な対応関係が成立している。ここでは「純利益30＝実現利益30＝包括利益30」という式が成立する。包括利益という用語は、純利益とその他包括利益とを総括した意味で用いられるが、いま、計算構造的な観点に焦点を絞ったうえで、貸借対照表勘定の価値変動と期間的に一対一の対応関係にある純利益要素、すなわち調整を必要としない純利益要素をそのまま包括利益と呼ぶことが許されるとすれば、取得原価会計では、第2期では、その実現利益がそのまま包括利益でもあり、したがって取得原価会計では、一般に、「純利益＝実現利益＝包括利益」という表現も可能と考えられる。

取得原価会計においても棚卸資産に対する「低価法」など未実現損益が計上されることがある。また、「償却原価法」では、時の経過に伴い簿価を増額または減額するが、それと同額を受取利息や支払利息として直ちにその期の損益に計上するので、これらも包括利益の定義に合致する。また、「減損」の認識もなされるが、この未実現損失も有高価値の減額分を直ちに当期損失として計上するので、有高変動の認識と損益の計上との間に同時的対応関係が成立している。したがって、これらの例外的な事例をも考慮に入れると、未実現損益の計上を一定の範囲内に限定したうえで、上の式は「純利益＝実現利益 ± 未実現損益＝包括利益」と書き換えられる。取得原価会計では、例外的に未実現損益を計上することがあっても、その増減額を直ちに期間損益に計上する「未実現利益系統」の損益計算が想定されており、あくまで包括利益概念の枠内で処理されているのである。ここでは損益計算書がそのまま包括利益計算書である。費用収益対応も包括利益計算の枠内で行われている。定義の上からも、取得原価会計の純利益はもともと包括利益の構成要素の一つである。

時価評価法については、未実現利益系統と実現利益系統という二つの系統を分ける必要がある。ここでいう未実現利益系統の損益計算(b)は、財の保有期間中、各期に認識された時価変動差額はたとえ未実現であっても直ちに期間損益に反映させる処理法をいい、認識された有高価値変動と各期の純利益との間には同時的な対応関係が成立している。例えば、売買目的有価証券やデリバ

図表3-1 有高価値変動と損益期間配分

評価法	第1期 純利益	第2期 純利益	全体 利益	(イ)有高変動と(ロ)当期純利益の間の期間的な対応
仮定：第1期に株式100を購入した。期末時価は110。第2期に130で売却した。				
(a) 取得原価評価法 　－実現利益系統 　(イ) 有高価値変動 　(ロ) 当期純利益	 0 0	 30 30	 30 30	 同時的対応関係あり （調整不要）
説明：純利益＝実現利益±未実現損益（低価評価損、減損、償却原価法等による損益） 　　　＝包括利益				
(b) 時価評価法 　－未実現利益系統 　(イ) 有高価値変動 　(ロ) 当期純利益	 10 10	 20 20	 30 30	 同時的対応関係あり （調整不要）
説明：純利益＝包括利益				
(c) 時価評価法 　－実現利益系統 　(イ) 有高価値変動 　(ロ) 当期純利益	 10 0	 20 30	 30 30	 同時的対応関係なし （調整必要）

説明：
(1) 純利益≠包括利益。同時的対応関係を回復するため、(ロ)の系列（0、30）を(イ)の系列（10、20）に調整する。
(2) 実現利益系統の全体利益30は未実現利益系統(b)の全体利益30に等しい。したがって、調整とは損益の期間配分の仕方に付いての調整であって、利益の二重計上の調整ではない。
　　第一期の包括利益＝純利益（実現利益）　0＋その他の包括利益増加額10＝10
　　第二期の包括利益＝純利益（実現利益）30－その他の包括利益減少額10＝20
　　全体利益　　　　　　　　　　　　　　　　　　　　　　　　　　　　　30

　各期の包括利益は実現利益と未実現利益増減額の和から成立している。包括利益が純利益と有高変動価値との和であるという等式を「価値実現または未実現の等式」、略して「価値実現の等式」と呼ぶ。両項目はプラス、マイナスまたはゼロであり得る。

ティブ金融商品については原則的にこの処理法が適用されている。ここでは基本的に「純利益＝包括利益」という式が成立している。

これに対して、実現利益系統の損益計算(c)は、評価対象についてはその価値変動を認識しながら、それが売却等により実現したとみなされるまでは、「その他の包括利益」と呼ばれる特定の勘定に拘束しておき、実現時に初めて実現損益の全額を純利益に含める処理法をとる。各期に有高価値変動差額は認識されていても、その損益計上は後の実現時点にずらされる。有高価値変動の認識と期間損益計算とは異時的な対応関係にある。現在、「その他有価証券」の処理法がその一例である。

以上、三つの評価方法のうち、先ず、取得原価評価法(a)と未実現利益系統の時価評価法(b)とを比較すると、同時的な対応関係を保っている点では同じである。したがって、期間的な対応関係という点では、取得原価評価法は、実現利益系統の時価評価法よりも、未実現利益系統の時価評価法に親近性を持つ。取得原価会計でも、例外的に適用される未実現損益については未実現利益系統の認識法が想定されてきたのである。同時的な対応関係は、両者が共有しているものであって、包括利益概念への統括に当たっての調整はいずれの場合にも必要とされない。未実現利益系統の時価評価法は実現利益系統の取得原価法の延長線上にあるのである。

未実現利益系統の計算体系(b)は、取得原価会計(a)と「同じ純利益概念の枠内」で単にその評価体系を時価にまで拡張したものにすぎない。したがって、純利益の計算体系を収益費用対応計算の体系と呼ぶならば、この未実現利益系統の計算体系も費用収益対応計算の適用形態の一つとなる。これら二つの計算体系は純利益概念の枠内でともに調整不要である。

調整を必要とするのは、もっぱら実現利益系統の時価評価法(c)である。この点から見れば、包括利益計算書の問題は取得原価評価法と時価評価法との対立というよりは、同じ時価評価法の内部での未実現利益系統と実現利益系統との間の対立から生じた問題と見なければならない。

ただ、実現利益系統の取得原価評価法(a)と未実現利益系統の時価評価法(b)

とは、期間損益概念とキャッシュ・フローとの関連性については基本的に対立している。取得原価評価法はキャッシュ・フローの実現と結びついた期間損益概念を基礎に置くのに対して、未実現利益系統の時価評価法は実現未実現の如何にかかわらず、もっぱら有高価値の変動の認識の側面に基礎に置く。他方、実現利益系統の時価評価法(c)は、この拮抗した対立関係のいわば中間的な妥協点に位置するものと考えられる。一方では保有財の未実現の価値変動を認識しながらも、損益の期間配分については、キャッシュ・フローとの結び付きを重視する。その他の包括利益の項目の存在は、一部の保有財について、未実現の価値変動差額を、一般に処分可能と見られている実現利益剰余金と直ちに混合処理してよいかどうかについて、依然として躊躇の念が根強く存在していることを示している。

　ある特定の財貨についてどのような「評価方法」を適用するかという問題は一つの選択問題である。次に、取得原価評価法以外の価値評価法を選択した場合に、「未実現利益系統」と「実現利益系統」のいずれをとるべきかというもう一つの選択問題がある。二つの側でのそれぞれの選択肢が決まれば、その結合を適用することになるが、その他の包括利益について純利益へのリサイクルを行う限り、投資の全期間にわたる「各期の純利益の合計額」は「全体利益」と一致し、また全収入と全支出との差額にも等しくなる。ただし、その他の包括利益の諸項目の一部について、リサイクルを認めない場合には、このような「一致の原則」は破壊される。

　以上のように、包括利益計算において調整が必要となるのは時価評価法の実現利益系統の損益計算(c)であるが、図表では、その説明(2)に、第1期と第2期の包括利益計算を示している。ここで調整とは、利益の二重計上の調整ではなく、全体利益30についての期間配分の差異についての調整であることがわかる。しかも、それは、単純に純利益とその他の包括利益との結合によって行われる。

　時価評価法の体系では、取得原価評価法に見られるような原価配分という思考はない。しかし、全体利益がキャッシュのインフローとアウトフローの差額

によって規制されるという点では、どのような評価方法を採用しようと同じである。時価評価法もそのときどきの時価の変動を認識しながらも、結果的には全体利益を期間配分していることになる。

なお、ここで、各期の包括利益についてその計算式を挙げているが、これは筆者が勝手に価値実現・未実現の等式、略して価値実現の等式と呼んでいる式をそのまま用いたものである。これらの等式は、各期の包括利益については、それを「実現利益」と「その他の包括利益の増減」との和として定義することができることを示している。第1期のプラス符号付きの「その他の包括利益増加額10」は、後に説明するように、包括利益計算書では「戻し収益」の意味を持つ。この等式は以下の説明でもしばしば用いる。

2　その他の包括利益の損益繰延機能

時価評価法に実現利益系統の損益計算を適用する場合、「その他の包括利益の項目」が生ずる。これらの項目は外国為替調整勘定や繰延ヘッジ損益等を含み、そのすべてが同じ性質のものであるとは限らないが、以下の考察では、議論の複雑化を避けるため、「その他有価証券」に分類された「株式」を例にとり、もっぱら包括利益概念および包括利益計算書の理論的な位置付けを明確にすることに主眼を置くことにする。

その他有価証券の場合、資産勘定で認識された未実現損益を経過的に拘束し、それを期間配分する役割を担うのが「その他有価証券評価差額金勘定」である。資本の部において、評価差額を実現時点まで拘束しておき、キャッシュ・フローとの結びつきが確定した時点において、取得原価評価法(a)を採用すれば計上されたはずの実現利益30を一挙にその期の純利益に含めるのである。そのため、第1期末に認識された有高価値上昇額10はその期の純利益には含められず、第2期での売却を待ってはじめて期間損益に含められる。その場合、第2期の売却益30の中には、その期の価値上昇額20のほかに、第1期の価値上昇額10が含められてしまう。したがって、それを包括利益概念のもとに統括しようとすれば、同時的な対応関係を回復するために調整が必要となる。第1期に

認識された有高価値増加額10については、それをその期の包括利益に含め、第2期には、実現利益30のうち、第1期の価値増加額10に相当する部分を控除して包括利益を20としなければならない。

　未実現利益系統と実現利益系統とを比較すると、先にも述べたように、各期間の純利益の合計すなわち「全体利益」の額はすべて30であってその額は等しい。しかるに、現在の資産負債アプローチは、その包括利益の定義にあたって、必ずといっていいほど利益の二重計上を避けるために調整が必要であるという。しかし、先にも述べたことであるが、未実現利益系統と実現利益系統のいずれにおいてもその全体利益は等しく、利益が二重に計上されているという事実はどこにも存在しない。包括利益計算における調整は利益の二重計上を回避するための調整ではなく、損益の期間配分の差異についての調整と見なければならない。もちろん、そのような調整は、複式簿記の記帳システムの外部において、単純に、損益勘定とその他の包括利益勘定との結合という形で行われることになる。

　現在の資産負債アプローチは貸方の持分を純資産と同視し、その純資産概念をもとにその定義体系の全体を打ち立てようとしている。これが現在の会計構造観に基本的な歪みをもたらしていることは先に指摘した。その他有価証券評価差額金勘定は純資産の増加を直接に表現するものではなく、単に純損益の計上を後期に引き延ばす機能を担うにすぎない。第1期末に貸方項目として「その他有価証券評価差額金10」が計上されるが、これは意味論上はマイナス符号付きの「－10」である。評価対象たる「有価証券勘定」（資産勘定）と、その評価差額を別途に処理する「その他の包括利益勘定」（資本勘定）とは明確に区別しなければならない。この点を明確にしておかないかぎり、包括利益概念および包括利益計算書の理解には到達しえない。

第2節　包括利益計算書の意味構造

ここでは、先ず、包括利益計算書の作成の際に行われる調整ということの意味を明らかにしておきたい。

1　変動貸借対照表の自動的調整機能

包括利益計算書は、損益勘定とその他の包括利益の諸勘定との結合計算書と見ることができる。図表3-2にその他有価証券の評価例（図表3-1の設例の第2期と同じ）を想定し、変動貸借対照表に理論仕訳（①～③）を記入している。その他有価証券は短期に保有するものではないから、この設例はその保有実態にそぐわないかもしれないが、ここでは計算構造だけが問題なので、この点は無視する。また、以下、簡便化のため、税効果会計も無視する。

ここで、実務では適用されることはないが理論的に考えられる仕訳を「理論仕訳」と呼ぶことにする。通常の仕訳としては「切り放し方式」や「洗い替え方式」による仕訳法が用いられているが、結果的には、この理論仕訳と同じになる。理論仕訳の特徴は、売却した証券について、仕訳①すなわち「その他有価証券評価差額金」の「当期増加高（当期発生高）20」を帳簿上、直接に認識するところにある。説明(2)に示した第二期の包括利益計算書を見ると、この理論仕訳が包括利益計算書の表示様式に直結することが明らかであろう。

先ず、理論仕訳①では、当期に売却した有価証券について、期首から売却時点までの保有中に生じた時価変動差額20をその他有価証券勘定とその他有価証券評価差額金勘定に計上するものと仮定している。これにより、評価対象は売価130に修正される。評価差額は売却直前までは未実現であるから、一旦、その他有価証券勘定とその他有価証券評価差額金勘定に記帳するのが首尾一貫しているが、実務上はこれを省略しているにすぎないと見るのである。この時価変動差額20は当期に発生しかつ実現した包括利益であって、未実現利益系統にも実現利益系統にも計上される共通項であるから、調整の必要のない部分であ

第3章 純利益と包括利益 95

図表3-2 変動貸借対照表と包括利益計算書

設例:第1期に株式100を購入し「その他有価証券」に分類した。期末の時価は110であった。第2期にそれを130で売却した。下表は第2期の処理を示す。理論仕訳で処理している。以下、税効果会計は無視する。

	変動貸借対照表					損益計算書	
	現金	その他有価証券	繰越利益	その他有価証券評価差額金			売却益
期首残高	〃	110	0	10			
理論仕訳 純利益	③130	①20	③130 ④30	②30	①20 ④30		②30
変動差額	130	(110)	30	(10)		30	30
期末残高	〃	0	30	0			

理論仕訳:
  第1期　　(借)その他有価証券　　　10　(貸)その他有価証券評価差額金　10
  第2期　①(借)その他有価証券　　　20　(貸)その他有価証券評価差額金　20
　　　　　　※期首から売却時までの時価変動差額20。**当期に発生し、かつ実現した評価損益**であり、**実現利益系統**にも**未実現利益系統**にも含まれる**共通項であるから調整は不要**である。
　　　　　②(借)その他有価証券評価差額金　30　(貸)売却益　　　　　　30
　　　　　③(借)現金　　　　　　　　　　130　(貸)その他有価証券　　130

説明:
(1) 包括利益の計算:変動貸借対照表の「変動差額」の行より。
  1. 資産勘定の側からの包括利益計算
    包括利益＝現金増加高130－その他有価証券減少高110＝20
  2. 資本勘定の側からの包括利益計算
    包括利益＝繰越利益増加高30－評価差額金純減少高10＝20
(2) 包括利益計算書(第2期):
  純利益　　　　　　　　売却益　　　　　　　　　　30
  その他有価証券評価差額金　当期発生高　　　　　　20
　　　　　　　　　　　売却益振替高　　　(30)
　　　　　　　　　　　評価差額金純減少高　　　　(10)
  包括利益　　　　　　　　　　　　　　　　　　　　20
  ※価値実現の等式:包括利益＝売却益30＋(評価差額金当期増加高20－売却益振替高30)＝売却益30－評価差額金純減少高10＝20。

る。なお、一般に実現利益への振替額をリサイクリングと呼ぶが、このなかには、このように当期に発生し、かつ実現した利益、すなわち実現した期間に一度しか計上されない損益を含むので、これをリサイクリングという用語で呼ぶのは、この点だけを見ても不適切であることがわかる。

　ついで、理論仕訳②は、その他有価証券評価差額金勘定から売却益を一括して損益勘定へ振替える仕訳であって、この処理により、売却された有価証券に関わるその他有価証券評価差額金勘定の残高はゼロとなる。説明の(1)の式が示すように、当期の増加額20と減少額(30)とで純減少額(10)が計算される。この純減少額が前期末の評価差額金計上額10に対応することはいうまでもない。

　このようにして、その他有価証券評価差額金勘定の変動差額として当期のその他有価証券評価差額金純減少高(10)が計算される。他方、純利益振替によって損益勘定から純利益30が繰越利益勘定貸方に振替えられているが、それにその他有価証券評価差額金純減少高(10)を結合すると、売却益に含まれている前期繰越の期首評価差額金10は控除され、当初の純利益計算は包括利益20の計算に自動的に調整される。説明(1)の「資本勘定の側からの包括利益計算」もそのことを示している。要するに損益勘定の売却益をその他有価証券評価差額金勘定の変動額と結合しさえすれば、売却益に含まれる前期繰越評価差額金は控除され、自動的に包括利益の計算に転換されていることがわかる。なお、最後の理論仕訳③は売却によりその他有価証券の資産価値130がそのまま現金の資産価値に転換したことを示している。このように、理論仕訳は、一方で純利益30を認識しながら、他方で「その他有価証券評価差額金の純減少高10」を認識し、包括利益20を計算しているのである。このことは、複式簿記の計算機構自体が自動的な調整機能を有し、自動的に包括利益を計算していることを意味する。包括利益の計算は包括利益計算書の作成によって調整されるのではない。それ以前に、複式簿記の計算構造によって自動的に調整されている。あとは、損益計算書とその他の包括利益を結合するだけでよいのである。

　説明(2)に包括利益計算書を示している。上の理論仕訳をこの包括利益計算書と関連付けると、ここで敢えて理論仕訳を想定した理由が明らかになるであ

ろう。「その他有価証券評価差額金勘定」の「当期発生高20」や、その「売却益振替額30」が、そのまま、この仕訳によって認識されているからである。評価差額金勘定との関連では、理論仕訳だけが包括利益計算書の表示内容に直結するのである。

2　三つの仕訳法と包括利益計算書

　ここでは、理論仕訳のほか、通常の切り放し方式と洗い替え方式の仕訳を含め、これら三つの仕訳法と包括利益計算との意味論的関連を明らかにしておきたい。図表3-3、図表3-4と図表3-5がそれである。ここで用いた設例は、期中に売却された有価証券についてはこれまで述べてきた図表3-1と図表3-2の設例をそのまま引き継いでおり、これに、さらに第2期中に取得して期末時点まで保有している有価証券（取得原価120、期末時価170、期末時価評価差額50）を仮定している。

　仕訳法の下部には、説明の(1)として「包括利益と純利益」と題して、包括利益から純利益が計算されてゆく過程を示している。ここでは、先ず、図表3-4の切り放し方式を理論仕訳と比較する。「（ⅰ）その他有価証券」による包括利益の計算を見よう。ここでは資産勘定（有価証券勘定）の価値変動がそのまま借方残高としての包括利益すなわち70を計算していることが明らかであろう。通常、資産負債アプローチが「資本の部」の側から包括利益を定義しているのとは正反対である。もし、この段階で計算を止めるならば、「包括利益」はそのまま「純利益」となる。すなわち、未実現利益系統の売買目的有価証券の評価法と同じになるのである。次に「（ⅱ）その他有価証券評価差額金」の変動の記入は、純利益から未実現利益の計上を除外する役割を果たす。その増加はマイナス符号付きであって、ここでは括弧付きで示している。当期純利益は実現利益30に制限される。

　いま、その他有価証券評価差額金勘定について切り放し方式を理論仕訳と比較すると、ともに変動差額計算を基礎におきながらも、純額法と総額法の違いがあることがわかる。切り放し方式では、第2期に売却した証券について、期

図表3-3 理論仕訳と包括利益

	(借方)	[理論仕訳]	(貸方)	
①	その他有価証券 20 現金 130 その他有価証券評価差額金 30		その他有価証券評価差額金 20 その他有価証券 130 売却益 30	
	売却した証券について期首から売却時点までの時価変動差額20を評価差額金に貸記する。ついで現金収入130を記帳する。その他有価証券評価差額金累積額30を売却益へ振り替える。			
②	その他有価証券 120		現金 120	
	その他有価証券120を購入する。			
③	その他有価証券 50		その他有価証券評価差額金 50	
	期末保有有価証券の評価差額50を計上する。			

仮定：第1期に株式（その他有価証券）100を購入したが、期末の時価は110であった。①第2期にそれを130で売却した。②第2期に株式120を現金購入した。③当期末の時価は170であった。第2期の会計処理を示す。

説明：
(1) 包括利益と純利益
　　（ⅰ）その他有価証券
　　　　　売却時評価差額①　　　　　　　　　　20
　　　　　期末評価差額③　　　　　　　　　　　50
　　　　　包括利益　　　　　　　　　　　　　　70
　　（ⅱ）その他有価証券評価差額金
　　　　　増加(包括利益) ①③　　　　　(70)
　　　　　減少(売却益振替額) ①　　　　 30
　　　　　評価差額金の変動差額　　　　　(40)
　　　　　純利益　　　　　　　　　　　　 30
(2) 包括利益計算書と直結する。変動差額(総額法)型。
　　　包括利益＝純利益30＋その他有価証券評価差額金増加70－その他有価証券評価差額金減少30＝70

図表3-4　切り放し方式と包括利益

	（借方）		［切り放し方式］	（貸方）	
①	現金	130	その他有価証券	110	
			売却益	20	
	その他有価証券評価差額金	10	売却益	10	
	売却により、その他有価証券の繰越簿価110と売却額130との差額20を売却益として計上する。前期繰越のその他有価証券評価差額金10を売却益に振り替える。				
②	その他有価証券	120	現金	120	
	その他有価証券120を購入する。				
③	その他有価証券	50	その他有価証券評価差額金	50	
	期末保有有価証券の評価差額50を計上する。				

説明：
(1) 包括利益と純利益
　　(i) その他有価証券
　　　　評価差額増加(売却益) ①　　　　20
　　　　期末評価差額増③　　　　　　　50
　　　　包括利益　　　　　　　　　　　70
　　(ii) その他有価証券評価差額金
　　　　増加③　　　　　　　　　　　(50)
　　　　減少(売却益) ①　　　　　　　 10
　　　　評価差額金の変動差額　　　　(40)
　　　　純利益　　　　　　　　　　　 30
(2) 包括利益計算書との関連。変動差額（純額法）型。
　　包括利益＝純利益30＋その他有価証券評価差額金増加50－その他有価証券評価差額金減少10＝70

首から売却時点までの市場価値変動、すなわち、当期の包括利益発生高20の発生（増加）と実現（減少）の認識を省略し、その部分をその他有価証券評価差額金勘定の変動に反映させていない。そのため、それをすべてこの勘定を通して表現する理論仕訳と比較して純額的な処理を行っていることになる。

　その他有価証券評価差額金の変動記入は未実現評価損益の計上を打ち消す役割をもつので、その純増加を控除したのち、最終項目として純利益が計算され

図表3-5　洗い替え方式と包括利益

	（借方）		［洗い替え方式］	（貸方）
①	その他有価証券評価差額金	10	その他有価証券	10
②	現金	130	その他有価証券 売却益	100 30
③	その他有価証券	120	現金	120
④	その他有価証券	50	その他有価証券評価差額金	50

説明：
(1) 包括利益と純利益
　（ⅰ）その他有価証券
　　　評価差額増加(売却益) ②　　　　　　　　　　30
　　　期末評価差額④　　　　　　　　50
　　　期首評価差額①　　　　　　　（10）
　　　評価差額の残高差額　　　　　　　　　　　　40
　　　包括利益　　　　　　　　　　　　　　　　　70
　（ⅱ）その他有価証券評価差額金
　　　期末残高④　　　　　　　　　（50）
　　　期首残高①　　　　　　　　　　10
　　　評価差額金の残高差額　　　　　　　　　　（40）
　　　純利益　　　　　　　　　　　　　　　　　30
(2) 包括利益計算書との関連。残高差額型。
　　包括利益＝純利益30＋評価差額金残高差額40＝70

る。この純利益もその他有価証券勘定という資産勘定の変動だけに対応するので、借方残高としての純利益を示している。

　次に、説明の「(2)包括利益計算書との関連」を見よう。すでに明らかなように、切り放し方式では、当期に発生し、かつ実現した包括利益20をその他有価証券評価差額金勘定に取り込まないので、その減少額10は売却益30と一致しない。すなわち、評価差額金の変動が売却益と対応しない。これに対して、理論仕訳では、その他有価証券評価差額金の変動額が包括利益の当期発生額を含み、かつ、その振替額30がそのまま実現利益30に一致するので、理論仕訳だけが包括利益計算書の表示様式（図表3-2の説明(2)）に直結することがわかる。

最後に、図表3-5の洗い替え方式であるが、仕訳①は前期末になされた修正仕訳を当期首に振戻すための仕訳である。この仕訳法では、同じ包括利益70を、その他有価証券の実現利益30（原始取得原価100と売価130の差額）と、未実現評価差額の残高差額40（＝期末評価差額50－期首評価差額10）の和として計算している。ここでは、その他有価証券評価差額金勘定については評価差額の期首残高と期末残高が認識されるだけである。日本の会計基準では、その他有価証券については洗い替え方式が採用されているため、包括利益の当期発生高を計算するためには、「変動差額＝残高差額」という式に従い、その他有価証券評価差額金勘定についての仕訳の記録からそれを逆算しなければならない。

当期発生高（包括利益）X－評価差額金減少高（売却益振替高）30＝評価差額金期末残高50－評価差額金期首残高10、

当期発生高（包括利益）X＝評価差額金残高差額40＋評価差額金減少高（売却益振替高）30＝70

この洗い替え方式は転換仕訳（変動差額計算を残高差額計算に転換させるための仕訳）の適用例の一つと見られるので、後に第4章の第2節でもう一度考察する。

以上考察した三つの表は変動貸借対照表を基礎に置いたもので、そこで計算された純利益も「借方残高としての純利益」であって単一の価値として計算されたものにすぎず、損益計算書の収益要素である「売却益勘定」を示すものではない。三つの表を通して、「包括利益70－その他の包括利益増加40（変動差額または残高差額）＝純利益30」という形で、借方残高としての純利益が計算されている。これに対して、会計基準に従って作成される包括利益計算書は損益計算書を主体として作成される。すなわち、図表の純利益計算の方向とは逆に、下の純利益から上の包括利益へという計算になる。すなわち、上式とは逆に、「包括利益＝純利益（売却益）30＋その他の包括利益増加40＝70」という形をとる。

3 その他の包括利益と調整仕訳

(1) 調整仕訳

　以上の考察からも明らかなように、その他有価証券評価差額金勘定の変動記入はその他有価証券という資産勘定の評価差額について、それを評価損益として損益計上されることを防止する役割を持っている。したがって、評価差額を特定の勘定によるその拘束から解き放つならば、その他の包括利益勘定によって拘束されていた評価損益はそのまま直ちに当期の収益または費用として計上されることになる。いま、その他の包括利益勘定の増減を消去するための仕訳を「調整仕訳」と呼ぶことにする。この調整仕訳を通常仕訳または理論仕訳に追加する形で純利益の計算を包括利益の計算に転換させることができる。次の図表3-6では、図表3-2の設例を仮定している。

　第1期末には、その他有価証券評価差額金勘定10の貸方増加記帳は、その深層構造では費用関連取引10の計上によってその他有価証券勘定の収益10の計上を相殺消去している。したがって、調整仕訳(a)を追加すれば、その他有価証券評価差額金勘定10の貸方増加記帳は消去され、収益10に戻されることになる。これを「戻し収益」と呼ぶことにする。ここで「戻す」ということの意味は、「その他有価証券評価差額金」勘定の貸方増加記帳を反対仕訳によって消去し、資産勘定としての「その他有価証券勘定」の借方増加記帳に損益を直接に対応させるという意味である。売買目的有価証券の場合に計上された未実現利益がそのまま純利益の要素となるのと同じ状況になる。端的にいえば、損益期間配分という側面からの調整とはその他の包括利益勘定の増減仕訳をこのような調整仕訳（反対仕訳）によって消去することを意味する。意味論との関連でいえば、マイナス符号付きの項目をプラス符号付きへ、またプラス符号付きの項目をマイナス符号付きへ変換させることになる。

　第2期の売却時には、その他有価証券評価差額金勘定20の貸方増加記帳は第一期末と同様に深層構造では費用関連取引であるから、調整仕訳(b)を追加することによって「収益」に振り戻される。また、いわゆる「組替調整額」に相

図表3-6　調整仕訳と戻し収益費用

仮定：図表3-2の設例を用いる。		
第1期末	（借方）	（貸方）
通常仕訳	その他有価証券　　　　　　　　　10	その他有価証券評価差額金　　　10
調整仕訳(a)	その他有価証券評価差額金　　　10	戻し収益　　　　　　　　　　　10

説明：
　　調整仕訳はその他の包括利益勘定の増加減少記入を反対仕訳によって消去する仕訳をいう。当初の計算は次の通りであった。
　　　その他有価証券増10－その他有価証券評価差額金増加10＝純利益0 ………（1）
　　調整仕訳(a)の追加により式(1)の純利益0は包括利益10に修正される。
　　　純利益0＋その他有価証券評価差額金増加（戻し収益）10＝包括利益10……（2）

第2期・売却	（借方）	（貸方）
理論仕訳	その他有価証券　　　　　　　　　20	その他有価証券評価差額金　　　20
理論仕訳	その他有価証券評価差額金　　　30	売却益　　　　　　　　　　　　30
調整仕訳(b)	その他有価証券評価差額金　　　20	戻し収益　　　　　　　　　　　20
調整仕訳(c)	戻し費用　　　　　　　　　　　30	その他有価証券評価差額金　　　30

説明：
　　当初の純利益計算は理論仕訳により次の通りであった。
　　　その他有価証券増加20－その他有価証券評価差額金増加20＋その他有価証券評価差額金減少30＝売却益30　　　　　　　　　　　　…………（3）
　　調整仕訳(b)と(c)の追加により、売却益30は包括利益20に修正される。
　　　売却益30＋その他有価証券評価差額金増加（戻し収益）20－その他有価証券評価差額金減少（戻し費用）30＝売却益30－その他有価証券評価差額金純減少（戻し純費用）10＝包括利益20　　　　　　　　　　　　…………（4）
　　その他有価証券評価差額金20の貸方増加記帳は費用関連取引であるから、調整仕訳(b)によって収益に振り戻し、評価差額金30の借方減少記帳は収益関連取引であるから、調整仕訳(c)によって「費用」に振り戻す。その他有価証券評価差額金勘定の増減記入はすべて消去される。マイナスの純費用10は、**前期末計上の包括利益10**に相当し、売却益30から控除されて、当期の包括利益20に調整される。

当するその他有価証券評価差額金30の借方減少記帳は収益であるから、調整仕訳(c)の追加によって「費用」に振り戻される。その結果、その他有価証券評価差額金勘定の「純減少額（＝戻し収益20－戻し費用30）」は「純費用」（－10）となり、それを売却益30と結合すると、包括利益20が計算される。マイナス符号付きの純費用（－10）は前期末の包括利益額10についての当期調整額を意味する。

もちろん、このような調整仕訳はあくまで包括利益計算書作成のレベルでの概念上の仕訳であって、帳簿上、実際に行う仕訳ではない。ちょうど、連結財務諸表を作成する場合、そのレベルでのみ資本連結や債権債務の相殺仕訳を行うのと同様である。

以上のようにして、包括利益計算書については、損益計算書を前提に置き、それにその他の包括利益の増加や減少を収益または費用として吸収させる形で説明することができる。その場合、包括利益計算書がそれ自体で一つの損益計算書になる。

(2) 包括利益計算書の様式とその意味

包括利益計算書は純利益を前提に置き、それに、その他の包括利益の変動を加減する形で作成される。図表3-7に、先の図表3-2と同じ例（その第二期のみ）を設定し、二つの包括利益計算書を作成している。

左側に示した「包括利益から純利益への計算(a)」は、実現利益系統の仕訳法に従い、貸借対照表勘定を用いて包括利益から純利益への計算過程を示したものである。先ず、「その他有価証券勘定」の増加20（プラス符号付き）を計算し表示しているが、これは当期に発生した「借方残高としての包括利益」を示す。ついで、「その他有価証券評価差額金勘定」の増加(20)はマイナス符号付きであり、実現に伴うその減少30はプラス符号付きである。純利益は意味論上のプラス符号付きで30となる。これは直接には貸借対照表における「借方残高としての純利益」（前期より繰り越された10を含む）に対応する。

これに対して、計算(b)は純利益から包括利益への計算であって、「包括利益計算書」の計算式である。包括利益計算書と呼ばれるものは、純利益から包

図表3-7　包括利益計算書の意味構造

(a) 包括利益から純利益への計算	(b) 純利益から包括利益への計算
1　その他有価証券増加額　　　　20	1　売却益　　　　　　　　　　　30
2　その他有価証券評価差額金：	2　その他有価証券評価差額金：
当期発生額　　　　　(20)	当期発生額(戻し収益)　　20
実現による減少　　　30　 10	実現による減少(戻し費用) (30) (10)
純利益　　　　　　　　　　30	包括利益　　　　　　　　　20

(借方)　　　仕訳　　　(貸方)	(借方)　　　仕訳　　　(貸方)
その他有価証券 20　評価差額金　(20)	その他有価証券 20　評価差額金　(20)
評価差額金　　 30　売却益　　　 30	評価差額金　　 20　戻し収益　　 20
	評価差額金　　 30　売却益　　　 30
	戻し費用　　 (30)　評価差額金　(30)

説明：
(a) 包括利益から純利益への計算
　変動貸借対照表の側からの計算であって、**借方残高としての包括利益から純利益**を計算している。その他有価証券評価差額金の貸方増加額はマイナス符号付きの（20）である。
(b) 純利益から包括利益への計算
　損益計算書の側からの計算であって、**貸方残高としての純利益から包括利益**を計算している。その他有価証券評価差額金の貸方増加額（20）はプラス符号の20に転換している。当期に計上された評価差額金勘定の変動額はすべて消去され、アンダーライン付きの損益項目（売却益、戻し収益、戻し費用）だけが残る。包括利益計算書は、売却益など本来の収益費用項目と戻し収益費用項目から構成される。

括利益への計算過程を示すものであって、先の計算過程と比較すると、純利益30から包括利益20へと逆方向の計算になる。ここで、その他有価証券評価差額金の増加（すなわち「当期発生額（戻し収益）20」）が売却益と同じく意味論上のプラス符号付きで示されていることに注目しよう。純利益の計算過程では、その他有価証券評価差額金の増加はマイナス符号付きの（20）であったが、ここでは売却益30と同じくプラス符号付きの20となっている。このことは、ここでの包括利益の発生額20はすでにプラス符号付きの収益20に戻されているこ

とを示している。包括利益から純利益を計算する過程ではその他有価証券評価差額金の増加はマイナス符号付きであり、逆に純利益から包括利益を計算する過程では、それはプラス符号付きの戻し入れ益となる。したがって、包括利益計算書の読み方を考える場合、そこに記載されている「当期発生額」の20をそのまま「その他有価証券評価差額金」の「貸方側の増加」(マイナス符号付き)と解することはできない。ここでは、当初のその他有価証券評価差額金勘定の貸方の包括利益当期発生額 (20) が消去され、戻し収益としてすでにプラス符号の20に転化しているのである。また、実現によるその他有価証券評価差額金借方の減少記入についても、本来はプラス符号で30であるが、ここではマイナス符号付きの戻し費用 (30) に転化している。当初の記入はこれにより消去される。かくて、すべてのその他有価証券評価差額金勘定の増減の記入が消去され、実現利益30は包括利益20に調整される。

　包括利益計算書では、注記によって「その他の包括利益」の諸項目についてその変動額を記載するが、その箇所で、その他有価証券評価差額金勘定の「当期発生額20」がプラスの数値で表現されている場合、それはこの評価差額金勘定そのものの貸方増加額を示しているものと理解されているかもしれない。というのは、先に見たように、資産負債アプローチの定義法によれば、「その他の包括利益勘定」(資本の部) の「貸方増加」そのものが包括「利益」の構成要素として定義されているからである。しかし、事実はそうではない。この包括利益の当期発生額20は、当勘定の貸方増加額を示すのではなく、それを反対仕訳によって消去したのちの戻し収益 (プラス符号付き) を示しているのである。資産負債アプローチの定義体系は、マイナス項目をプラス項目と定義しているために、面倒なことに、このような意味論的定義を通さなければ、闇に包まれた観念論の世界にとどまる。

　もともと、資本の部に記載されるその他有価証券評価差額金勘定の貸方残高はマイナス符号付きであるから、それを「その他の包括『利益』」という名で呼ぶこと自体に問題があるのである。リサイクリングという用語も、このような誤解から生じたものといえる。先ず、最初に、その他の包括「利益」として

資本の部に計上する。ついで、実現後に、再び、売却「利益」として損益勘定に計上する。二度の利益計上となる。しかし、この処理を「利益の二重計上」と名付けて問題視するならば、「実現利益系統」の会計処理そのものが否定されざるをえなくなる。

ここで、その他有価証券評価差額金勘定の実現による減少額（30）が、一般に「リサイクリング」とか「組替調整額」と呼ばれているものに相当する。この部分はすでに明らかにしたように、売却の際になされる「その他の包括利益勘定」の実現利益への振替仕訳であり、その他有価証券の簿価が売却によりゼロとなると同時に行うべき処理であって、売却に伴い当然に予定されている減額処理を意味する。これにあらためてリサイクリングとか組替調整額というような特別の意味を付する必要があるとは思われない。

先に「損益勘定を通過しない損益項目」（図表1-9）に関連して、従来、当期業績主義と包括主義の対立があることを述べたが、資産負債アプローチには、リサイクリングの議論に際し、この問題を混合して定義しているふしが見られる。もし、損益勘定を通過しない処理をとるならば、売却益の振替先が、損益勘定ではなく、未処分利益剰余金やその他の積立金勘定に変わるだけのことである。損益勘定を通過させるか否かの問題は、別の判断基準で決定されるべき問題である。

(3) 未実現利益系統と実現利益系統の同型性

先に、包括利益計算書の問題は、通常の理解のように取得原価評価法と時価評価法との対立から生じたというよりは、同じ時価評価法の内部での未実現利益系統の損益計算と実現利益系統のそれとの対立から生じたものであると述べた。次に、価値実現の等式を用いて、両者の計算を比較してみよう。

図表3-8では、図表3-2の設例の第2期を仮定し、取得した株式を売買目的有価証券に分類した場合とその他有価証券に分類した場合とに分けて、両者を比較している。仕訳法としては洗い替え方式を仮定しているため、第2期の期首には振戻仕訳が必要である。式(1)と(2)が、それぞれの系統での純利益と包括利益の関連性を示しているが、ともに価値実現の等式の形をとっている。と

図表3-8 未実現利益系統と実現利益系統の同型性

仮定：第1期に株式100を購入した。期末時価は110であった。第2期に130で売却した。いま、この有価証券を「売買目的有価証券」に分類した場合と、「その他有価証券」に分類した場合とを比較する。仕訳法としては洗い替え方式を適用する。第2期の期首の振戻仕訳と売却益計上の仕訳を次に示す。

売買目的有価証券 －未実現利益系統－		その他有価証券 －実現利益系統－	
（借） （貸）		（借） （貸）	
評価益　　10	売買目的証券　10	評価差額金　　10	その他有価証券 10
現金　　　130	売買目的証券　100 売却益　　　　30	現金　　　　130	その他有価証券100 売却益　　　　30
※ 第1期末の仕訳： （借）売買目的証券10　（貸）評価益10		※ 第1期末の仕訳： （借）その他有価証券10　（貸）評価差額金10	

説明：
(1) 未実現利益系統

　　包括利益（純利益）20＝売却益30－未実現価値減少高（評価益）10　………(1)
　損益計算書の内部で、売却益30についてリサイクルがなされ、かつ、前期末の未実現利益計上高（評価益）10の控除という調整もなされている。両者の結合により純利益20が計算される。この純利益は概念上、包括利益に等しい（図表3-1）。

(2) 実現利益系統

　　包括利益20＝売却益（純利益）30－評価差額金減少高10　………………(2)
　包括利益計算書の内部で、売却益30についてリサイクルがなされ、かつ、その他有価証券評価差額金減少高10の控除により調整もなされている。両者の結合により包括利益20が計算される。

(3) 両系統の同型性

　両系統で同じリサイクルがなされ、同じ調整がなされている。

同時に、この等式を通じて、未実現利益系統と実現利益系統という二つの系統の損益計算が、実現利益と未実現価値変動という二つの要素の認識において、完全な同型性を保つことが明らかにされている。

　未実現利益系統の場合、式(1)が示すように、例えば「評価益20（又は運用益20）」という単一の数値で損益計算書に計上されていても、通常、リサイクリングと呼ばれる実現利益への振替はここでも行われており、かつ、前期末の

利益計上額10の控除による調整も行われている点で、式(2)が示すような実現利益系統の損益計算と全く同じである。とすれば、包括利益計算書の作成について一般にいわれているリサイクリングや調整は実現利益系統に独特のものではなく、未実現利益系統でも暗々裡に行われていることが明らかである。未実現利益系統は実現利益の調整を損益勘定の内部で行っているのであり、実現利益系統はこれを資本の部のその他の包括利益勘定との間で行っているという違いがあるにすぎない。すなわち、未実現利益系統では潜在化していた二つの計算要素の結合関係が実現利益系統では顕在化しているという違いがあるだけである。

現在の資産負債アプローチの定義体系では、実現利益への振替額を「組替調整額」または「再分類調整」などと呼び、「リサイクリング」という用語も頻繁に用いている。そしてこのような調整は「包括利益の二重計上」を回避するために必要であると説明されている。たとえば、米国の財務会計基準第130号「包括利益の報告」は、組替調整について、「当期またはそれ以前の期間において、その他の包括利益の一部分としてすでに表示された項目の二重計上を避けるために、調整が行われなければならない……」と述べている[1]。しかしながら、このような実現利益の振替過程がなぜ包括利益の二重計上の回避につながるという意味での調整となるのか、その間の計算構造的な関連性はこの文からは全く読み取れない。リサイクリングといえば二重計上という意味であろうが、組替調整額という語の意味が不明であると同様にリサイクリングという用語の意味も不明であるといわねばならない。

これが純利益の二重計上のように見える理由としては、先にも述べたように、資産負債アプローチでは、純資産（資本）の部の「その他の包括『利益』勘定」の貸方増加記帳が、それ自体で利益の計上であるかのごとく定義されているからであろう。その価値部分は売却による実現ののち、損益勘定を通して再び純資産の部に戻る。かくして、純資産の部では、最初は未実現利益として、実現後は実現利益として二度の出現となる。

しかしながら、実現利益系統を採用するのは、評価対象である資産勘定等の

価値変動をそのままただちに損益勘定に反映させないためである。実現利益系統では、純損益の認識を後期に引き延ばし、純利益としてはその実現時に一度だけ認識している。この系統のなかで純利益について二重計上がなされているという事実はどこにもない。それでも利益の二重計上を避けるために調整が必要であるというのであれば、それは損益期間配分の仕方の差異を利益の二重計上と誤認しているのである。必要なのは二つの系統間の損益期間配分の仕方の差異についての調整であって、利益の二重計上の調整ではない。本章の最初に述べたように、実現利益系統の全体利益は未実現利益系統の全体利益に等しい。資産負債アプローチは、収益費用アプローチを放棄することによって、同時に、「全体利益」の概念や、期間利益の合計が全体利益に一致するという「一致の原則」すら放棄してしまったようである。

いま、実現利益系統を見ると、式(2)が示すように、損益勘定の側で売却益が計上されると同時に、変動貸借対照表の側ではその他有価証券評価差額金の前期繰越高10が減少記入されている。両者の差額が包括利益20となる。つまり、変動貸借対照表において自動的な調整がなされているのである。

もともと、包括利益は、「損益計算書の純利益」と「変動貸借対照表のその他の包括利益の増減額」とを総括した利益をいい、包括利益概念それ自体の大前提がこれら二つの結合なのであるから、その結合さえ行えば、それ以上の調整は必要ないということは当然の理である。実現利益に追加される未実現利益増減高の加減を調整と呼ぶならば、このような調整は複式簿記のメカニズムの中で自動的に行われている。包括利益計算書を作成するにあたって追加的な調整は全く必要ではない。先に変動貸借対照表や複式簿記の損益計算機構は自動的な調整機能を持つと述べたが、このことは、裏返して言えば、外的な追加的調整は何ら必要でないことを意味する。筆者のこのような議論は、むしろ、調整無用論ともいうべきものである。

第3節　包括利益変動差額計算式

　先に述べた変動差額損益計算式(a)(図表1-8)に「その他の包括利益の増加と減少」を追加し、それを損益勘定から得られる「総収益」及び「総費用」の要素と結び付けて、包括利益変動差額計算式を導き出すことができる。次の図表3-9の式(2)がこの計算式である。この式の左辺は変動貸借対照表の「借方残高としての包括利益」を示し、右辺は総収益及び総費用のほか、その他の包括利益の戻し入れ額を含み、「貸方残高としての包括利益」を示す。

　式(1)から式(2)への転換過程を見ると、通常の損益計算書が包括利益計算書に変貌する様が明確に浮かび上がる。この包括利益変動差額計算式は変動貸借対照表と損益計算書を前提に置き、それを中心に位置付けたものであって、動

図表3-9　包括利益変動差額計算式

変動差額損益計算式にその他の包括利益の増加と減少を追加する。
　　(資産増加－資産減少)－(負債増加－負債減少)－(元入資本増加－元入資本減
　　少)－(その他の包括利益増加－その他の包括利益減少)＝収益－費用
　　　　　　　　　　　　　　　　　　　　　　　　　　　　　　　………(1)
　上式(1)のその他の包括利益の増加と減少を右辺に移項する。**包括利益変動差額計算式**は次のようになる。
　　(資産増加－資産減少)－(負債増加－負債減少)－(元入資本増加－元入資本減
　　少)＝収益－費用＋その他の包括利益増加(戻し収益)－その他の包括利益減少
　　(戻し費用)＝包括利益　　　　　　　　　　　　　　　　　　　………(2)
　上式(2)の左辺は**変動貸借対照表の借方残高としての包括利益**を示し、右辺は**包括利益計算書**であって**貸方残高としての包括利益**を示す。

設例：
　　図表3-3の例を仮定する。式(2)の右辺の包括利益計算書の諸項目のみを計算する。
　　　第2期包括利益＝純利益30＋その他の包括利益増加(戻し収益)20＋その他の包括利益増加(戻し収益)50－その他の包括利益減少(戻し費用)30＝純利益30＋その他の包括利益純増加(戻し純収益)40＝70

態的な計算式である。したがって、もっぱら純資産（資本）の側からのみ包括利益を定義しようとする資産負債アプローチとは、その立脚点において根本的に異なる。

　この図表では、「設例」として先の図表3-3で示した理論仕訳を用いている。いま、第2期について見れば、純利益を計算する段階でその他有価証券評価差額金勘定に貸記されたマイナス符号付きの増加額70（=20+50）は、プラス符号付きの戻し収益70として右辺の純利益に加算される。また、売却益へ振り替えられたプラス符号付きのその他有価証券評価差額金の減少高30は戻し費用として右辺の純利益から控除される。このようにして、計算式の右辺は通常の損益計算書から包括利益計算書へと変貌する。

　この包括利益変動差額計算式(2)の左辺は、今や、資産・負債および元入資本の要素だけとなっている。したがって、包括利益計算書による調整とは、当初、純利益を計算する段階において計上されていた「その他の包括利益の項目」の変動を調整仕訳（反対仕訳）によって消去し、貸借対照表上の有高勘定（有価証券勘定などの資産勘定をはじめ、負債、元入資本など）の変動と収益費用との間に期間的な一対一の対応関係を取り戻すことをいうものと定義することもできる。

　このように見てくると、収益と費用から構成される利益概念を変動貸借対照表との一対一の対応関係で捉える限り、包括利益計算書の作成に対する要求は利益という基本概念から見て論理的かつ内在的な必然性を有していたと見ることもできる。これまでの考察は、実現利益系統を適用した場合、実現損益の振替元である「その他の包括利益」の変動が、振替先である「純利益（損益計算書）」と構造的に分かち難く結びついていることを明らかにしている。それ故にこそ、実現利益系統の損益計算によって純利益へ振替えられた実現損益もそれと関連するその他の包括利益項目の変動と結合されることによって、変動貸借対照表の変動との期間的な一対一の対応関係を回復することができる。広く利益概念という観点に立った場合、包括利益計算書の作成は理論的にも必然的な帰結であったといえよう。

ところで、これまで述べてきた「戻し収益、戻し費用」の概念は、一般の計算式に見られる「移項の原理」に呼応している。移項とともにプラス・マイナスの符号は入れ替わる。包括利益変動差額計算式について上に述べた移項の操作をさらに続行すると、「借方残高としての純資産」に行き着くであろう。

　いま、包括利益変動差額計算式(2)の左辺の「－(元入資本増加－元入資本減少)」すなわち「－(元入資本純増加)」を右辺に移項すると、純利益の計算段階では費用関連取引として計上されていたその項目がその戻し入れ記入によって消去される。その結果、左辺の変動貸借対照表では純資産純増加額が借方残高としての純資産の増加額として、また右辺の損益計算書では貸方残高としての純資産の増加額として計上されることになる。この純資産額を損益計算書の借方から変動貸借対照表の貸方へ振り替えると、両者ともに貸借平均する。左辺の変動貸借対照表は正真正銘の「純資産変動表」とでも呼べる計算書となる。

第4節　資産負債アプローチと包括利益

1　純資産（資本）の側からの定義法──意味論の欠如

　米国の概念意見書第6号は「包括利益は、出資者以外の源泉からの取引その他の事象及び環境から生ずる一期間における営利企業の持分の変動である」という定義を掲げている[2]。これは先の第2章の図表2-4で筆者が資産負債アプローチの三つの命題のうち「第二命題」として挙げたものである。日本の企業会計基準第25号「包括利益の表示に関する会計基準」の定義法もほぼ同様である。このような定義法には、包括利益はどうしても貸方の純資産（資本）の変動との関連で定義しなければならないという先入観が影響を与えている。しかし、包括利益変動差額計算式が示すように、包括利益は純利益の側からも定義可能であり、一方的に純資産概念を基礎におかなければならない論理的必然性はない。包括利益計算書は純資産（資本）変動計算書ではない。包括利益のみを表示するというそれ自体で独立した意味をもつ損益計算書である。

さらに、この定義には基本的誤謬がある。ここでは包括利益が「持分の増加」と同視されている。資産負債アプローチが貸借対照表の貸方の「資本の部」を「純資産の部」と「同視」し、すべてをそこから出発させる定義体系が大きな矛盾を抱えていることはこれまで明らかにしてきた。いま、以上の考察を前提におくと、次のようになる。資本の部に計上されている「その他の包括利益」の諸勘定はその他の包括「利益」を示さない。その他の包括利益を示すのは、先に述べた「借方残高としての包括利益」の概念が示すように変動貸借対照表に属する資産勘定の価値変動である。その他有価証券自体の価値増加をいう。資本勘定に現れる「その他有価証券評価差額金」の価値増加は負債の増加と同じくマイナス符号付きの項目であり、包括利益にとってはマイナスの要素なのである。その他の包括利益の勘定はその対象である資産勘定の価値変動が損益として計上されることをむしろ防止している。その勘定自体は包括利益ではあり得ないのである。

　このように、資産負債アプローチは、包括利益をもっぱら純資産（資本）概念との関連でのみ定義するため、包括利益概念の本質的定義には迫りえないと考えられる。このような定義体系に潜む問題点は貸借対照表勘定の価値変動が収益費用概念と統合的に結びつけられていないという点にある。先に考察したように、資産負債アプローチは貸借対照表概念とその純資産概念に定義体系の基礎を置きながら、他方では、先の論考で資産負債アプローチの「第三命題」として取り上げたように、資産や負債の増加減少を「収益」や「費用」の概念と対応させてもいる。本来ならば、この第三命題の延長線上に有高変動と収益費用との対応という観点からの包括利益概念の本質が見えてきたはずなのである。包括利益は「元入資本の増加減少」を排除した後の金額をいうのであるから、当然に、この元入資本の増加減少をも収益費用の定義のなかに含めるべきであった。しかし、いたずらに純資産概念に固執したためにその本質を見逃してしまった。「元入資本の増加減少」については収益費用概念との結合性を頑なに拒絶しているため、包括利益変動差額計算式の左辺の変動貸借対照表の側での包括利益変動損益計算式は右辺の損益計算書の側での包括利益変動差額計

算式と完全には結びつかない。

　このような中途半端な状況は日本の会計基準によっても正直に告白されている。包括利益計算書を純利益の表示から始める方法を採用したことについて、企業会計基準第25号「包括利益の表示に関する会計基準」はいう、「包括利益の計算は、当期純利益からの調整計算の形で示すこととしている。定義にしたがった計算過程とは異なるが、このような計算の表示の方が有用と考えられ、国際的な会計基準においても同様の方式が用いられている」(傍点筆者)と[3]。

　上の文言中の「定義にしたがった計算過程」についての明確な説明はなく、また、貸方残高としての純資産(資本)の側からの計算が「計算過程」と呼べるほどのものなのかどうかという疑問もあるが、この点についてはここでは問わないことにする。もともと複式簿記の計算過程を前提とする限り、収益費用勘定の記入は貸借対照表勘定の記入とともに不可欠のものである。包括利益計算書の意味構造については、調整仕訳を用いて「戻し収益費用」の概念との関連で考察してきたが、そこでは変動貸借対照表と損益計算書の対応的記帳が基本的な前提となっている。貸借対照表と損益計算書のいずれが基本かというようなこの種の論議はもともと意味のないものと考えられる。変動貸借対照表が先か損益計算書が先かという問題は、これまでの議論でいえば、先の図表3-7で「包括利益計算書の意味構造」と題して示した論点と関連する。資産側から出発した包括利益から純利益への計算式「包括利益20-その他有価証券評価差額金増加20+その他有価証券評価差額金減少30=売却益30」は、戻し計算による純利益から包括利益への計算式「売却益30-その他有価証券評価差額金減少30+その他有価証券評価差額金増加20=包括利益20」と同じものである。貸借対照表勘定の変動から出発しようと、収益費用勘定から出発しようと同じことである。

　上に掲げた企業会計基準の文言では、損益計算書は当初からその定義体系の外的要素とみなされており、それへの参照は、「理論上の定義」には合わないが、それが「有用」とされているので、不本意ながらも、「純利益からの調整計算」という形式を選択するという程度でしか捉えられていない。このような

ことは、定義体系の基礎に貸借対照表の純資産（資本）概念しか有しない資産負債アプローチが、結局は包括利益概念の定義には失敗しているということの正直な告白と見ることができる。資産負債アプローチが包括利益計算書の定義については収益費用アプローチの軍門に降るというのはいかにも皮肉な状況といえよう。

　包括利益変動差額計算式の左辺は変動貸借対照表の諸勘定のみから構成されており、純利益という勘定はもちろん、いかなる収益費用勘定も存在しない。左辺の単なる延長線上に右辺の包括利益変動差額計算式があるわけではない。右辺の損益計算書を基盤とした包括利益変動差額計算式へたどり着くには「跳躍」が必要である。つまり、貸借対照表の領域外に「複式性」を媒介として設定された損益勘定が前もって与えられていなければならない。売上高、売上原価、売却益、受取利息、支払利息、貸倒損失、減損、減価償却費などの諸概念は貸借対照表勘定と計数上は密接に結びついているとはいえ、それから「分類法の転換」を経て独自に形成されてきたものであって、貸借対照表の諸勘定の組み合わせだけでは、いくらひねっても、このような概念を導き出すことはできない。これらの収益費用概念が実社会から無用なものとして放棄されない限り、損益計算書及び収益費用概念が会計から排除されることはありえない。「初めに純資産ありき」という原始的な定義体系ではどうにもならないのである。資産負債アプローチはリサイクリングとか再分類調整という用語を多用しながらも、包括利益や純利益の概念や、これら二つの概念の間の相互的な関連については何ら明確な定義を行っていない。包括利益概念および包括利益計算書の定義には失敗しているといわざるを得ない。

　包括利益概念を巡る混乱の原点は広く意味論の欠如にある。包括利益概念について論究した文献は多いが、その多くは資産負債アプローチの定義体系や公正価値評価を前提におき、その関連で議論したものがほとんどである。包括利益概念は取得原価評価法を含むあらゆる評価方法を受け入れる概念であるから、評価問題よりは計算構造論に関わる性質のものである。資産負債アプローチが包括利益について未だに明確な定義を与えていないのは、意味論が存在し

ないからである。このアプローチに立つ限り、包括利益の構造を説明することは恐らく不可能であろう。

2　日本の概念フレームワークと包括利益

　日本の財務会計の概念フレームワークも、米国の概念フレームワークと同じく、資本の部を純資産の部と同視し、それを前提に純利益や包括利益の概念を定義しようとしている。したがって、これまで述べてきたのと同じ批判はここでもそのまま当てはまる。それに加えて、ここではさらに次の問題がある。それは「純資産（資本）の部」の内部において、「その他の包括利益に属する項目」を「株主資本」とは区別して「その他の要素」に含めている点である。この定義によると、純利益は「純資産の変動額のうち……、その期間中にリスクから解放された投資の成果」であるという[4]。その他の包括利益はリスクから解放された時点で初めて「純利益」に含まれ「株主資本」の構成要素となるという。すなわち、ここではその他の包括利益が純利益と本質的に別のものとされているのである。しかし、これは世界的に見ても特異な定義法といわなければならない。このような見方についてはいくつかの問題点を指摘できよう。

　第一に、現在の「純利益」はデリバティブ金融商品等の未実現損益をも含み、そのすべてがリスクから解放されているわけではない。リスクを負っているから株主資本ではないというのもおかしい。もともと、リスクを負うのが株主資本の特質であったはずである。

　第二に、このような区分論は、資本の部の内部での振替過程にのみ注目した皮相的な見解と映る。先に当期業績主義と包括主義の対立について述べたが、臨時損益など一部の損益項目については損益勘定を通過させない方法について選択の問題が存在するし、また、すべての損益項目を損益勘定で処理する場合でも、その時価評価差額を直ちに「純利益」に含めるかそれとも損益計上を時間的に繰り延べて「その他の包括利益の項目」として処理するかの間に選択の問題がある。このように、広い範囲での選択問題が介在しており、それを区別するための確固たる原理が確立されているわけではない。これらの問題はあく

までも人為的で可変的な区分にすぎない。しかも、借方残高としての純資産概念に立てば、いずれの系統でもその価値変動が同じく借方残高としての包括利益を構成している点では同じである。例えば、「その他有価証券」という「資産勘定」では、時価の変動に応じて評価差額を加減する点では「売買目的有価証券」という資産勘定と同様である。評価差額部分に限定されるとはいえ、同じ銘柄の有価証券が企業の保有目的の如何によって、株主資本となり、その他の要素ともなる。単に損益の期間帰属の仕方が異なるという理由だけで、両者を異質なものとして区別する必要があるとも思えない。

　他方、このフレームワークも収益と費用との差額としての純利益の重要性を強調してもいる。しかし、敢えて損益勘定の存在を無視する資産負債アプローチの純資産概念をその基礎に置きながら、他方で純利益を強調する場合、それをどのような視点から主張しているのか、その立脚点が明確でないのである。

　この立場では、恐らく「収益と費用の差額としての純利益」と「その他の包括利益の変動」は「異質的なもの」と見られているので、先に包括利益変動差額計算式を「戻し収益」や「戻し費用」という用語で説明したような「収益費用概念への統括」という見方は認められないことになるであろう。筆者は先に、包括利益計算書の作成は利益という概念からしても理論的必然性を持っていたと述べたが、これとは対極的に、ここでは包括利益計算書は「二つの異質なものの結合計算書」と見られていることになる。しかし、このような区分論は有高変動と収益費用との対応という利益概念の普遍的な側面を無視しており、折角の純利益の強調も「的外れ」に終わっている。日本では一般化した見解となっているようであるが、包括利益概念を伝来の純利益概念と対立するものとして捉えること自体がそもそもの誤りの元である。これまでの考察から明らかなように、包括利益概念の本質はむしろ純利益概念にある。その他の包括利益もいずれ純利益に解消する。評価原則を取得原価評価から公正価値会計へと拡張しても、純利益概念の枠内で行われている限り、収益費用対応の計算体系が継続されていることに変わりはない。純利益の立場から同質なものとしての包括利益概念を否定することは自己の否定につながる。

次に、これまで考察の前提においてきた変動貸借対照表との関連でこのフレームワークが提示しているもう一つの問題を見ておこう。それはここでの論点からはずれるが、資産負債アプローチのもとで、キャッシュ・フロー計算書はどのように位置付けられているかという問題である。この概念フレームワークは、公表当時の脚注によれば、キャッシュ・フロー計算書について、「キャッシュ・フロー計算書は、貸借対照表と損益計算書の情報を補完する役割を果たしているが、貸借対照表や損益計算書にあるような構成要素に相当するものがないため、この討議資料の検討対象から除かれている」と述べている[5]。「財務諸表における認識と測定」を規定するところでは「将来キャッシュ・フロー」（の割引現在価値）という用語を用いながら、キャッシュ・フローそのものは定義体系の構成要素ではないという。定義体系内の「割引現在価値概念」を定義圏外の要素を用いて定義していることになる。とすると、「その他の包括利益の諸項目の変動」もキャッシュ・フローと同じく「変動貸借対照表の部分集合」の変動であるから、当フレームワークの定義体系からすれば外的な要素にすぎないということになる。詰まるところ、当フレームワークのもとでは、包括利益概念についても、実証研究の結果をうんぬんする以前に、もともと定義不能の状態にあったのではないかと考えられる。

　資産負債アプローチと収益費用アプローチという二項対立概念に立つ場合、先に図表1-7を用いて説明したように、期首期末の静的貸借対照表と通常の損益計算書だけが基礎に置かれるため、キャッシュ・フロー計算書、包括利益計算書、株主資本等変動計算書など、変動貸借対照表の要素を構成しているものは、むしろその定義の枠外の外にあるものとして取り扱われることになる。このような構造観のもとでは、静的な純資産概念に依拠した構造観を脱却することはできず、キャッシュ・フロー計算書はもちろんのこと、包括利益概念の本質にも迫ることはできないと考えられる。

3　構造論と評価法

　一般に純利益と包括利益は相互に排除し合う対立した概念として語られるこ

とが多い。しかし、以上の考察からも明らかなように、両概念の間には評価法の対立があるわけではない。取得原価で評価されていようと、未実現利益系統を採用し時価で評価されていようと、それらの財は、調整なしに、そのまま純利益及び包括利益の構成要素でありうる。また、いずれも費用収益対応の計算であるから、ここには、従来、強調されてきたような収益費用アプローチ（損益法）と資産負債アプローチ（財産法）の対立もない。このような二項対立概念に対して、包括利益概念が提示しているより本質的な問題は、有高価値変動と収益費用との関連性をどのように捉えるかという損益計算の構造的な捉え方に関わる問題である。この点が、現在の会計理論では、多くの場合、誤解されているのではないかと思われる。

　評価論についてはここで深入りできないが、構造的に見た場合、取得原価評価会計がすべての公正価値評価会計の基礎となっている。会計計算は、財の取得原価や売却価格（実現価格）の認識なしには成立しない。これらの価格はその時々の市場時価である。一般に公正価値評価といわれる評価法は、財の取得原価を基盤にして、それからの「評価差額」を認識することから始まる。このような事実は時価評価の重層性という名で呼ぶことができよう。すなわち、財の保有中の時価評価は原始取得原価を基礎として、それに評価差額を加減することによって行われる。他方、財を手放す場合の売却価値も市場時価である。このようにして、いかなる時価評価や公正価値評価も財の取得原価やその実現価値の認識を放棄することはできない。

　利益概念の最も本質的なものは、これまでの意味論の探求の試みから明らかなように、貸借対照表勘定の変動を一対一の対応関係で写像しながら費用収益対応を行う損益勘定ないし損益計算書に具現化されている。すべてが損益取引の集合から成り立つので、費用収益アプローチだけで充分である。損益計算構造は評価方法の如何には左右されない。ところが、資産負債アプローチでは、純資産概念への偏りが、本来の包括利益概念の把握を妨げているように見える。包括利益変動差額計算式の左辺の資産、負債及び元入資本の変動差額損益計算式や純資産変動差額損益式と、右辺の費用収益差額計算式との間の内在的

第3章　純利益と包括利益　121

関連性は当初からその眼中にはない。そのため両計算式は有機的に結びつかず噛み合わないままである。論者達によれば、これまでの収益費用アプローチとは異なって、資産負債アプローチは資産や負債自体の評価を重視するという。しかし、資産や負債の評価方法の差異は、先ず、直接には純利益の額に影響を与える。これも費用収益対応の結果なのである。

　従来の会計理論は、特にアメリカ会計学の流れのなかで、損益計算書中心主義（または損益法、収益費用アプローチ、取得原価評価主義）か、それとも貸借対照表中心主義（または財産法、資産負債アプローチ、時価評価主義）か、そのいずれを選択するかという問題意識のもとで語られてきた。現在の会計学の流れは、収益費用アプローチの「損益計算書→貸借対照表」から、資産負債アプローチの「貸借対照表→損益計算書」への転換だという。実際、資産負債アプローチそのものが収益費用アプローチに対するアンチテーゼとして主張されてきたのである。このような対立概念を前提に置いた議論は、現在、米国の文献にも多く見られるが、ここには、あたかも貸借対照表と損益計算書とが基本的に対立しているかのごとき先入観がその前提にある。

　これに対して、包括利益概念についての以上の考察はこのような対立概念を前提にしてはその本質に迫りえないことを明らかにしている。貸借対照表勘定の価値変動と損益計算書の収益費用概念との一対一の内在的対応関係を凝視する構造観に立たない限り、包括利益概念の本質は明らかにならないし、それを基礎とする新しい会計理論の樹立も望めない。

　本来ならば、公正価値評価体系への変革期において、その他の包括利益の発生は「有高価値変動と収益費用」との関連性を新たに見直す契機ともなりえたはずである。事実、包括利益計算書の作成という要請は、すべての項目について有高変動の認識と損益の認識との間、すなわち変動貸借対照表と損益計算書との間に期間的な一対一の対応関係を回復させるための過程として生じたものであった。その意味では、包括利益問題の発生は取得原価会計の時代から存在していたはずの変動貸借対照表と損益計算書との間の一対一の対応という基本的な関係に新たに目を向けるきっかけともなり得たはずなのである。しかし、

会計学界はその契機を有効に利用せず、貸借対照表の純資産概念（しかも貸方残高としての資本という意味で擬似純資産）の方向に萎縮してしまったと考えられる。

注

(1) Financial Accounting Standards Board, Statement of Financial Accounting Standards No. 130, *Reporting Comprehensive Income*, 1997, par. 18.
(2) Financial Accounting Standards Board, Statement of Financial Accounting Standards No. 16, *Elements of Financial Statements*, 1985, par.70.
(3) 企業会計基準第25号「包括利益の表示に関する会計基準」2010年、第27項。
(4) 企業会計基準委員会「討議資料・財務会計の概念フレームワーク『財務会計の構成要素』」2004年、第9項。
(5) 前掲書、注(1)。

第4章

会計取引と勘定構造

第1節　会計取引の基礎概念

1　一元的取引の概念

　これまでの考察から明らかなように、複式簿記の全体は一定の意味をもった数理的構造に支えられている。企業の取引を表現するための会計上の仕訳は、プラス符号付きの便益（収益）関連取引とマイナス符号付きの犠牲（費用）関連取引とから構成され、通常の取引はこれら二つの取引の組み合わせによって構成されている。ここでは、考察対象を金融商品にしぼり、これらの勘定を支えている計算構造論的な意味関連を明確にしておきたい。

　企業相互の取引については、その基礎に「逆関係（または反対関係）」という概念を置く。これは端的にいえば、財を「与える」ものと「受け取る」ものとの間に成立する対立関係をいう。次の図表4−1に「会計取引の基礎概念」としてこれを示す。

　先ず、客観的逆関係（基本的逆関係とも呼ぶ）とは、取引当事者の一方が財を「与えた」のであれば、他方では必ず「受け取った」という関係が成立しているという具合に、取引当事者の間に常に成立している反対の関係をいう。

　図表4−1の「会計取引の基礎概念」では、A社がB社から現金100を借りたという設例でその貸借取引を勘定形式で図示している。このような取引が発生したとき、複式簿記論では、A社の仕訳「（借方）現金100円（貸方）借入金100円」、または、B社の仕訳「（借方）貸付金100円（貸方）現金100円」を、それぞれ「一つの仕訳」として説明している。しかし、深層構造論では、この

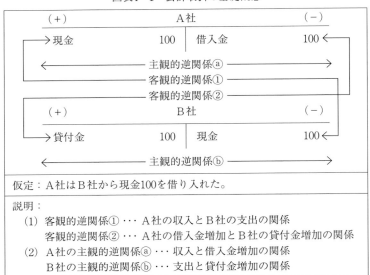

図表4-1 会計取引の基礎概念

取引の全体は、二つの「客観的逆関係」を基礎とした二つの「一元的取引」の結合にすぎないと見るのである。説明の(1)にも示すように、客観的逆関係①は、B社が現金を「与えた」のであれば、それに対応してA社が現金を「受け取った」のであり、それ自体が一つの「一元的取引」すなわち「B社からA社への現金の一方的な流れ」を構成している。また、客観的逆関係②は、A社が将来、現金を「与える」べき義務を負うのであれば、B社は将来、現金を「受け取る」権利を有するのであり、この関係の成立自体が一つの一元的取引（B社の債権とA社の債務という関係の創設）を形成している。これを客観的逆関係と呼ぶのは、このような関係が、現金のような財の流れや債権債務関係の生成やその消滅にそのまま対応しているからである。したがって、A社が実際にその借方と貸方に仕訳する取引は、通常は「一つの取引」（交換取引）と見られているが、その実は、客観的逆関係①を基礎とする一元的取引のプラスの極（現金）と、客観的逆関係②を基礎とする一元的取引のマイナスの極（借入金）とを結び付けることによって、主観的かつ派生的に生成された主観的逆

関係ⓐ（派生的逆関係とも呼ぶ）を基礎に形成されたものと見ることになる。同様にして、B社が仕訳する取引についても、その仕訳は、客観的逆関係①を基礎とする一元的取引のプラスの極（貸付金）と、客観的逆関係②を基礎とする一元的取引のマイナスの極（現金）とを結びつけることによって、主観的かつ派生的に形成された主観的逆関係ⓑを表すと見ることになる。

ここで、客観的逆関係①に対応する「一元的取引」とは、「現金の会社Bから会社Aへの一方向的流れ」を示し、これに対して、客観的逆関係②に対応する一元的取引は、「将来、現金が『反対方向に』A社からB社へ一方的に流れる」ことを予期するものである。この逆関係によって、将来、A社には現金をB社に返済すべき「義務」が発生し、B社はそれを受け取るべき「権利」を有するという貸借関係が生ずる。歴史の教えるところによれば、当初、A社は人名勘定を用いてその「借入金勘定」を「B商店」（貸し主・貸方）とし、B社はその「貸付金勘定」を「A商店」（借り主・借方）としたことが、借方・貸方という用語の起源となった。

以上のような理解は、この深層構造論が勘定理論的には貸借対照表勘定のすべてについて、借方をプラス、貸方をマイナスと見る「一元論」をとることについて、その根拠を提供している。図表4-1では貸借関係で説明したが、会社と株主権（持分権）との関係も同様に考えることができる。例えば、B社がA社の株式を保有している場合には、A社の貸方では、借入金勘定の代わりに資本金勘定が現れ、B社の借方では、貸付金勘定の代わりに、投資有価証券勘定が現れる点に違いがあるだけで、逆関係から見た構造論的な意味関係は同じであり、プラス・マイナスの符号も同じでなければならない。資本金の増加にプラス符号をつけることは不可能である。

従来、会計の基本的な取引は何かという問題については、一般に「交換取引」の概念を基礎におく傾向が強かったと思われる[1]。これに対して、先に述べたような会計取引の見方は、実は、交換概念を会計の基礎概念とすることへの疑問にもつながっているのである。というのは、この見方によれば、通常、交換取引と呼ばれ、各社がそれぞれ仕訳している借方勘定と貸方勘定の間の関連

は、もともと、二つの客観的逆関係①と②によって発生した二つの一元的取引の対立した二つの極（プラスとマイナス）を、特定の会社を中心にして「主観的な観点」から結びつけた結果、たまたま派生した関係にすぎない、ということになるからである。客観的逆関係を基礎とした一元的取引（財の一方的な流れと将来の資金の流れを予測する債権債務関係の発生や消滅）こそ会計取引の基本単位であって、交換取引は単にその派生的で主観的な結合物に過ぎないということになる。これは、交換概念の社会的な実在性までも否定するものではなく、ただ、会計の意味論上、それを会計取引の「基礎概念」とすることについては、それを否定するのである。

いま、客観的逆関係①だけをとると、現金の受け払いだけが単独に発生し、A社の貸方には収益が計上されて便益関連取引の計上となり、B社の借方には費用が計上されて犠牲関連取引の計上となる。また、客観的逆関係②については、債権債務関係が単独に発生し、A社では借方に費用が計上されて犠牲関連取引となり、B社では貸方に収益が計上されて便益関連取引となる。現金の流れ（支出と収入）と債権債務の発生（貸付金と借入金）という二つの一元的取引への還元が先に述べた「分解仕訳」の概念と結び付くことも明らかであろう。A社の仕訳は客観的逆関係①の借方・現金増加と客観的逆関係②の貸方・借入金増加とに分解される。前者は便益関連取引であり、後者は犠牲関連取引である。ここでは、A社やB社を中心に二つの財の流れがそれぞれ主観的に関連付けられているにすぎない。かくて、すべての会計取引は、便益関連取引と犠牲関連取引の集合に分解可能であり、それらを定義上、会計の基本取引と考えなければならない。

2　正味の債権または債務

一般に、債権勘定と債務勘定とは別のものとして処理される。しかし、「同じ取引の相手方」に対しての債権と債務は「一つの債権債務勘定」で処理することも可能である。ここでは、債権勘定がプラスであれば債務勘定はマイナスでなければならないとする一元論の解釈をさらに明確にするためにも、この問

(1) 当座預金勘定

最も卑近な例として当座預金勘定を考える。図表4-2では、先ず、仕訳①が示すように、A社はB銀行に現金100を振り込んで当座預金勘定を設定したと仮定している。次いで、仕訳②が示すように、借越限度額の範囲内で、B銀行から現金150を引き出したとする。

仕訳①の段階ではA社はB銀行に対して債権者（プラス）であったが、追加の仕訳②により、残高ゼロを境として、債権者の地位から債務者のそれへと転換した。一つの勘定において、一元論はこれをプラスからマイナスへの転換として説明できる。一つの勘定において、貸借の一方がプラスであれば他方はマイナスでなければならない。かくて、当座勘定の借方（債権）がプラスであれば、その貸方（債務）はマイナスでなければならない。このような勘定は一つの勘定で債権勘定と債務勘定を兼ねているので混合勘定の一種として説明さ

図表4-2　当座勘定と一元論

(1) 当初の預金後の状態

(＋)	A社の当座預金勘定	(－)
①当座預金　　100	[借方残高]	100
100		100

※ 仕訳①：(借) 当座預金 100 (貸) 現金 100
　　A社の当座預金残高は借方残高「＋100」である。B銀行では債務「－100」が計上される。

(2) 預金引出し後の状態

(＋)	A社の当座預金勘定	(－)
①当座預金　　100	②当座預金	150
[貸方残高]　　 50		
150		150

※ 仕訳②　(借) 現金 150 (貸) 当座預金 150
　　A社の当座預金残高は貸方残高「－50」である。B銀行では債権「＋50」が計上される。

れているが、むしろ、この混合勘定という性格が負債勘定のマイナス性を端的に表現しているともいえるのである。

(2) 経過勘定

経過勘定は、日本の「企業会計原則」が述べるところによれば[2]、一定の契約に従い、継続的に役務の提供または受入れを行っている場合に生ずるもので、簿記上は期末時点での修正事項とされている。保険料、地代、家賃、利息等の受払いが経過勘定によって処理されている。この処理法によれば、期中の収入や支出については直ちに収益や費用として処理しておき、期末において、収益や費用の過大計上分があればそれを「前受収益」または「前払費用」として次期に繰延べ、不足計上分があれば「未収収益」または「未払費用」として見越計上する。そして、それを期末貸借対照表に債権債務項目として計上した後、次期の期首には振戻仕訳によって再び収益や費用に振り戻す処理を行う。したがって、これらの繰延項目や見越項目は、収益費用の過不足計上分を期末貸借対照表の債権債務勘定として計上するためにのみ経過的に認識されるにすぎない。

このような処理については、主に、期間損益計算の観点から、期末に損益を適切に期間配分するための手続きとして説明されてきた。しかし、このような観点からだけ説明することに付いては、疑問もある。なぜなら、これらの取引は一定の継続的な契約に基づくものである以上、当事者間の債権債務関係は期末時点のみならず、期中も含めて契約解除まで経常的に存続しているはずであるからである。そのため、例えば、期間中に貸家が第三者に売却された場合とか、借家人に変動が生ずれば、その時点までの前払分や未払分については、期中であるにもかかわらず、当然に取引当事者の間で決済し調整しなければならない。上に述べたような伝統的に定型化された処理法によれば、当事者間の債権債務関係は期末時点の貸借対照表の上でしか表現されない。要するに、これらの項目については、変動貸借対照表を前提にした変動差額計算が伝統的には形成されてこなかったということができるのである。

そのため、このような経過勘定項目については、先ず、仮に期間中の変動差

額計算というものがあるとすればそれはどのようなものであるかということを考察しておかなければならない。以下の論はあくまで筆者の試論にすぎないが、期中の変動差額計算を経常的に処理する勘定を役務債権債務勘定と名付け、その勘定の特質を明らかにしておくことにする。なお、ここでこれを考察するのは、後に述べる「転換仕訳」の考察への橋渡しという意味合いもある。

　経過勘定については、これを「一つの貸借対照表勘定」で処理することができる。いま、契約当事者間の役務の授受に用いられる債権債務勘定を総称して「役務債権債務勘定」と呼ぶことにする。図表4-3はこの勘定の原理を概念的に説明したものである。ここでは次の図表4-4に掲げた設例を用いて説明しておく。Ａ社はＢ社に貸家を提供しているとすると、Ａ社は役務を提供し収入する側であるから、期末に「未収収益」となるか「前受収益」となるか、あるいは、そのいずれともならない可能性がある。この勘定に対する記帳関係は次のようになる。先ず、仕訳①により期中の現金収入はすべて「役務債権債務勘定」の貸方記入で処理する。この記入は現金の収入に対して「役務提供義務」が発生したことを意味する。期末には、仕訳②により、期中に受け取るべき現金額を役務債権債務勘定に借方記入して当期収益を計上する。この記入は当期に役務提供と引き換えに受け取るべき現金に対する「支払請求権」を表す。

　以上の二つの記帳の結果、期末において、前期繰越の「役務債権債務勘定（Ａ社では未収収益や前受収益）を含めて、その合計残高が「借方残高」となれば「支払請求権」の残高を意味し「未収収益」となる。反対に「貸方残高」となれば「役務提供義務」の残高を示し「前受収益」となる。貸借平均して残高ゼロの場合もある。期末には一旦この残高を未収収益等の勘定に振り替え、次期期首に再び役務債権債務勘定に振り戻せばよい。他方、Ｂ社は役務を受け入れ支出を行う側であるが、Ａ社と全く反対の方向で同じように考えることができる。

　このように、Ａ社とＢ社との間には、役務と現金の授受について契約が結ばれているが、Ａ社の側から見たとき、役務債権債務勘定の借方は契約に基づく当期の支払請求権（＋）を表し、その貸方は現金の受取から生じた役務提

図表4-3　役務債権債務勘定 (1)

[1] 役務債権債務勘定の設定とその意味			
役務を提供し収入する企業		役務を受領し支出する企業	
（借）　役務債権債務勘定　（貸）		（借）　役務債権債務勘定　（貸）	
未収収益 （支払請求権）	前受収益 （役務提供義務）	前払費用 （役務請求権）	未払費用 （支払義務）
(1)　期中仕訳		(1)　期中仕訳	
現金　　　××	役務債権債務　××	役務債権債務　××	現金　　　××
※収入。貸方記入は**役務提供義務**を示す。		※支出。借方は**役務請求権**を示す。	
役務債権債務　××	収益　　　××	費用　　　××	役務債権債務　××
※期末収益計上。借方は**支払請求権**。		※期末費用計上。貸方は**支払義務**。	
(2)　期末に借方残高であれば未収収益を表し、貸方残高であれば前受収益を表す。		(2)　期末に借方残高であれば前払費用を表し、貸方残高であれば未払費用を表す。	
未収収益　××	前受収益　××	前払費用　××	未払費用　××

供義務（－）を表す。他方、B社の側から見たとき、その借方は現金の支払を行ったために生じた役務請求権（＋）を示し、貸方は契約に基づく当期の支払義務（－）を表す。ここでも二つの逆関係が成立している。そして、期末に、請求権と義務とを比較して、A社の側で支払請求権が役務提供義務よりも大であれば、借方残高として「未収収益」（支払請求権）が残り、他方、B社の側には「未払費用」（支払義務）が発生する。役務債権債務勘定という一つの勘定は、逆関係の如何によって正味の債権または債務が発生する勘定であるということができる。

　この役務債権債務勘定は債権勘定と債務勘定との結合である。A社とB社いずれの側においても、期末に借方残高が生じた場合は債権勘定（未収収益・前払費用）となり、貸方残高が生じた場合には債務勘定（前受収益・未払費用）

図表4-4 役務債権債務勘定 (2)

設例：A 社は B 社に貸家として家屋を提供している。前期繰越の前受収益30, 当期の家賃収入70, 当期計上収益120。

[1] 役務債権債務勘定による仕訳

A 社		B 社	
(借) 　　役務債権債務勘定　　(貸)		(借) 　　役務債権債務勘定　　(貸)	
②当期収益　　120	期首前受収益　30 ①現金収入　　70 [借方残高] 未収収益　　　20	期首前払費用　30 ①現金支出　　70 [貸方残高] 未払費用　　　20	②当期費用　　120
120	120	120	120
①（借）現金　　　　　　　　70 　　（貸）**役務債権債務**　　70 ②（借）**役務債権債務**　　120 　　（貸）受取家賃　　　　120		①（借）**役務債権債務**　　　70 　　（貸）現金　　　　　　　70 ②（借）支払家賃　　　　　120 　　（貸）**役務債権債務**　120	

[2] 経過勘定による仕訳

（借）前受収益　30　（貸）受取家賃　30 　　※ 期首の振戻仕訳である。 （借）現金　　　70　（貸）受取家賃　70 （借）未収収益　20　（貸）受取家賃　20	（借）支払家賃　30　（貸）前払費用　30 　　※ 期首の振戻仕訳である。 （借）支払家賃　70　（貸）現金　　　70 （借）支払家賃　20　（貸）未払費用　20

となる。借方価値と貸方価値との間の大小関係によって正味の債権とも債務ともなり得る例の一つである。一般に正味の債権または債務といえば、デリバティブ金融商品、例えば金利スワップの事例を代表的な例として取り上げることができるが、伝統的な経過勘定についても、同じことがあてはまるのである。ただし、ここでは「役務」に対する債権債務が含まれている点で通常の金融商品とはその性質が異なる。

　日本では、金融商品会計基準の設定によって「正味の債権または債務」という用語が用いられるようになった[3]。これは、直接には、後述する金利スワップのようなデリバティブ金融商品の登場に伴って追加的に導入された概念であ

るが、これは、先の当座預金勘定や役務債権債務勘定のように、通常の金融商品勘定にも当てはまるものである。

　伝統的な処理法に従えば、図表の末尾の[2]に示したように、次期の期首に振戻仕訳を用いることになる。振戻仕訳を用いる伝統的な経過勘定の処理法は、簿記論の初心者を悩ます処理法の一つであるが、筆者の見解によれば、このようなな処理法は、変動差額計算を原則とする複式簿記の計算体系のなかにあって、転換仕訳を適用した特殊な仕訳法の一つと見るべきである。この点については後に明らかにする。

(3) 金利スワップ

　デリバティブ取引の一例として金利スワップをとる。金利スワップは将来のキャッシュ・フローを交換する取引である。図表4-5では、ある期間の期首にA社がB社との間に「変動金利受取・固定金利支払」という金利スワップを

図表4-5　金利スワップ勘定

(+)	A社の金利スワップ勘定		(-)
将来の受取変動金利の割引現在価値	××	将来の支払固定金利の割引現在価値「借方残高」正味現在価値（債権）	××　××
	××		××

(+)	B社の金利スワップ勘定		(-)
将来の受取固定金利の割引現在価値「貸方残高」正味現在価値（債務）	××　××	将来の支払変動金利の割引現在価値	××
	××		××

※仮定：変動金利の割引現在価値＞固定金利の割引現在価値

説明：
　借方残高または貸方残高のいかんにより、正味の債権または債務の勘定となる。

締結し、その期末に現金等の授受により金利交換を行うものと仮定している。この図では、計数による設例は避け、計算要素の間の概念的な関連性だけを示している。

　金利スワップについては原則として割引現在価値法を適用している。契約を締結した期首時点の割引現在価値はゼロである。それ以後、各期の期末時点では、二つの損益計算すなわち、実現損益部分と未実現損益部分の計算が必要になる。先ず、現金授受を通じてなされる受取利息と支払利息が金利スワップ損益として計上される。次いで、この交換後、さらに次期以降の契約残余期間に予想される受取利息と支払利息については、その割引現在価値を金利スワップ損益とし計上しなければならない。この未実現損益を処理するのがここでいう「金利スワップ勘定」である。図表には、この金利スワップ勘定のみを示している。ただし、その際、将来の変動金利の割引現在価値が固定金利のそれよりも大であるという事例を想定している。A社の仕訳で示せば、貸借差額について「（借方）金利スワップ ×× （貸方）金利スワップ損益 ××」となる。A社には正味債権（＋）が生じ、B社には正味債務（－）が発生する。この勘定でも、一つの勘定において、借方残高になれば正味の債権（＋）が生じ、貸方残高になれば正味の債務（－）という関係が見られる。正味の債権または債務の勘定である。

3　相殺の諸相

　会計のあらゆる場面で見られる相殺消去という処理は、先に述べたゼロ等式の適用形態の一つである。等価の便益（収益）関連項目（プラス）と犠牲（費用）関連項目（マイナス）とが相互に関連づけられ、反対仕訳によって消去される。ここでは、主体間取引の逆関係という場面に見られる相殺に注目しよう。逆関係の相殺は客観的逆関係の相殺と主観的逆関係の相殺に分けて考察することができる。

図表4-6　客観的逆関係の相殺

(＋)	A社	(－)	
B社に対する貸付金	××	B社からの借入金	××
(＋)	B社	(－)	
A社に対する貸付金	××	A社からの借入金	××

説明：
　A社の相殺仕訳：
　　（借）B社からの借入金×× （貸）B社に対する貸付金××
　B社の相殺仕訳：
　　（借）B社からの借入金×× （貸）B社に対する貸付金××

(1) 客観的逆関係の相殺

　(ⅰ) 相殺契約に基づく相殺

　同じ相手先の企業と多くの金融商品取引を行っている場合、相殺契約を結ぶことができる[4]。例えば、図表4-6に示すように、A社がB社に対して、貸付金（＋）と借入金（－）を保有している場合、B社の側にも貸付金（＋）と借入金（－）が発生している。A社の貸付金とB社の借入金との間、及びB社の貸付金とA社の借入金との間に客観的逆関係が成立している。契約を実行して、A社とB社が共に「（借方）借入金×× （貸方）貸付金××」という仕訳を行うことにより、将来の現金決済取引を予期する二つの客観的逆関係は相殺消去される。ここでは、客観的逆関係そのものの相殺の結果、自動的に主観的逆関係の相殺も行われている。

　(ⅱ) 企業再編成会計、連結会計等の相殺

　逆関係の生成や消滅は「会計単位」の設定如何に依存する。最も卑近な例として本支店会計がある。一つの会社を本店と支店とに分割する場合、本店の側には支店に対する債権勘定として「支店勘定」が設定され、支店の側には本店に対する債務勘定として「支店勘定」が設定される。期末に会社全体の財務諸表を作成する場合には、本店勘定と支店勘定は相殺消去される。

複数の会計単位を統合する方向で見ると、合併等を考えることができる。先の図表4-1を用いて説明すれば、A社とB社を統合すると、二つの逆関係はすべて消去される。すなわち、B社からA社への現金の移動はなかったものとして消去され、B社の貸付金増加とA社の借入金増加という債権債務関係も相殺により消滅する。計算上、相殺はプラス項目とマイナス項目の間においてのみ可能である。借入金がマイナスであることは、このような債権債務関係の相殺関係からも否定できないことである。

連結会計では、連結される複数の会社単位の帳簿上の勘定記録はそのままで、ただ、連結財務諸表作成のレベルで連結がなされるにすぎない。この場合、中心となるのが資本連結と呼ばれるものである。親会社の子会社に対する投資勘定と、これに対応する子会社の資本勘定とは相殺消去しなければならない。このような親会社の投資株式勘定と子会社の資本勘定の相殺消去手続きなど、これも客観的逆関係の相殺にあたり、計算構造的には債権と債務の相殺と同じ原理に基づく。このような相殺消去手続きを見ても、資本勘定の貸方残高がマイナスでなければならないことは明らかである。

(2) **主観的逆関係の相殺**

企業の会計は、企業相互間の客観的逆関係を直接に写像するのではなく、ただ、ある特定の企業単位に生じた取引の主観的逆関係のみの写像を行うものであるから、主観的逆関係の相殺を議論するとなると、会計処理及び財務諸表作成の全般について語らなければならないことになる。従って、ここでは、問題を日本の「企業会計原則」に規定されている「総額主義の原則」に限定して考察しておきたい。

日本の企業会計原則では、貸借対照表と損益計算書について「総額主義の原則」が規定されている[5]。貸借対照表であれば、資産項目と負債項目や資本項目を相殺によって除去してはならないという原則である。例えば、A社がB社に対して保有する債権をC社の債務と相殺すれば、相互に無関係な二つの客観的逆関係（A社とB社の間の関係とA社とC社の間の関係）から生じた債権と債務を勝手に相殺消去することになり、客観的逆関係に関わる事実関係

の表示を歪めることになる。損益計算書上の相殺も同様である。例えば、受取利息と支払利息とを相殺することは、同じ意味で、事実関係の表示を歪めることになる。

4　金融商品の定義法

　複式簿記が写し出している取引の基本が複数の企業実体の間の客観的逆関係であるとする深層構造論の立場は、取引の本質を「関係」の論理から見直すものである。複式簿記は、財の流れを含めて、その流れから生ずる様々な関係を写し出す。複式簿記や会計の理論は、このような意味で「関係の学」でもなければならないのである。

　筆者は客観的逆関係からの視点をすでに1976年の著書で公表している[6]。その後、海外の会計基準や国際会計基準に見られる金融商品の定義では、これと同じような視点が採り入れられている。筆者の目にとまった文献だけに限れば、財務会計基準審議会（FASB）が1990年に公表した財務会計基準書105号「オフ・バランスリスクを伴う金融商品並びに信用リスクの集中を伴う金融商品に関する情報の開示」（1990年）は[7]、特に債権債務契約を定義する際に、筆者のいう客観的逆関係に基づく実体間取引をその定義の基礎に置いている。すなわち、ある実体（one entity）と第二の実体（a second entity）との間の金融商品の引き渡しと受け入れ、または交換に伴って必然的に発生する契約上の「権利」と「義務」との関連において、金融資産と金融負債を定義している。その後、国際会計基準第32号「金融商品—開示と表示」（1995年）も、金融商品を定義する際に、同じように、客観的逆関係の観点から定義している[8]。いま、この国際会計基準の定義を挙げておくと、次のようになる。「金融商品とは、ある企業（one enterprise）に金融資産を、また、他の企業（another enterprise）に金融負債または持分金融商品を生じさせるようなすべての契約をいう（par.5）」と。ここで企業とは、個人、パートナーシップ、法人、政府機関等を含む広い意味で捉えられている。図表4-7に示すように、契約当事者のうち一方に金融資産が発生すれば、他方に金融負債または持分金融商品が発生す

図表4-7　金融資産と金融負債・持分金融商品

ある企業		他の企業	
金融資産 (負債証券・持分証券を含む)		金融負債 持分金融商品	

るという関係は明らかであろう。

　このように、金融商品は会計実体間取引の逆関係を基礎において定義されるようになった。しかしながら、先に述べたFASBや国際会計基準による金融商品の定義では、まだ「持分金融商品」の定義の仕方については依然として不透明で曖昧な点が残されている。FASBが直接に企業間取引との関連で定義したのは、金融資産と金融負債との関連においてであったし、持分金融商品については、それを金融資産に含め、単に「ある実体に対する所有主持分の表彰」とだけ定義し、権利（プラス）とか義務（マイナス）という表現を避けた中性的な表現法をとっているのである。また、国際会計基準でも、一般的な定義では、以上のように、一方での金融資産と他方での金融負債・持分金融商品とを対比させてはいるものの、個々の項目を定義する段階では、持分金融商品については、せいぜい「或る企業のすべての負債を控除した後の資産に対する残余持分を証する契約である」というような伝来のやり方で定義しているにすぎない。この定義は「資産－負債＝持分」という会計等式からの定義法にすぎない。

　このように、ある企業の資産と他の企業の資本との間の持分関係については、客観的逆関係の視点からする明確な定義が存在しない。特に、持分金融商品の発行体の側から見た定義がここでは全く無視されている。発行体の側からすれば、その資本の部は資本に係わる会計処理基準に従うのであって、金融商品会計基準の適用外であるということもあるが、契約という以上は少なくとも対峙する二人の取引当事者が当然に前提に置かれているはずである。持分証券を金融資産として保有している側に契約から生じた権利として持分金融商品が存在すれば、他方にそれに対する義務が存在し、この対峙の関係は金融資産と

金融負債の間の関係と本質的に異なるはずがないのである。

　日本の「金融商品に係る会計基準」(1990年) は、金融商品の範囲を個々の項目を列挙するかたちで定めるだけで、金融商品についての一般的定義を最初から断念している。せいぜい、これらの項目を列挙した後に、「金融資産、金融負債及びデリバティブ取引に係る契約を総称して金融商品とする」と述べているにすぎない[9]。

　ただ、図らずも、日本公認会計士協会の「金融商品に関する実務指針」(2000年) は、国際会計基準の定義内容を一歩進めた定義法を採用している。すなわち、金融商品については、次のように定義している。「二企業間で締結される契約を中心に言い換えれば、金融商品とは、一方の企業に金融資産を生じさせ他の企業に金融負債を生じさせる契約及び一方の企業に持分の請求権を生じさせ他の企業にこれに対する義務を生じさせる契約（株式その他の出資証券に化体表彰される契約である。）ということになる」と述べているのである[10]。ここでは、持分証券保有者の「請求権」と発行会社の「義務」とが対置されており、本質的に見て、その定義は「金融資産」とそれに対置される「金融負債」についての定義と異なるところはない。この定義法の基礎にある視点は、この文言の作成者がこの定義法にどの程度の意味を込めているかどうかは別問題として、それ自体で見れば、限りなく一元論に近い。逆関係の視点からの定義法を取る限り、負債と資本は同質のものと見るほかはないのである。

第2節　転換仕訳と有高変動型の費用収益対応

　これまで主流とされる会計理論には変動貸借対照表や変動差額損益計算という概念は存在しなかった。伝統的に主流をなした会計理論は、期首及び期末の残高貸借対照表という二つの静的な貸借対照表と、費用収益対応によって構成された損益計算書という三つの財務諸表の上に築かれていた。したがって、財の「変動」といえば、もっぱら期首と期末の静的貸借対照表の比較となり、ここから財産法と損益法という二項対立概念が産まれた。ここでは財の変動につ

いては直接には「残高差額」の概念しかなく、貸借対照表勘定の「変動差額」という概念が産まれる余地はほとんど存在しなかったといえる。

　このような事情のもとで、会計仕訳と変動差額・残高差額の間にどのような構造的関連性があるかという点についても、これまでほとんど問題にされることはなかった。これに対して、ここで提示している深層構造論では変動差額と残高差額は表裏の関係にあるものとして捉えられる。本章では、新たに変動差額と残高差額の間の構造的関連に目を向けながら、従来の視点からはほとんど明らかになし得なかった構造の一つの局面に新たな光を当てる第一歩としておきたい。

　これまでの考察からも明らかなように、期中になされる「会計仕訳」のほとんどは直接には財の「変動差額」を表現するものである。つまり、貸借対照表勘定については、「当期増加額」と「当期減少額」の認識だけが会計上の仕訳によって表現される。しかしながら、このような会計仕訳を用いても、場合によっては、勘定の「期首残高」と「期末残高」を含み、残高差額を用いて損益を計算する場合もある。ここでは、複式簿記の記帳体系において、変動差額損益計算から残高差額損益計算へ転換させるための仕訳を「転換仕訳」と呼び、幾つかの適用例を挙げながら、それと同時に、複式簿記の体系内に「有高変動型の費用収益対応」という構造上の基礎概念が内在していることをも明らかにしておきたい。

　転換仕訳の適用形態として、ここでは(1)商品売買取引の三分法（仕入高費用処理法）、(2)経過勘定項目と、(3)時価（公正価値）評価差額の会計処理に適用される洗い替え方式の三つをあげ、それぞれの特異性を明らかにしておきたい。これらの適用形態のすべてに特徴的なことは、そこでなされる会計の仕訳そのものが、貸借対照表勘定の期首残高と期末残高をその表現要素として含んでいるという点に見られる。

図表4-8 転換仕訳

```
(1) 転換仕訳
     転換仕訳は消去仕訳と残高仕訳によって構成される。
         1. 消去仕訳：特定の貸借対照表勘定の期中の「当期増加高」と「当期減少
            高」の記入を消去するための仕訳
         2. 残高仕訳：当勘定の「期首残高」と「期末残高」を追加するための仕訳
             (a) 資産残高については期首残高を費用化し期末残高を収益化する。
             (b) 負債資本残高については期首残高を収益化し期末残高を費用化する。
(2) 有高変動型の費用収益対応
     転換仕訳の適用過程において、損益勘定で有高変動型の費用収益対応を行う
   ことができる。
(3) 転換仕訳の適用形態
         1. 商品売買取引の三分法
         2. 経過勘定
         3. 時価評価差額の処理に適用される洗い替え方式
```

1 商品売買取引の三分法と転換仕訳

(1) 転換仕訳の基本原理

　最初に、最も一般的な観点から、転換仕訳の基本的な形を説明しておきたい。図表4-8には転換仕訳の骨子を示しているが、ここでは具体的な処理法を示した図表4-9を用いて説明しておきたい。この図表では、商品勘定を想定し、その期中仕訳として仕訳①～③を仮定し、それらを変動貸借対照表と損益勘定に記入している。純利益30が計算されている。転換仕訳は、このような特定の貸借対照表勘定の期中仕訳を前提に、それに追加されるものであって、仕訳ⓐ～ⓓで示されている。この転換仕訳は、図表4-8の(1)に述べているように、二つの仕訳からなる。

　先ず、消去仕訳は、特定の貸借対照表勘定（ここでは商品勘定）に記入された期中の「当期増加高」と「当期減少高」を貸借反対の仕訳によって消去するための仕訳である。ここでは、商品勘定の期中仕訳①と③を消去するための消去仕訳がそれぞれ仕訳ⓐとⓑである。

　この消去仕訳についても、分解仕訳を前提に置くと理解しやすい。仕訳③の

図表4-9 商品販売取引の三分法と転換仕訳

	現金		商品		損益勘定			
期首残高	80		10		(費用)		(収益)	
期中仕訳	②80	①70	①70	③50	③売上原価	50	②売上	80
変動差額	10		20		純利益	30		
転換仕訳 消去仕訳 残高仕訳			ⓑ50 ⓓ30	ⓐ70 ⓒ10	ⓐ仕入高 ⓒ期首残高	70 10	ⓑ売上原価 ⓓ期末残高	50 30
残高差額			20			160		160
期末残高	90		30		※ 売上原価50は相殺される。			

仮定:期首商品残高10。当期仕入高70。現金売上80。売上原価50。期末商品残高30。

	(借)[期中仕訳と転換仕訳](貸)					
①	商品	70	現金	70		
	期中に商品70を仕入れた。					
②	現金	80	売上	80		
	期中に商品を売価80で販売した。					
③	売上原価	50	商品	50		
	商品の売上原価50を記帳する。					
ⓐ	費用	70	商品	70		
	期中仕訳①に消去仕訳を適用したものである。					
ⓑ	商品	50	売上原価	50		
	期中仕訳③の消去仕訳である。					
ⓒ	費用	10	商品	10		
	残高仕訳。期首残高を費用化。					
ⓓ	商品	30	収益	30		
	残高仕訳。期末残高を収益化。					
	[三分法の仕訳]					
④	仕入	70	現金	70		
	期中仕訳①と消去仕訳ⓐの結合。					
⑤	仕入	10	繰越商品	10		
	期首繰越商品を仕入に振替える。残高仕訳ⓒと同じ。					
⑥	繰越商品	30	仕入	30		
	仕入から繰越商品へ振替える。残高仕訳ⓓと同じ。					

説明:
(1) 商品勘定では転換仕訳の適用後、**変動差額20は残高差額20**に転換している。
(2) 損益勘定は**有高変動型**の**費用収益対応**を示す。売上原価50は、期首残高、仕入高及び期末残高という三要素の結合によって代置されている。
　　　純利益=売上80−(期首残高10+当期仕入高70−期末残高30)
　　　　　　=売上80−売上原価50=30
(3) **商品売買取引の三分法**は暗黙のうちに転換仕訳を適用した結果である。

ように、貸借対照表勘定が一つであって「損益取引」に属するのであれば消去仕訳ⓑのように反対仕訳だけで完全に消去される。しかし、仕訳①のように、借方と貸方が「二つの貸借対照表勘定」で構成されている「交換取引」に属する場合には、その一方の商品勘定に消去仕訳を適用しても、他方の現金勘定はそのまま「損益取引」として残ることになる。例えば、仕訳①「(借方) 商品70 (貸方) 現金70」は、分解仕訳(1)「(借方) 商品70 (貸方) 収益70」と分解仕訳(2)「(借方) 費用70 (貸方) 現金70」とに分解される。いま、「商品勘定」について転換仕訳を適用するものとすると、分解仕訳(1)だけを、ⓐ「(借方) 費用70 (貸方) 商品70」という反対仕訳で消去することになり、現金減少費用を示す分解仕訳(2)だけがそのまま残る。これは、「三分法の仕訳」の区分に示した仕訳④に一致する。すなわち、三分法で商品仕入れを直ちに費用とする処理法は、商品変動を消去するための仕訳ⓐを適用した後に残る分解仕訳(2)に相当するのである。

　これらの消去仕訳や次に述べる残高仕訳はすべて一対一の対応関係で損益勘定に記入する。仕訳①とその消去仕訳ⓐのように、消去すべき勘定記入が資産増加・負債資本減少（借記）であればその反対記入によって費用化するし、仕訳③とその消去仕訳ⓑのように、資産減少・負債資本増加（貸記）であれば収益化（ここでは費用の減少）するのである。

　次に、残高仕訳は、期中取引をすべて消去したのちに、その空白の場所を、その勘定の「期首残高」と「期末残高」に置き換えるための仕訳である。仕訳ⓒとⓓがそれである。商品勘定のような資産勘定であれば期首残高を費用化（貸方記入）し、期末残高を収益化（借方記入）する。負債勘定または資本勘定であれば、期首残高を収益化（借方記入）し、期末残高を費用化（貸方記入）することになる。

　いま、変動貸借対照表の商品勘定を見ると、消去仕訳と残高仕訳を適用した結果、網掛けで示したように、当期増加高70と当期減少高50とを対比して計算した「変動差額20」が、期末残高30と期首残高10とを対比した「残高差額20」に転換していることが明らかであろう。つまり、変動差額20（＝当期増加高70

−当期減少高50）が残高差額20（＝期末残高30−期首残高10）に転換されている。

　変動貸借対照表の「転換仕訳」の欄を見ると、商品勘定の記入は通常の商品勘定のそれを貸借反対にしたものであることがわかる。つまり、通常の商品勘定では、借方記入は「期首残高＋当期仕入高」であり、貸方記入は「当期減少高＋期末残高（次期繰越残高）」となるが、転換仕訳はこれを貸借反対に逆転したものである。と同時に、貸借の合計が一致することも当然である。損益勘定（点線以下の部分）を見ると、貸借ともにその合計額は80で等しい。このことは、このような転換仕訳の追加によって、期中仕訳によって計算された当初の純利益50は何らの影響も受けないことを示している。単に商品勘定内において、変動差額の表記が残高差額のそれに入れ替わったにすぎないのである。

　さらに、損益勘定では、その表示内容が「有高変動型の費用収益対応」を形成していることがわかる。単一項目の「売上原価50」が「ⓒ期首残高10＋ⓐ当期仕入高70−ⓓ期末残高30＝50」という商品の変動によって代置されている。いま、売上原価50の項目を相殺すると、図表の説明(2)に示したように、純利益の計算は有高変動型の費用収益対応の形をとることになる。商品の期首残高は費用化され、期末残高は収益化されていることも明らかである。損益計算書上で、未実現部分をも含む「有高変動型の費用収益対応」が可能になっていることがわかる。後に考察するように、時価（公正価値）評価の体系でもこのような費用収益対応が可能である。

　日本の企業会計原則は、売上原価の表示方法として、商業の場合、期首商品棚卸高に当期商品仕入高を加え、これから期末商品棚卸高を控除する形式で表示するものと規定している[11]。図表4−9の有高変動型の費用収益対応は、これらがすべて損益計算書上で可能なことを示しているのである。

　変動差額計算と残高差額計算の基本的相違は「仕訳」に現れる。複式簿記の変動差額計算では、特定の有高勘定の期中の「当期増加高」と「当期減少高」が認識され、かつ「仕訳」によって表現される。「期首残高」や「期末残高」が「期中の取引」それ自体の構成要素として認識されることはない。例えば、

現金勘定であれば、期中の収入（当期増加高）や支出（当期減少高）は認識され仕訳として表現される。しかし、その期末残高は取引要素としては仕訳に含まれず、ただ、それらの取引後の期末残高として帳簿の上で次期に繰越されるだけである。その場合、実地棚卸によって現金の期末残高が認識され、それが簿価と比較されるが、この際にも、その差額が「現金過不足勘定」を通じて期中仕訳に追加されるだけであって、期末の実地棚卸高そのものが仕訳に現れることはないのである。これに対して、転換仕訳を適用した結果として、残高差額計算では、期首残高や期末残高それ自体が仕訳の過程そのものに組み込まれる。以下、考察する三つの適用形態において共通しているのは、特定の貸借対照表勘定の期中の変動が仕訳によって把握されることはなく、変動貸借対照表を基礎におく変動差額計算は消去されているという点であり、それとは繋がりを遮断された形で、もっぱら期間の繋ぎ目の残高差額計算に転化しているという点である。

(2) **商品売買取引の三分法**

商品売買取引に適用される三分法の仕訳は転換仕訳の適用形態の一つである。先の図表4－9の「三分法の仕訳」にその仕訳法を示している。ここで用いられている「仕入勘定」は、伝統的には費用勘定として説明されてきた。商品の仕入れと同時に、商品有高の増加を認識することなく、直ちに仕入勘定を用いて費用化する。このことは、期中の商品増加70については消去仕訳が適用済みであることを示している。三分法の仕訳④は、先にも説明したように、期中仕訳①に消去仕訳ⓐを適用した結果である。現金の減少だけが単独に費用化する。また、仕訳⑤が示すように、期末決算時に期首繰越商品勘定を仕入勘定に振替えるが、これは残高仕訳ⓒと同じであり、さらに、仕訳⑥によって期末残高を仕入勘定から次期への繰越商品に振替えるが、これは残高仕訳ⓓに等しい。「仕入（費用）30」の貸方記帳は費用の減少であり収益化の記帳と同質である。期末に、前期繰越商品を仕入勘定に繰り入れて費用化し、期末残高を仕入勘定から控除して繰越商品勘定へ振替える。これは転換仕訳に含まれる「残高仕訳」と同じである。

通常、三分法のようにすでに伝統的に「定型化」されている処理法では、通常仕訳に対する転換仕訳の適用の過程は表面には現れない。それでも、以上のような考察から、三分法については、それが変動差額計算を前提に置き、そこから残高差額計算への転換という処理を行っているものとしてそれを説明することが可能である。複式簿記の継続記録法では先ず変動差額計算が基本にあり、三分法のような事例は残高差額への転換仕訳を適用した例外的な事例の一つに属すると見ることができる。

　三分法の処理法は、いわゆるドイツの資金動態論との関連で云えばワルプの戻し計算の概念と親近性がある[12]。例えば、現金100を支出して商品を取得した場合、その現金の「支出額」を直ちに「費用」として処理する。期末に残高30が残れば、その部分を費用勘定から商品勘定に戻し入れる。しかし、概念的に見た場合、一旦費消してしまったものを資産に戻すという説明にはどうしても無理がある。とすれば、これ以外には、このような三分法は実務上の単なる簡便法としか考えられないかもしれない。しかし、以上のように、純粋に計算構造論的な観点から考察すれば、貸借対照表勘定による変動計算と損益計算書との関連性を巡って、新たな視点を提供するものと考えられる。

　伝来の三分法は、その処理手続きの過程で、有高変動型の費用収益対応を可能にする三つの計算要素、すなわち、仕入高、期首残高及び期末残高の三つの要素を確実に認識しているのである。ところが、その処理過程で、これら三つの要素を「売上原価50」という一個の勘定に圧縮してしまい、それを売上収益80に対応させているために、結果的に有高変動型の費用収益対応を行うことが不可能になっている。しかし、そのような対応を可能にするためには「原型損益計算書の概念」に従い、これらの各要素を一対一の対応関係で損益勘定に振替えるだけでよい。つまり、三分法に「原型損益計算書の概念」を追加するだけで、有高変動型の費用収益対応は可能となる。三分法から有高変動型の費用収益対応の方向へ踏み出すにはただ一歩を必要とするだけである。

2 経過勘定と転換仕訳

　経過勘定項目も転換仕訳の適用形態の一つである。ここでは、複式簿記に見られる伝統的な経過勘定項目が、構造論的に見れば、変動貸借対照表に転換仕訳を適用して形成されたものであることを明らかにしたい。経過勘定については、すでに図表4－3と図表4－4を用いて変動貸借対照表との関連で「役務債権債務勘定」を設定し、そこから繰延項目や見越項目が直接に導出可能であることを明確にした。ここでは、それを出発点におき、そこから従来の「経過勘定による処理法」がいかにして生成されたかを説明すればよいことになる。

　次の図表4－10に示した設例では、説明を簡単にするため、期首と期末に未収収益が計上された事例を仮定している。役務債権債務勘定を前提におけば、期首残高及び期末残高が、ともに「支払請求権」を表すものとして「借方残高」をとる事例である。いま、前期末に役務債権債務勘定の借方残高（未収収益）10が計上されているとする。期中の現金収入40については、仕訳①によって役務債権債務勘定に貸記し、期末の当期収益計上額60については、仕訳②によって借記する。結果的に、支払請求権の期末残高（未収収益）は30（＝10－40＋60）となる。これは変動差額計算である。

　いま、これに転換仕訳ⓐ～ⓓを追加する。先ず、消去仕訳ⓐとⓑによってそれぞれ期中仕訳の①と②の「役務債権債務」を消去する。仕訳①は交換取引であるから、消去仕訳ⓐによってその貸方の「役務債権債務40」が消去されても、借方の「現金」の増加はそのまま「受取家賃40」として残ることになる。ここでは「収入収益40」としている。この仕訳は「経過勘定の仕訳」として示した仕訳④と同じものである。ついで、残高仕訳ⓒとⓓを追加すると、これらは、それぞれ経過勘定の仕訳③と⑤に等しいことが明らかであろう。通常の経過勘定の仕訳も変動差額損益計算から転換仕訳の適用を経て生成されたということができる。

　損益勘定では、これらの消去仕訳と残高仕訳をすべて一対一の対応関係で記入している。それらの仕訳を行った後も純利益60は変わらないが、ここでは期中仕訳の受取家賃60が消去され、貸借対照表勘定を用いた有高変動型の費用収

第4章 会計取引と勘定構造 147

図表4-10 経過勘定と転換仕訳

	現金		役務債権債務		損益勘定			
期首残高	50		10		（費用）		（収益）	
期中仕訳	①40		②60	①40	純利益	60	②受取家賃	60
変動差額	40			20				
消去仕訳 残高仕訳			ⓐ40 ⓓ30	ⓑ60 ⓒ10	ⓑ受取家賃 ⓒ期首残高	60 10	ⓐ収入収益 ⓓ期末残高	40 30
残高差額				20		130		130
期末残高	90		30		※ 受取家賃は相殺消去される。			

仮定：家賃収入につき未収収益の期首残高10がある。①当期に現金40を受け取った。②当期末の受取家賃計上額60である。下表の期中仕訳では、図表4-3の役務債権債務勘定の記入法を前提においている。役務債権債務勘定の期末借方残高（未収収益）＝10－40＋60＝30。

	（借）［期中仕訳と転換仕訳］（貸）			
①	現金 40	役務債権債務 40		
	収入40。役務債権債務勘定に貸記。			
②	役務債権債務 60	受取家賃 60		
	期末に収益60を計上。			
ⓐ	役務債権債務 40	収益 40		
	期中仕訳①の消去仕訳。貸記は①現金増加に対応。			
ⓑ	受取家賃 60	役務債権債務 60		
	期中仕訳②の消去仕訳。			
ⓒ	費用 10	役務債権債務 10		
	残高仕訳。期首残高を費用化。			

ⓓ	債権債務 30	収益 30		
	残高仕訳。期末残高を収益化。			
	［経過勘定の仕訳］			
③	受取家賃 10	未収収益 10		
	期首振戻仕訳。残高仕訳ⓒと同じ。			
④	現金 40	受取家賃 40		
	期中仕訳①と消去仕訳ⓐの結合。			
⑤	未収収益 30	受取家賃 30		
	残高仕訳ⓓと同じである。			

※損益勘定では当期の受取家賃60（＝収入高40＋期末残高30－期首残高10）が計上される。

益対応に転換されている。すなわち「純利益＝現金収入収益40＋未収収益期末残高30－未収収益期首残高10＝現金収入収益40＋未収収益純増加高20＝60」となる。これらの項目は貸借対照表勘定（現金、未収収益）の変動に対応しており、価値実現の等式にもそのまま対応している。

　経過勘定の仕訳③～⑤は、期末の見越収益計上の仕訳⑤のほか、期首振戻仕訳③などを含む。このような伝統的な処理法では、期中には債権債務勘定の変動を全く認識せず、期末において、貸借対照表に債権債務勘定を計上するためにだけ仕訳を行う。しかし、経過勘定の処理法は期中の役務債権債務勘定を前提に置いた場合、それに転換仕訳を適用したものであるから、損益勘定において有高変動型の費用収益対応が可能なはずである。いま、原型損益計算書の表記法に従い、仕訳③の借方を「未収収益期首残高費用10」とし、仕訳④の貸方を「現金増加収益40」、また仕訳⑤の貸方を「未収収益期末残高収益30」とすれば、図表の損益勘定と同じになる。しかし、伝来の経過勘定では、仕訳③～⑤が「受取家賃」という一個の収益勘定で処理されているため、有高変動型の費用収益対応は不可能になっている。

3　時価評価と転換仕訳

(1)　未実現利益系統と転換仕訳

　時価評価については未実現利益系統の損益計算と実現利益系統のそれとに区分することができるが、ここでは先ず、未実現利益系統に転換仕訳を適用した事例を考察する。次の図表4－11では、第3章の図表3－3の設例を用いている。ただし、そこで取得した有価証券を「その他有価証券」に分類したという仮定を変更して、「売買目的有価証券」に分類したと仮定している。

　期中の取引は切り放し方式で仕訳することが前提である。そしてその期中仕訳①～③を変動貸借対照表と損益勘定に記入する。ただし、売却した有価証券の売買損益については、通常、売却益20を計上する純額法が採用されるが、ここでは、商品の売買取引に適用される売上原価法と同様に、売却高130（現金増加にそのまま対応する）と売却原価110（売却に伴う有価証券減少高にそ

第4章 会計取引と勘定構造 149

図表4-11 売買目的有価証券と転換仕訳——切り放し方式

勘定科目	現金		売買目的有価証券		損益勘定			
					(費用)		(収益)	
期首残高	100		110					
期中仕訳	①130	②120	②120 ③ 50	①110	①売却原価 純利益	110 70	①売却高 ③評価益	130 50
変動差額	10		60					
消去仕訳			ⓐ110	ⓑ120 ⓒ 50	ⓑ購入高 ⓒ評価益	120 50	ⓐ売却原価	110
残高仕訳			ⓔ170	ⓓ110	ⓓ期首残高	110	ⓔ期末残高	170
残高差額			60			460		460
期末残高	110		170		※ 売却原価・評価益は相殺消去。			

設例:第1期に株式100を購入し売買目的有価証券に分類した。期末時価は110であった。第2期にそれを130で売却した。当期に株式120を追加購入したが、当期末の時価は170であった。第2期の会計処理を仮定する。

	(借) [期中仕訳と転換仕訳] (貸)	
①	現金 130 / 売却高 130 売却原価 110 / 有価証券 110	
	売却益20計上。売却高130と売却原価110に分離する仕訳法による。	
②	有価証券 120 / 現金 120	
	売買目的有価証券120を購入。	
③	有価証券 50 / 評価益 50	
	期末簿価120。評価益50計上。	
ⓐ	有価証券 110 / 売却原価 110	
	仕訳①の消去仕訳である	
ⓑ	費用 120 / 有価証券 120	
	仕訳②の消去仕訳である。	
ⓒ	評価益 50 / 有価証券 50	
	仕訳③の消去仕訳である。	
ⓓ	費用 110 / 有価証券 110	

ⓔ	有価証券 170 / 収益 170	
	残高仕訳。期首残高110を費用化し、期末残高170を収益化する。	
	[洗い替え方式]	
④	評価益 10 / 有価証券 10	
	期首振戻仕訳。残高仕訳ⓓの期首評価差額部分10である。	
⑤	現金 130 / 売却高 130 売却原価 100 / 有価証券 100	
	売却益30を計上する。売却高と売却原価(取得原価)に分離して処理する。	
⑥	有価証券 120 / 現金 120	
	仕訳②と同じである。	
⑦	有価証券 50 / 評価益 50	
	期末評価益計上。残高仕訳ⓔの期末評価差額部分50である。	

まま対応する）とに分離して計上している。この仕訳法を基礎にしたほうが、有高変動型の費用収益対応を総額的に表すのに適しているからである。

次に、転換仕訳として、先ず消去仕訳ⓐ～ⓒを記入し、各項目を一対一の対応で損益勘定に記入する。それに、さらに残高仕訳ⓓ・ⓔを記入し、損益勘定にも記入する。すなわち、貸方に売買目的有価証券期末残高170が収益として計上され、借方にその期首残高110が費用として記入される。この転換仕訳の適用後、売買目的有価証券の「変動差額60」は「残高差額60」に変換していることがわかる。

損益勘定は通常の損益項目による収益費用対応から、有高変動型の費用収益対応に変動していることが明らかであろう。当初の「売却高130－売却原価110＋評価益50＝純利益70」という計算式が「売却高130＋期末残高170－当期購入高120－期首残高110＝純利益70」という計算式に転換している。

いま、上式のうち、売却高を除いた項目を総括すると、「－（期首残高110＋購入高120－期末残高170）＝－60」となる。これを「有高変動損益」という名で総括すれば、純利益は「純利益＝売却高130－有高変動損益60＝70」という式でも表現できる。ここで売却高は「貨幣資産」の増加に対応し、他方、有高変動損益60は「評価対象」としての売買目的有価証券の価値変動損益額であって、売却原価110から評価益50を控除した残額に相当する。有高変動型の費用収益対応は、当初の売却原価や評価益のような個々の変動の認識を消去して、期首と期末の残高を含みながら、財の期中変動を総括的に写像するところにその特色がある。

次に、洗い替え方式との関連を見よう。洗い替え方式の仕訳は、図表の仕訳④～⑦で示している。ここでも洗い替え方式が転換仕訳の適用によって生み出されたものであることがわかる。ただ、期首と期末の残高仕訳については、期首及び期末の評価差額部分についてのみ転換仕訳を適用したものということができる。すなわち、期首の振戻仕訳④は、期首の残高仕訳ⓓの110うち、「評価差額」（取得原価と時価との差額）に相当する部分10だけを認識してそれを費用化するものであり、期末評価益計上の仕訳⑦は、残高仕訳ⓔの170のうち、「評

価差額」に相当する50だけを認識してそれを収益化している。したがって、ここでの仕訳は本来の転換仕訳の部分的適用という形態をとることになる。

このような洗い替え方式の純損益計算を見ると、純利益70は、仕訳⑤が示すように、売価130と原始取得原価100の差額としての売却益30と、先の残高仕訳④と⑦が示すように、期首評価差額10と期末評価差額50の残高差額40の和として計算している。つまり、実現利益30と未実現価値増加収益40の和として計算している。これが価値実現の等式と直接に結び付くことは明らかであろう。

次に、洗い替え方式ではその残高仕訳が評価対象の評価差額部分に限定されるということの意味を明らかにし、洗い替え方式の有高変動型費用収益対応の型を明確にするために、切り放し方式から洗い替え方式への転換過程を図表で示せば、図表4-12のようになる。期中仕訳と消去仕訳は図表4-11に示した切り放し方式と同じである。洗い替え方式は、これを前提に、転換仕訳を適用して生成されたものである。残高仕訳の段階で、期首残高110のうちの取得原価部分100は「売却原価100」に転換する。先に切り放し方式において計上され、消去仕訳によって消去された売却原価110と入れ替わることになる。期首残高としては、期首評価差額残高部分10だけが残る。また、期末残高150については、その取得原価部分120は消去仕訳の購入高120と相殺消去される。残るのは、期末評価差額残高部分50だけである。結果的に、売却益30（＝130－100）と評価差額金純増加40（＝50－10）の和70が当期純利益となり、この式が価値実現の等式そのものの表現であることは明らかであろう。

同じ図表の下部に、「有高変動型の費用収益対応」と題して、切り放し方式の計算式と洗い替え方式のそれとを対比させている。切り放し方式では、その有高変動型の費用収益対応は、通常、会計学の領域でいう売上原価法による「表示様式」に等しい。複式簿記の記帳体系では、通常「残高」は仕訳として認識されない。そのため、売上高に対しては、費用項目として「売上原価」が一括して認識されるだけである。しかるに、損益計算書では一般に、売上原価を表現するために「有高変動」が用いられる。すなわち、「期首棚卸高110＋当期仕入高120－期末棚卸高170＝売上原価60」となる。したがって、ここで明らかに

図表4−12　売買目的有価証券と転換仕訳──洗い替え方式

勘定科目	現金		売買目的有価証券		損益勘定			
期首残高	100		110		(費用)		(収益)	
期中仕訳	〃	〃	〃 〃	〃	①②売却原価 　純利益	110 70	①②売却高 ③評価益	130 50
変動差額	10		60					
消去仕訳 残高仕訳			〃 ⓔ170	〃 〃 ⓓ110	ⓐ購入高 ⓒ評価益 ⓓ売却原価 　期首評価 　差額残高	120 50 100 10	ⓑ売却原価 ⓔ購入高 　期末評価 　差額残高	110 120 50
残高差額			60			460		460
期末残高	110		170		※ ゴシック体項目以外は相殺消去。			

説明：
　期中仕訳と消去仕訳は図表4−11と同じ。損益勘定は**洗い替え方式**の有高変動型**費用収益対応**を示す。残高仕訳では、ⓓ期首残高110が売却原価100と期首評価差額残高10に分割され、ⓔ期末残高170が購入高120と期末評価差額残高50に分割される。このうち、購入高120はⓐ購入高120と相殺消去される。

有高変動型の費用収益対応	
切り放し方式	洗い替え方式
売却高　130　＋　期末残高　170　＝　300 購入高（120）＋ 期首残高（110）＝（230） 純利益　　　　　　　　　　　　　　　70 ※ 図表4−11より。	売却高　　130　＋ 期末残高 50　＝　180 売却原価（100）＋ 期首残高（10）＝（110） 純利益　　　　　　　　　　　　　　　70 ※ 上表より。
説明： 　**有高変動型の費用収益対応**：純利益＝売却高130−（期首残高110＋購入高120−期末残高170）＝売却高130−有価証券変動費用60＝70	説明： 　**価値実現の等式**：純利益＝売却高130−売却原価100＋期末評価差額50−期首評価差額10＝実現利益30＋未実現利益純増高40＝70

したことは、切り放し方式の場合、転換仕訳の適用によって、期首及び期末の残高を含む売買損益の費用収益対応計算が、通常の売却損益の計上と同じく、一つの損益勘定の内部でも可能であるということである。他方、洗い替え方式については、それはもともとその通常仕訳自体に期首及び期末残高を含んでいるが、これは切り放し方式から転換仕訳の適用によって生成されたものとして捉えることが可能である。その表現形態として実現利益の要素を含む価値実現の等式そのままの形をとる点にその特色がある。

(2) 実現利益系統と転換仕訳

実現利益系統の時価評価では、例えば「その他有価証券」の場合、その売却時まで損益は計上されない。「その他有価証券評価差額金勘定」がその他有価証券の「評価差額」の部分を貸借反対に受け止め、その評価損益計上を期間的に繰り延べる働きをするからである。

次の図表4-13に、これまでの売買目的有価証券を「その他有価証券」に分類したものと仮定して、それが転換仕訳の適用により残高比較を含んだ表現様式に転換する過程を示している。切り放し方式の期中仕訳を前提に、それに消去仕訳ⓐ～ⓒと残高仕訳ⓓ～ⓖを適用する。ここでは、売買目的有価証券の場合と異なって、その他有価証券勘定のほかにその他有価証券評価差額金勘定が付け加わるので、残高仕訳がやや複雑になる。

その他有価証券勘定については、残高仕訳ⓓが期首資産の費用化であり、残高仕訳ⓕが期末資産の収益化である。その他有価証券評価差額金勘定については、残高仕訳ⓔがその期首残高の収益化を示し、残高仕訳ⓖが期末残高の費用化を示す。有高変動型の費用収益対応は、「純利益30＝①売却高130－（ⓓ有価証券期首残高110－ⓕ評価差額金期首残高10＋ⓑ有価証券購入高120－ⓔ有価証券期末残高170＋ⓖ評価差額金期末残高50）＝売却高130－有高変動費用100」という式にまとめることができる。この損益勘定では、有高変動費用100が有価証券購入高のほか、有価証券や評価差額金の期末及び期首の残高等の諸要素に分解された形で表現されていることになる。なお、この転換仕訳適用後、変動貸借対照表においては、「その他有価証券勘定」とその他有価証券評価差額

図表4-13　その他有価証券と転換仕訳─切り放し方式

現金		その他有価証券		評価差額金		損益勘定			
100		110			10	（費用）		（収益）	
①130	②120	②120	①110	①10	③50	①売却原価	110	①売却高	130
		③ 50				純利益	30	①売却益	10
10		60			40				
		ⓐ110	ⓑ120			ⓑ購入高	120	ⓐ売却原価	110
			ⓒ 50	ⓒ50	ⓐ10	ⓐ売却益	10		
		ⓔ170	ⓓ110			ⓓ有価証券	110	ⓔ有価証券	170
						期首残高		期末残高	
				ⓕ10	ⓖ50	ⓖ評価差金	50	ⓕ評価差金	10
						期末残高		期首残高	
		60			40		430		430
110		170			50	※ 売却益・売却原価は相殺消去。			

設例：図表4-11の「売買目的有価証券」を「その他有価証券」に変更する。

	（借）	[期中仕訳と転換仕訳]	（貸）		
①	現金	130	売却高	130	
	売却原価	110	有価証券	110	
	評価差額金	10	売却益	10	
	通常仕訳の売却益20の計上を売却高130と売却原価110に分けて処理。				
②	有価証券	120	現金	120	
	その他有価証券120を購入する。				
③	有価証券	50	評価差額金	50	
	期末の簿価120に評価差額50を計上。				
ⓐ	有価証券	110	売却原価	110	
	売却益	10	評価差額金	10	
	仕訳①の消去仕訳。				
ⓑ	費用	120	有価証券	120	
	仕訳②の消去仕訳。				
ⓒ	評価差額金	50	有価証券	50	
	仕訳③の消去仕訳。損益勘定では相殺。				

ⓓ	費用	110	有価証券	110	
ⓔ	評価差額金	10	収益	10	
残高仕訳。有価証券の**期首残高110**を**費用化**。評価差額金の**期首残高10**を**収益化**。					
ⓕ	有価証券	170	収益	170	
ⓖ	費用	50	評価差額金	50	
残高仕訳。有価証券の**期末残高を収益化**。評価差額金の**期末残高を費用化**。					
[洗い替え方式]					
④	評価差額金	10	有価証券	10	
期首振戻仕訳。残高仕訳のⓓその他有価証券110の部分10とⓔ評価差額金の10。					
⑤	現金	130	売却高	130	
	売却原価	100	有価証券	100	
⑥	有価証券	120	現金	120	
⑦	有価証券	50	評価差額金	50	
期末評価差額計上。残高仕訳のⓕとⓖ。					

第4章 会計取引と勘定構造 155

図表4-14 その他有価証券と転換仕訳――洗い替え方式

現金	その他有価証券		評価差額金		損益勘定			
100		110		10	(費用)			(収益)
〃	〃	〃	〃	〃	①売却原価	110	①売却高	130
10	60			40	純利益	30	①売却益	10
	〃	〃			ⓑ購入高	120	ⓐ売却原価	110
		〃	〃	〃	ⓐ売却益	10		
	ⓔ170	ⓓ110			ⓓ売却原価	100	ⓔ購入高	120
					評価差額 期首残高	10	評価差額 期末残高	50
			ⓕ10	ⓖ50	ⓖ評価差金 期末残高	50	ⓕ評価差金 期首残高	10
	60			40		430		430
110	170			50	※ ゴシック体項目以外は相殺消去。			

説明:
　期中仕訳と消去仕訳は図表4-13と同じである。損益勘定は**洗い替え方式**の有高変動型費用収益対応を示す。残高仕訳では、ⓓ期首残高110が売却原価100と評価差額期首残高10に分割される。ⓔ期末残高170は購入高120と評価差額期末残高50に分割されるが、そのうち購入高120はⓑ購入高120と相殺消去される。残りの項目による損益計算は**価値実現の等式**そのままの形をとる。

有高変動型の費用収益対応	
切り放し方式	洗い替え方式
(ⅰ) その他有価証券 売却高　130　　期末残高　170　＝　300 購入高 (120)　期首残高 (110) ＝ (230) 包括利益　　　　　　　　　　　　70 (ⅱ) その他有価証券評価差額金 　　　　　　期末残高　(50) 　　　　　　期首残高　 10　 (40) 純利益　　　　　　　　　　　　　30	(ⅰ) その他有価証券 売却高　130　　期末残高　 50　＝　180 売却原価 (100) 期首残高 (10) ＝ (110) 包括利益　　　　　　　　　　　　70 (ⅱ) その他有価証券評価差額金 　　　　　　期末残高　(50) 　　　　　　期首残高　 10　 (40) 純利益　　　　　　　　　　　　　30
説明:図表4-13より。(ⅰ)は売買目的有価証券の切り放し方式(図表4-11)と同じ。(ⅱ)の追加により、包括利益70は純利益30に限定される。	説明:(ⅰ)は売買目的有価証券の洗い替え方式(図表4-12)と同じ。(ⅱ)の追加により、包括利益70は売却益30に限定される。

金勘定について、網付きで示したように、当初の変動差額の60と40がそれぞれ残高差額60と40に転換していることが明らかであろう。また、先に図表4－11で売買目的有価証券を例示したが、その損益勘定（切り放し方式）と比較すると、その他有価証券の損益勘定では、その貸方と借方に、それぞれⓕ評価差額金期首残高10とⓖ評価差額金期末残高50が追加されたために、費用が40（＝50－10）だけ増加し、純利益は70から40だけ減少して30となっていることもわかる。

次に、洗い替え方式との関連を見よう。先の図表4－13には洗い替え方式の仕訳④〜⑦を示し、その通常仕訳④と⑦が残高仕訳ⓓ〜ⓖと同じものを含んでいることを示している。すなわち、有価証券勘定について、仕訳④の10は仕訳ⓓの110のうちの部分10に相当し、仕訳⑦の50は仕訳ⓕの170のうちの部分50に相当する。

次の図表4－14には、切り放し方式に転換仕訳を適用することによって、洗い替え方式が生成される過程を示している。消去仕訳の適用後の残高仕訳を見ると、費用化されるⓓ有価証券期首残高110については、その取得原価部分の「売却原価100」と「評価差額期首残高10」に分割される。次に、収益化されるⓔ有価証券期末残高170は、取得原価120と評価差額50とからなるが、取得原価部分120はⓑ購入高120と相殺され、「評価差額部分50」だけが残る。

その他有価証券について導き出された有高変動型の費用収益対応を示すと、図表の下部に追加した「有高変動型の費用収益対応」のようになる。先ず、切り放し方式については、その他有価証券勘定にかかわる包括利益の計算部分は、計算式（ⅰ）が示すように、先の図表4－11の「売買目的有価証券」についてのそれと全く同じであり、ただ、その他有価証券評価差額の増減記入（ⅱ）によって計上損益が実現利益に限定される。次に、洗い替え方式についても、計算式（ⅰ）は、図表4－12の「売買目的有価証券」について適用した洗い替え方式に等しい。追加した（ⅱ）は包括利益70を実現利益30に限定している。

以上の考察から、時価評価の「切り放し方式」は、未実現利益系統であれ実現利益系統であれ、転換仕訳を通して、期首残高と期末残高を含む「有高変動

型の費用収益対応」を産み出し、さらにそこから複式簿記の通常仕訳として利用されている「洗い替え方式」を産み出しているという事実が明らかになった。

このような転換仕訳は、変動差額を消去して残高差額に転換するだけであるから、あらゆる貸借対照表勘定に適用することができる。そのことにより、すべての勘定において変動差額貸借対照表は「残高差額貸借対照表」に転換される[13]。

(3) 価値実現の等式の含意

価値実現の等式は、包括利益の概念を取り扱った第3章でも中心的な役割を果していた。また、本章の転換仕訳の考察でも、洗い替え方式がこの等式をそのまま表現しているという事実が明らかになった。ここでは、それらを総括する意味で、それが特に評価原則の選択とどのような関わりを持つかという観点から、改めて、この等式の持つ意味を考えておきたい。ここでは、その等式が明確かつ規則的に現れる事例の一つとして、金融商品に適用される償却原価法を見ておくことにする。

図表4-15は、割引で取得した投資有価証券を償却原価法で処理した事例を示している。この例で、有価証券の価値は第1期末の直前まで568だけ増加するが、そのうち400が利子収入として実現するので、それを控除した残りの未実現価値増加168が次期へ繰り延べられる。結局のところ、純利益568が現金収入400と未実現価値純増加高168とに配分されていることがわかる。第1期末（X2/3/31）の仕訳を見ると、「第1期利益（有価証券利息）568＝現金収入額400＋投資価値増加高（未実現価値増加高）168」となり、この仕訳がそのまま価値実現の等式を表現していることがわかるであろう。この場合、未実現価値はプラス符号付きで増加しているので、この投資は投資価値増加の型をとっているのである。

図表の説明(1)では、各期の純利益を価値実現の等式で示しているが、これらの式が各期末の仕訳をそのまま計算式で表現したものであることは明らかであろう。最後に、それを合計して全体利益1,735を計算している。さらに、この全体利益は、その説明(2)に示すように、全体的な現金収支計算によって計

図表4-15 償却原価法と価値実現の等式

設例：A社（決算日3月31日）は、X1年4月1日に、他社が発行した社債（額面額10,000、償還日X4年3月31日、契約利子率年4％、各年3月31日支払）を9,465（割引額535）で購入した。償却原価法を適用する。利息法による。当社債の実効利子率iは次の計算式から年6％と計算される。

$9,465 = 400/(1+i) + 400/(1+i)^2 + (400+10,000)/(1+i)^3$、
$i = 0.06$

	期首価値 ①	価値実現の等式 利益②＝実現利益③＋未実現価値増加高④			実現直後の価値 ⑤
		実現直前の未実現価値増加高 ②	実現価値（受取利息） ③	実現直後の未実現価値増加高 ④	
		①×0.06	10,000×0.04	②－③	①＋④
X2/3/31	9,465	568	400	168	9,633
X3/3/3	9,633	578	400	178	9,811
X4/3/31（償還）	9,811	589	400	189	10,000 △10,000
合計		1,735	1,200	535	

X1/4/1	仕訳：	（借）投資社債	9,465	（貸）現金	9,465	
X2/3/31		（借）現金	400	（貸）有価証券利息	568	
		投資社債	168			
X3/3/31		（借）現金	400	（貸）有価証券利息	578	
		投資社債	178			
X4/3/31		（借）現金	400	（貸）有価証券利息	589	
		投資社債	189			
		（借）現金	10,000	（貸）投資社債	10,000	

説明：
(1) **価値実現の等式による損益計算：**
　　第1期利益　568‥‥実現利益　400　＋　未実現価値純増加高 168
　　第2期利益　578‥‥実現利益　400　＋　未実現価値純増加高 178
　　第3期利益　589‥‥実現利益　400　＋　未実現価値純増加高 189
　　<u>全体利益　1,735‥‥実現利益　1,200　＋　未実現価値純増加高 535</u>
(2) **全体収支計算：**
　　全体利益＝利子収入合計 1,200＋償還収入 10,000－購入支出 9,465 ＝ 1,735

算された「純収入額1,735」に等しいこともわかる。

　このように、筆者のいう価値実現の等式は、その背後に、投資期間中にど
のような未実現損益を計上しようと長期的には全体利益は現金の収支差額に収斂
するという意味を含んでいる。利息法によらず、定額法により割引額535を各
期に均等に割り振っても、全体収支との関連に変化はない。

　上のように割引発行の社債を取得した場合には「②＞③」となり、投資価値
増加の型（④はプラス符号付き）をとるが、取得した社債が打歩発行の場合に
は「②＜③」となり、マイナス符号付きの未実現価値減少額④が計算される。
投資価値減少の型である。また、平価発行の社債であれば、「②＝③」となり
投資価値一定の型（④＝０）をとる。いずれの型でも全体利益は現金の収支純
差額に等しい[14]。

　価値実現と未実現の態様は、財の種類やその性質、その保有目的などによっ
て大きく異なる。制度会計もこの態様を捉えて異なった評価方法の選択適用を
認めている。市場価格の変動を基礎とする時価評価では未実現価値の変動は市
場の動きに応じてアト・ランダムに発生する。しかし、売買目的有価証券であ
れば、短期的に売買が繰り返されるので、それぞれの有価証券の全体利益も収
支差額として短期に確定する。このことから、未実現損益を純利益に含めても
それほどの弊害はないと考えられる。

　また、市場価格ではなく、将来の現金収支の予測に基づく割引現在価値評価
を適用した場合でも、その全体利益は収支差額に収斂するという関係に変わり
はない。先に金利スワップの事例（図表4－5）を挙げたが、ここで用いた割引
現在価値評価のもとでも同じことがいえる。そこでは、各期末に計上される金
利スワップ損益は現金授受から生ずる受取利息・支払利息の受払差額と、各期
末に計上される未実現価値の増減高の合計額となる。これを価値実現の等式で
示せば、「スワップ損益＝現金授受に伴う利息の純交換差額＋未実現価値増減
高」という式が成立する。ここでも、契約の全期間を通して見ると、金利スワッ
プ契約の「全体利益」は詰まるところ「現金授受に伴う利息の受払差額の全体
合計額」に等しくなる。このようにして、売却するまでの財の保有期間の長短

や実現収支の発生頻度などが,適用される評価原則の選択を決定する要因の一つともなっているのである。

どのような評価方法でも,全体利益の計算は,最終的には実際の収支差額によって規制される。全体の収支差額は選択された評価の仕方によって各期間に配分される。見積りによる評価からしばしば生ずる誤差も最終的には収支差額によって調整される。一時的な誤差が生じても,その全体利益が収支差額に等しいという関係は変わらないのである。

取得原価評価法は未実現価値の変動の認識が常にゼロとなる特殊な事例にすぎない。したがって,この点をも考慮に入れると,一般的に,実現損益と未実現価値増減高という二つの要素からなる価値実現の等式は,これら二つの項目が同時にゼロ,またはそのいずれか一つがゼロである事例をも含めて,評価法のいかんにかかわらず適用可能な等式であるということができる。

先の第3章では包括利益の概念を取り上げたが,その場合にも,全体利益と期間利益の合計との一致という観点からその考察を行っている。調整ということの意味も,損益の期間帰属の差異についての調整であることを明確にした。

会計において,時価評価は取得原価評価法を基礎においたものである。取得原価を基礎とし,その上に評価差額の変動が追加的に認識される。取得原価は現金支出と結びつき,実現収益は現金収入と結び付く。この事実を時価評価の重層性と呼ぶことができる。時価評価もキャッシュ・フローと断絶しては意味をもたない。

いうまでもなく,現在の資産負債アプローチが採用している評価体系でも全面的な公正価値会計が適用されているわけではない。財貨やサービスの評価については,取得原価評価から市場時価や割引現在価値評価など,幅広い範囲での混合評価モデルが適用されている。評価について一般に出される問いは「どの評価法が有用であるか」という問題である。しかし,同時に,「このような異なった幾つかの評価方法を並列的に適用しながら,どうして企業の損益計算が成立可能となっているか」という問題を提示してもよいのではないだろうか。単純にいえば,「混合評価モデルの存在はいかにして可能であるか」とい

第4章　会計取引と勘定構造　161

う問いである。恐らく、これに対する答えの一つが価値実現の等式にあると考えられる。どのような評価方法でも、会計の記録面において価値の連続性が保証されている限り、キャッシュ・フローを基礎にした全体利益が計算されるからである。

4　変動差額と残高差額

　変動差額は転換仕訳の導入によって残高差額に転換可能であることが明らかになった。それぞれを構成する計算要素は異なっているが、すべて同じ純利益を計算する。しかも、有高勘定の期首期末の残高要素を含んだ費用収益対応も可能である。複式簿記の計算構造との関連において、ここで二つの点を明確にしておきたい。

　第一に、残高差額が変動差額と等しいという関係は、複式簿記の計算構造の特性ということではなく、それ以前に、数学一般の論理に基づくものである。いま、「$a + b - c = d$」という式があるとする。aをある財の期首残高、dを期末残高とする。変形して、「変動差額（$b - c$）＝残高差額（$d - a$）」となる。期末に実地棚卸しを行い、帳簿価額を修正してもこの関係に変化はない。いま、期末の帳簿残高について、eだけプラスの損益修正を行ったとしよう。例えば、期末までに時価がeだけ上昇していたとする。「変動差額（$b - c + e$）＝残高差額（$d - a + e$）」となり、両者の間の「同値関係」に変化はない。純損益そのものの絶対値は変化するが、変動差額と残高差額の間の「同値関係」に変化はない。　会計上の等式で示せば、「期首残高＋当期増加高－当期減少高＝期末残高」は「当期増加高－当期減少高＝期末残高－期首残高」となり、さらに「変動差額＝残高差額」となる。期末の修正eも当期増加高に含められる。

　第二に注目すべきことは、転換仕訳の導入によって明らかにしたことは、変動差額損益計算から残高差額損益計算への転換であって、その逆ではないということである。複式簿記では、発生する毎に取引を記録することが基本となるので、変動差額損益計算が常に残高差額損益計算に先行する。上に述べたような実務における転換仕訳の適用例でも、すべて、変動差額計算による期中の記

録が前提に置かれている。その転換過程は単に「変動差額＝残高差額」という等式を軸にした自動的な転換を意味するだけであって、この転換によって、認識上、何か新しい要素が付け加わるわけではない。

　このようなことを特に強調するのは、日本の会計論者の間で、「残高差額」ということに特別の意味を付与する傾向が多く見られるからである。特に、時価評価であれば「残高比較」だとする奇妙な議論すらある。以上のような考察に照らせば、米国や日本の文献に多く見られる費用収益アプローチと資産負債アプローチの対立とか、損益法と財産法との対立という二項対立概念に基づく理論がいかに無意味であるかもわかる。

注
(1)　井尻雄士著「会計測定の理論」東洋経済新報社、1968年、第2章及び第3章。
(2)　企業会計原則、注解5。
(3)　企業会計基準委員会「金融商品に関する会計基準」Ⅱ、4及び5、注1。
(4)　会計制度委員会報告第14号「金融商品会計に関する実務指針」、312項。
(5)　企業会計原則。第二、損益計算書原則、一のB、総額主義の原則。第三、貸借対照表原則、一のB、総額主義の原則。
(6)　拙著「現代会計の構造」中央経済社、1976年、41-45頁。
(7)　Financial Accounting Standards Board, Statement of Financial Accounting Standards No. 105：*Disclosure of Information about Financial Instruments with Off-Balance-Sheet Risk and Financial Instruments with Concentrations of Credit Risk*, 1990. Par. 6.
(8)　International Accounting Standards Committee, International Financial Accounting Standard No. 32：*Financial Instruments：Disclosure and Presentation*, 1995. Par. 5.
(9)　金融商品会計基準・一・1。
(10)　金融商品に関する実務指針、第3項。
(11)　企業会計原則、第二・損益計算書原則三のC。
(12)　拙著「利潤計算論」中央経済社、1970年、59-64頁。
(13)　拙稿「会計、その神話の崩壊(6)」『経理研究』第52号、2009年、7-15頁。すべての貸借対照表勘定に転換仕訳を適用し、そこから企業全体の変動差額損益計算書と残高差額損益計算書を作成している。拙著「会計深層構造論」第2章第3節。転換仕訳を介することなく、残高差額損益計算書等を導き出している。
(14)　拙著「利潤計算論」4-8頁。

163

第 5 章

キャッシュ・フロー計算書の意味構造

　企業会計で現在作成されているキャッシュ・フロー計算書が、計算構造論的に見て、貸借対照表や損益計算書など他の財務諸表とどのような関連性にあるのかという点については、現在においても、一致した見解が確立されているわけではない。実務においては、多くの場合、直接法と間接法のいずれを選択するかということが問題になるが、ここでは、それ以前の問題として、そもそも、キャッシュ・フロー計算書は何を表現しようとしているのか、複式簿記を基礎とする現在の財務諸表体系のなかで、キャッシュ・フロー計算書はどのような位置にあるのかという点を中心に考察しておきたい。

　従来、特にキャッシュ・フロー計算書に見られる直接法と間接法の対立は、同じ一つのキャッシュ・フロー計算書についての作成方法の対立であるかのように議論されてきた。これに対して、ここでは、この対立は、むしろ写像対象の対立と見るべきであって、両者は写像対象を異にする二つの計算書であるという視点を首尾一貫してその考察の基礎においている。

第 1 節　変動貸借対照表と原型損益計算書とキャッシュ・フロー計算書

　変動貸借対照表、原型損益計算書および通常損益計算書とキャッシュ・フロー計算書の間の構造的関連性を示すと図表5-1のようになる。変動貸借対照表と原型損益計算書とは、認識された財貨・サービスの変動について同じ記帳単位を含み、相互に一対一の対応関係にある。したがって、間接法と直接法のキャッシュ・フロー計算書は変動貸借対照表と原型損益計算書のすべての記帳

図表5-1 変動貸借対照表、損益計算書とキャッシュ・フロー計算書

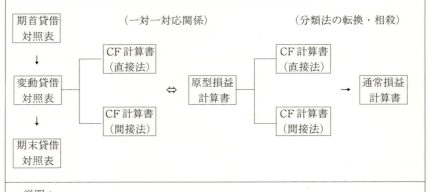

説明：
　直接法及び間接法のキャッシュ・フロー計算書は、変動貸借対照表と原型損益計算書のそれぞれから、同時並行的に作成することができる（図表5-3・図表5-6）。

単位を現金項目（以下、実務指針でいう現金同等物を含むものとする）の集合と現金外項目の集合に二分割することによって、同時並行的に導き出すことができる。

1　通常仕訳と分解仕訳

　いま、簡単な取引例①～⑧を仮定し、図表5-2の左側にその通常仕訳を示し、その右側に分解仕訳を示している。これは、複式簿記での通常の仕訳を貸借対照表勘定の記入と損益計算書の記入とが一対一の対応関係にあるように分解したものである。

　分解仕訳のうち、ゴシック体で示した項目が原型損益計算書の構成要素であり、それ以外の項目は変動貸借対照表の構成要素である。原型損益計算書の構成要素については、対応する貸借対照表勘定の科目名に「増加」と「減少」、又は単に「増」と「減」という語をつけている。例えば、貸借対照表の現金項目に増加50が発生すれば、それに対応する原型損益計算書の収益項目は「現金増加50」で表現される。ただ、そのうち、特に、通常の損益計算書にも現れ、

図表5-2 通常仕訳と分解仕訳

(借方)	通常仕訳	(貸方)		(借方)	分解仕訳	(貸方)	
① 商品を売価65で販売し、現金50を受取り、残額15を掛けとする。							
現金	50	売上	65	現金	50	現金増(売上)	50
売掛金	15			売掛金	15	売掛金増(売上)	15
②商品38を仕入れる。現金20を支払い、残額18を掛けとする。							
商品	38	買掛金	18	商品	38	商品増	38
		現金	20	買掛金増	18	買掛金	18
				現金減	20	現金	20
③販売した商品の売上原価は22である。							
売上原価	22	商品	22	商品減(売上原価)	22	商品	22
④当期の支払利息7のうち現金5を支払い、残額2を未払いとする。ここでは、間接法の場合、支払利息を直接法と同じく現金支払総額5で表示する方法を想定する。分解仕訳では、未払利息増加の−2を未払利息増加の−7と未払利息減少の＋5に分割する。直接法の現金支払−5には間接法の＋5が対応する。							
支払利息	7	未払利息	2	未払利息増(支払利息)	7	未払利息	7
		現金	5	未払利息	5	未払利息減(支払利息)	5
				現金減(支払利息)	5	現金	5
⑤設備の減価償却費26。							
減価償却費	26	設備	26	設備減(減価償却費)	26	設備	26
⑥設備の現金購入30。							
設備		現金	30	設備	30	設備増	30
				現金減	30	現金	30
⑦借入金の現金返済8。							
借入金	8	現金	8	借入金	8	借入金減	8
				現金減	8	現金	8
⑧株式発行による現金収入43。							
現金	43	資本金	43	資本金増	43	資本金	43
				現金	43	現金増	43

通常の収益科目名または費用科目名を有している科目については、例えば、「現金増（売上）50」のように括弧付きで売上の科目名を追加している。

分解仕訳の貸方に原型損益計算書勘定を持つものが便益（収益）関連取引であり、資産増加、負債資本減少と結合して発生する。借方に原型損益計算書勘定を持つ仕訳が犠牲（費用）関連取引であり、資産減少、負債資本増加と結びついて発生する。

2 変動貸借対照表より作成する方法

次の図表5-3は、図表5-2の通常仕訳①～⑧を変動貸借対照表と損益計算書にそのまま記入したものである。変動貸借対照表の諸勘定の期首残高については、その数値を適宜に仮定している。ここで用いているプラス・マイナスの符号はすべて意味論上の符号である。すなわち、変動貸借対照表の借方記入はプラス、貸方記入はマイナスであり、これに対して、損益計算書の貸方記入はプラス、借方記入はマイナスである。

変動貸借対照表の記入単位を見ると、図表5-2の分解仕訳の貸借対照表勘定（ゴシック体の項目以外の諸項目）の記入単位のすべてが「現金項目」と「現金外項目」とに二分されている。現金項目の増減が「直接法」の計算書の表示内容であり、現金外項目の増減が間接法のそれである。

間接法では、「売掛金増、商品増、買掛金増」に見るように、勘定毎に増減高を総括し、それを右側の欄に記入している。利息支払については、図表5-2の仕訳④の説明に従って、マイナス符号付きの未払利息増加2を未払利息増加7（マイナス符号付き）と未払利息減少5（プラス符号付き）に二分して記入している。

ここでは、変動貸借対照表から間接法と直接法のキャッシュ・フロー計算書を同時並行的に作成している。すなわち、変動貸借対照表を構成する記入単位のうち、現金項目の変動を示す記帳単位を集めて直接法の計算書を作成し、現金外項目の変動を示す記帳単位を集めて間接法の計算書を作成することができる。

第5章 キャッシュ・フロー計算書の意味構造 167

図表5-3 変動貸借対照表から作成されたキャッシュ・フロー計算書

	変動貸借対照表									損益計算書
	直接法 現金	現金外項目							間接法	
		売掛金	商品	設備	買掛金	未払利息	借入金	資本金	繰越利益		
期首残高	+15	+10	+30	+45	-15	-5	-40	-35	-5		
純利益振替									-10	-10	-10
①売上	+50	+15									+65
②商品仕入	-20		+38		-18						
③売上原価			-22								-22
売掛金増		+15								+15	
商品増			+16							+16	
買掛金増					-18					-18	
④利息支払	-5					-2				-7	-7
										+5	
⑤償却費				-26						-26	-26
営業CF	+25									-25	
⑥設備購入	-30			+30						+30	
投資CF	-30									+30	
⑦借入返済	-8						+8			+8	
⑧株式発行	+43							-43		-43	
財務CF	+35									-35	
変動差額	+30	+15	+16	+4	-18	-2	+8	-43	-10	-30	0
期末残高	+45	+25	+46	+49	-33	-7	-32	-78	-15		

※ 原型損益計算書を省略し、変動貸借対照表から通常損益計算書を直接に作成している。

いま、二つの計算書を「報告式」の様式に従って作成すると、図表5-4のようになる。直接法は会計基準に従って作成したものと同じであるが、間接法については、会計基準に従って作成した間接法(a)の計算書と図表5-3（及び後に示す図表5-6）から作成した間接法(b)のそれと比較すると、プラス・マイナス

図表5-4　報告式のキャッシュ・フロー計算書

直接法		間接法（a）		間接法（b）	
1）営業活動CF		1）営業活動CF		1）営業活動CF	
営業収入	50	当期純利益	10	当期純利益	－10
商品購入支出	－20	売掛金増加	－15	売掛金増加	15
利息支払額	－5	商品増加	－16	商品増加	16
		買掛金増加	18	買掛金増加	－18
		支払利息	7	支払利息	－7
		減価償却費	26	減価償却費	－26
		小計	30	小計	－30
		利息支払額	－5	利息支払額	5
営業活動CF	25	営業活動CF	25	営業活動CF	－25
2）投資活動CF		投資活動のキャッシュ・フローと財務活動のキャッシュ・フローは直接法と同じ。		2）投資活動CF	
設備購入支出	－30			設備購入支出	30
投資活動CF	－30			投資活動CF	30
3）財務活動CF				3）財務活動CF	
借入金返済支出	－8			借入金返済支出	8
株式発行収入	＋43			株式発行収入	－43
財務活動CF	＋35			財務活動CF	－35
4）現金の増加額	30			4）現金外項目増加額	－30
現金期首残高	15			現金外項目期首残高	－15
現金期末残高	45			現金外項目期末残高	－45
※直接法と間接法：会計基準「連結キャッシュフロー計算書等の作成基準」の報告様式に従って作成。				※変動貸借対照表（図表5-3）と原型損益計算書（図表5-6）から作成。	

の符号が反対になっている。ただし、ここではプラス符号は省略している。筆者は意味論的には間接法(b)が正しく、間接法(a)は実務向けのもので、論理的には説明不可能なものであると考える。

次の図表5-5は、直接法と間接法の対立をプラスとマイナスの対立として総括的に示したものである。一般に、一つの項目集合を「任意の項目の集合」と「それ以外の項目の集合」とに分け、その全体の合計額をゼロとする。任意の項目の集合の合計額を＋aとすると、それ以外の項目の集合の合計額は－aとなる。a－a＝0。これは第1章でゼロ等式と呼んだものである。先の図表5-3では、現金項目の集合が「任意の項目の集合」であり、現金外項目の集合

図表5-5　直接法と間接法の意味論的対置

キャッシュ・フロー計算書		
	現金項目 （直接法）	現金外項目 （間接法）
期首残高	＋15	－15
営業活動キャッシュ・フロー	＋25	－25
投資活動キャッシュ・フロー	－30	＋30
財務活動キャッシュ・フロー	＋35	－35
変動差額	＋30	－30
期末残高	＋45	－45

説明：
(1) 現金外項目（間接法）の期首及び期末残高：
　　期首残高＝売掛金10＋商品30＋設備45－買掛金15－未払利息5－借入金40－資本金35－繰越利益5＝－15
　　期末残高＝売掛金25＋商品46＋設備49－買掛金33－未払利息7－借入金32－資本金78－繰越利益15＝－45
(2) 直接法と間接法の間では、上表に示すように**絶対値が等しい**場合に限り、**変換率**（－1）の適用により相互変換が可能である。
　　例：間接法の営業活動CF（－25）×変換率（－1）＝直接法の営業活動CF（25）

が「それ以外の項目の集合」に当たる。したがって、現金項目と現金外項目とでは符号は反対になる。ただ、図表5-5の説明(2)に示すように、現金項目の集合と現金外項目の集合との間では、絶対値が等しいかぎり、変換率（-1）を適用して相互転換が可能である。間接法のキャッシュ・フロー計算書はこの原理を利用したものである。

　敢えてこのような意味論的な問題を提起するには理由がある。端的にいえば、「絶対値」が等しいからといって、「同じもの」を指示（意味）していることにはならないということである。ここでのプラスとマイナスの記号は、それぞれの概念が指示する対象が全く異なることを示している。直接法の営業活動キャッシュ・フローの「+25」は「現金項目」の純増加額である。これに対して、間接法の営業活動キャッシュ・フローの「-25」はそれに対応する「現金外項目の集合」の純増加額である。両者はその指示対象を異にする。当然のこととして、プラス・マイナスの符号は反対になる。これまで、複式簿記構造論をプラス・マイナスの符号を用いた「複式簿記の意味論」として説明してきた。ここでは間接法に現れる「当期純利益」の項目について簡単に触れておきたい。

　図表5-3では、繰越利益への純利益の振替仕訳が「-純利益振替10」となっているが、これは会計基準の間接法の「当期純利益10」と全く反対の符号になっている。前にも触れたことであるが、理論的にこれがマイナスとなっている理由は次の通りである。損益計算書では、純利益はプラスの10（=総収益65-総費用55）となるが、それは直接には損益勘定の「貸方残高」を指示する概念である。それを貸借対照表の繰越利益勘定に振替えるときは、それとは貸借反対の記入となり、変動貸借対照表ではマイナス符号付きの未処分利益の増加を示すものとなる。すでに述べたことであるが、複式簿記の記帳体系において、貸借対照表勘定にはプラスの純利益を直接に指示する「純利益勘定」なるものは存在しない。それは単に資産の借方残高の増加額が負債や元入資本の貸方残高の増加額を超過した額であって、それは「単一の数値」として計算されるだけで、特定の勘定によって認識されることはない。損益計算書の純利益から振替えられた未処分利益勘定の純増加は直接には持分の増加を示すのであって、

意味論上、純利益自体を指示するものではない。このマイナスの純利益振替項目を変動貸借対照表へ貸記することによって、変動貸借対照表の記入単位の集合は初めてゼロとなる。つまり貸借均衡するのである。ゼロ等式が貸借均衡等式の一つであることは前にも指摘したとおりである。

そこで、次の点に注意が必要である。間接法のキャッシュ・フロー計算書では「当期純利益」という項目が現れるが、これは意味論的には常にマイナスの符号を持つ。そして、この当期純利益項目が或る計算書の借方に現れる場合、その計算書は損益計算書であると判定することができ、貸方に現れる場合、それは変動貸借対照表であると判定することができる。もちろん、当期純損失が計算されている場合には貸借は逆になる。

3　原型損益計算書より作成する方法
(1)　キャッシュ・フロー計算書と純利益

図表5-2の分解仕訳のうち、ゴシック体で示した収益と費用の諸項目を集めて、原型損益計算書を作成し、この原型損益計算書から間接法と直接法のキャッシュ・フロー計算書を同時並行的に作成することができる。図表5-6がこれである。現金外項目の変動を表す諸項目、すなわち、資産増加・負債資本減少（収益）と資産減少・負債資本増加（費用）で示される項目を集めて間接法の計算書を、また、現金項目の変動を示す項目、すなわち現金増加（収益）と現金減少（費用）で示されている項目を集合して直接法の計算書を作成している。ここでは、原型損益計算書を構成する諸項目の全体が、直接法と間接法のキャッシュ・フロー計算書とに二分されている。この原型損益計算書からも、先の図表5-4に示した直接法と間接法(b)の計算書が作成されることは明らかであろう。

同じ図表には、通常の損益計算書との関連をも示している。すべての記入単位は、「通常損益」と「その他の損益」とからなる。下の付属表「純利益計算」に示すように、純利益10は現金外項目にかかわる取引①～⑧の損益「-20」と現金項目にかかわる取引①～⑧の損益「+30」との合計である。そして、それ

図表5-6 原型損益計算書から作成されたキャッシュ・フロー計算書

(費用) 原型損益計算書 (収益)		区分損益	二つの損益	
資産減少・負債資本増加	資産増加・負債資本減少		通常損益	その他の損益
間接法のキャッシュ・フロー計算書 ―現金外項目―				
1．営業活動キャッシュ・フロー				
純利益(振替) －10			－10	
③商品減(売上原価) －22	①売掛金増(売上) ＋15			
④未払利息増(支払利息) －7	④未払利息減(支払利息) ＋5			
⑤設備減(減価償却費) －26			－35	
②買掛金増 －18	②商品増 ＋38	－25		
2．投資活動キャッシュ・フロー				
	⑥設備増 ＋30	＋30		
3．財務活動キャッシュ・フロー				＋15
⑧資本金増 －43	⑦借入金減 ＋8	－35		
現金増加額 (注：商品純増②—③＝16)		－30		
直接法のキャッシュ・フロー計算書 ―現金項目―				
1．営業活動キャッシュ・フロー				
⑤現金減(支払利息) －5	①現金増(売上) ＋50		＋45	
②現金減・商品購入 －20		＋25		
2．投資活動キャッシュ・フロー				
⑥現金減・設備購入 －30		－30		
3．財務活動キャッシュ・フロー				－15
⑦現金減・借入金返済 －8	⑧現金増・株式発行 ＋43	＋35		
現金増加額		＋30	0	0

純利益計算				
間接法と直接法	通常損益	その他の損益	計	
間接法	－35	＋15	－20	
直接法	＋45	－15	＋30	
純利益(合計)	＋10	0	＋10	

説明：純利益は純利益(振替)の項目を除き、現金外項目取引①〜⑧の合計(－20)と現金項目の合計(＋30)との和である。

ぞれが、「通常損益」と「その他の損益」からなることがわかる。まず、通常損益としては、現金外項目では「−35」、現金項目では「+45」が発生し、それが通常損益計算書で計算される純利益「+10」の計算要素を構成している。また、その他の損益として、現金外項目では「+15」、現金項目では「−15」が発生しているが、これは通常損益計算書では相殺消去される項目である。いま、現金外項目にその他の損益としてbが発生しておれば、現金項目には必ず−bが発生しており、両者の合計は常にゼロである。

(2) キャッシュ・フロー損益計算式

キャッシュ・フロー計算書と通常損益計算書との関連を示す算式をキャッシュ・フロー損益計算式と名付けて示すと、図表5−7のようになる。この計算式は、間接法であれ直接法であれ、キャッシュ・フロー計算書が、通常の損益計算書ではなく、原型損益計算書を基礎にしているという事実を明白に示している。それぞれの計算書の写像対象は「通常の損益」だけではなく「その他の

図表5−7 キャッシュ・フロー損益計算式

キャッシュ・フロー計算書と通常損益計算書との間の関連性を示す計算式を**キャッシュ・フロー損益計算式**と呼ぶことにする。以下、この式での間接法の「現金外項目」には「純利益（振替）」の項目は含まれないものとする。純利益は直接法の現金項目の損益と間接法の現金外項目の損益との和である。二つの計算書は、それぞれ、通常損益計算書の「通常損益」と「その他の損益」から構成される。そのうち、直接法の現金項目の「その他の損益」と間接法の現金外項目の「その他の損益」は、絶対値を等しくして、プラスとマイナスという反対の符号を持ち、両者の和は常にゼロである。キャッシュ・フロー損益計算式は次のようになる。

　　純利益＝直接法の現金項目損益（通常損益＋その他の損益）＋間接法の現金外
　　　　　　項目損益（通常損益＋その他の損益）
　　　　＝直接法の通常損益＋間接法の通常損益＋直接法のその他の損益＋間接
　　　　　法のその他の損益
　　　　＝通常損益合計額＋その他の損益合計額（0）＝通常損益合計額

設例：図表5−6の例による。下部の純利益計算を参照。
　純利益＝現金項目の通常損益（+45）＋現金項目のその他の損益（−15）＋現金外項目の通常損益（−35）＋現金外項目のその他の損益（+15）＝通常損益合計額10＋その他の損益（0）＝通常損益合計額10

損益」をも含んだ原型損益計算書の損益項目である。

　通常の損益計算書に計上される収益項目と費用項目、すなわち「通常損益」は、現金外項目の変動が生み出し間接法の利益の一部と、現金項目が生み出した直接法の利益の一部とから成り立っていることがわかる。それらを除いた「その他の損益」は、原型損益計算書から通常損益計算書を導き出す際に相殺消去される項目である。すなわち、現金外項目のその他の損益「＋15」と現金項目のその他の損益「－15」は、簿記上の交換取引（設例では商品仕入38、設備購入30、借入金返済8、資本金収入43）によって発生し、差額としての損益を計上しないので、原型損益計算書から通常損益計算書への生成過程で相殺消去される。合計は常にゼロである。この事実は、原型損益計算書から部分的な相殺消去によって通常損益計算書が生成されるとする深層構造論の基本的な定義にも合致している。

　損益計算書に見られる「通常損益」と「その他の損益」の間の区分は、認識された取引が損益取引か交換取引かという分類基準を基礎としたものである。これに対して、キャッシュ・フロー計算書では、現金取引か現金外取引かの分類がその基準に置かれる。同じ原型損益計算書を二分する際の分類基準が異なるのである。分類法が交差しているということができる。

4　キャッシュ・フロー変動差額計算式

　以上のように、変動貸借対照表と原型損益計算書を前提におき、それぞれの記帳単位を現金項目と現金外項目に二分すれば、それぞれの側で間接法と直接法のキャッシュ・フロー計算書が同時並行的に作成される。いま、この段階で、これら二つの計算表相互の関連を要約して示すと図表5－8のようになる。ただし、ここでは、複雑化を避けるため三つの活動区分に分割せず、総括している。二つの計算書のいずれの側でも、直接法は現金純増加額を「＋30（＝93－63）」（変動貸借対照表では借方残高、原型損益計算書では貸方残高）として計算し、間接法は「－30（＝74－104）」（変動貸借対照表では貸方残高、原型損益計算書では借方残高）として計算している。

図表5-8　キャッシュ・フロー計算書

（借方）	変動貸借対照表	（貸方）	（借方）	原型損益計算書	（貸方）
現金外資産増　+61	純利益(振替)　-10		純利益(振替)　-10	現金外資産増　+61	
負債資本減　+13	現金外資産減　-26		現金外資産減　-26	負債資本減　+13	
（小計　+74）	負債資本増　-68		負債資本増　-68	（小計　+74）	
現金増　+93	（小計　-104）		（小計　-104）	現金増　+93	
	現金減　-63		現金減　-63		
+167	-167		-167	+167	

説明：
(1) 三つの活動区分に分割せず総括している。純利益(振替)を除く**現金外項目（間接法）**の変動については「現金外資産の増減」と「負債資本の増減」に二分して示している。
　　　現金外資産増＋負債資本減＝（売掛金増15＋商品増16＋設備増30）＋（未払利息減5＋借入金減8）＝61＋13＝74
　　　現金外資産減＋負債資本増＝－設備減26－（未払利息増7＋買掛金増18＋資本金増43）＝－26－68＝－94
(2) **実務上の作成法**との関連は次のとおりである。図表5-11〜5-14参照。
　　　後退法による場合：直接法は原型損益計算書の型
　　　　　　　　　　　　間接法は変動貸借対照表の型
　　　前進法による場合：直接法は変動貸借対照表の型
　　　　　　　　　　　　間接法は原型損益計算書の型
　　　後退法の間接法のCF計算書と前進法の直接法のそれとは合して変動貸借対照表を構成し、後退法の直接法のCF計算書と前進法の間接法のそれとは合して原型損益計算書を構成する。

　先に述べた変動差額損益計算式（図表1-8）を基礎におきながら、キャッシュ・フロー計算書の計算式を導き出すことができる。次の図表5-9にそれを示す。先の図表5-8を参照するとその意味が容易に理解できると思う。大まかな線で説明すると次のようになる。先ず、資産を現金と現金外資産とに二分すると、変動差額損益計算式は式(1)のようになる。これは純損益を計算するための計算式である。左辺は変動貸借対照表の「借方残高としての純利益」を表し、右辺は原型損益計算書の「貸方残高としての純利益」を表す。これに対し

図表5−9 キャッシュ・フロー変動差額計算式

変動差額損益計算式の資産項目を現金項目(現金同等物の諸項目を含む)と現金外資産項目に二分する。

(現金増−現金減)+(現金外資産増−現金外資産減)−(負債資本増−負債資本減)=総収益−総費用 ………… (1)

式(1)の左辺は変動貸借対照表の「借方残高としての純利益」を表す。右辺は原型損益計算書の「貸方残高としての純利益」を表す。純利益の額は通常損益計算書と等しい。さらに上式の両辺に「純利益(振替)」を追加すると貸借が平均してゼロとなる。

現金増−現金減+(現金外資産増−現金外資産減)−(負債資本増−負債資本減)−純利益(振替)=総収益−総費用−純利益(振替)=0 ………… (2)

(a) **直接法のキャッシュ・フロー変動差額計算式**

式(2)の左辺の現金外の諸項目の増加と減少を右辺へ移項する。

現金増−現金減=総収益−総費用−純利益(振替)−(現金外資産増−現金外資産減)+(負債資本増−負債資本減)+純利益(振替) ………… (3)

右辺の原型損益計算書では、純利益(振替)を含むすべての現金外項目が消去され、現金増加収益と現金減少費用だけが残る。左辺は図表5−8の変動貸借対照表の下の部分を示し、右辺は原型損益計算書の下の部分を示す。

(b) **間接法のキャッシュ・フロー変動差額計算式**

式(2)の左辺の現金増と現金減を右辺に移項する。

(現金外資産増−現金外資産減)−(負債資本増−負債資本減)−純利益(振替)=総収益−総費用−純利益(振替)−(現金増−現金減) ………… (4)

右辺の原型損益計算書では現金増加収益と現金減少費用が消去され、現金外項目の変動にかかわる収益費用と純利益(振替)が残る。左辺は図表5−8の変動貸借対照表の上の部分を示し、右辺は原型損益計算書の上の部分を示す。

設例:図表5−8による。
(a) 直接法のキャッシュ・フロー変動差額計算式
現金増93−現金減63=総収益167−総費用157−現金外資産増61+現金外資産減26+負債資本増68−負債資本減13=30
(b) 間接法のキャッシュ・フロー変動差額計算式
現金外資産増61−現金外資産減26−負債資本増68+負債資本減13−純利益(振替)10=総収益167−総費用157−純利益(振替)10−現金増93+現金減63=−30

て、間接法のキャッシュ・フロー計算書は繰越利益剰余金へ振替えられた純利益をその構成要素として含むから、その式の両辺に「－純利益（振替）」の項目を追加しなければならない。その結果、計算式(2)が得られるが、その両辺はともにゼロとなる。キャッシュ・フロー変動差額計算式は損益を計算するための計算式ではなく、すでに計算された純利益と繰越利益剰余金へのその振替を前提にしている。

　直接法のキャッシュ・フロー変動差額計算式は、計算式(2)の左辺の現金外項目のすべてを右辺に移項して得られる。計算式(3)がそれである。左辺は変動貸借対照表での借方残高としての現金増加額を示し、右辺は原型損益計算書から純利益（振替）のほか、現金外項目の収益要素、すなわち現金外資産増加や負債資本減少を控除し、現金外項目の費用要素、すなわち現金外資産減少や負債資本増加を控除する。ここでは現金外項目はすべて消去され、現金項目の変動だけが両辺に残る。また、間接法のキャッシュ・フロー変動差額計算式は、式(4)が示すように、計算式(2)から左辺の現金増加と現金減少を右辺に移項して得られる。右辺では損益計算書の総収益から収益要素の現金増加が消去され、総費用から費用要素の現金減少が消去される。「現金増加－現金減少」を左辺へ移項するということは、両辺に「－（現金増加－現金減少）」を追加することによって、その項目を両辺から消去することを意味する。その結果、右辺の原型損益計算書でも間接法の現金外項目だけが残ることになる。先に包括利益計算書の説明で「戻し計算」という用語を用いたが、それと同じ計算原理によるものである。図表では、設例として、図表5－8の例を用いているが、直接法では現金増加額が30として計算され、間接法では－30として計算されていることが明らかであろう。

第2節　キャッシュ・フロー計算書の作成法

　これまでは、筆者の提唱する深層構造論に立ちながら、変動貸借対照表や原型損益計算書を前提に置いて、そこからキャッシュ・フロー計算書を導き出し

た。そこで述べた作成法は理論上のものである。これに対して、以下、実務上の作成法を考察の対象とする。ただし、ここで注意すべきは、変動貸借対照表は通常の複式簿記上の「通常仕訳」をそのまま記入したものであり、その結果として産み出された通常損益計算書も、理論上で想定した原型損益計算書から導出されうるものである。以下の考察から明らかとなるように、実務で用いられる幾つかの作成法も、結局は、通常仕訳を変動貸借対照表の型と原型損益計算書の型に還元する過程にほかならない。

作成される計算書が二つの型のいずれに属するかを判定する方法としては、図表5-10にまとめている。財の「増加・減少」という用語は、変動貸借対照表にも原型損益計算書にも適用できるが、それが現れる関係は貸借反対である。したがって、作成された計算書において、資産増加（直接法の収入を含む）・負債資本減少（間接法の純損失項目を含む）が「借方」に、資産減少（直接法の支出を含む）・負債資本増加（間接法の純利益を含む）が「貸方」に現れる場合、これは変動貸借対照表の型である。それらがすべて貸借反対の側、すなわち、資産増加等が「貸方」に、資産減少等が「借方」に現れる場合、それは原型損益計算書の型であるということができる。

1 後 退 法

ここでは、実務の作成法を後退法と前進法とに分けて考察する。この用語は筆者が、便宜上、用いている呼び名にすぎない。ここで後退法というのは、日

図表5-10 二つの型を見分ける方法

(1) **変動貸借対照表の型**：資産増・負債資本減が「借方」に、資産減・負債資本増が「貸方」に現れる場合、この計算書は変動貸借対照表の型である。
(2) **原型損益計算書の型**：資産増・負債資本減が「貸方」に、資産減・負債資本増が「借方」に現れる場合、この計算書は原型損益計算書の型である。
(3) 例外的に、間接法の計算書で、「収入支出項目による言い換え」が適用された「収入」及び「支出」の項目については、支出項目が借方で収入項目が貸方の場合、変動貸借対照表の型であり、それと貸借反対の場合、原型損益計算書の型である。

本の会計制度委員会報告第8号「連結財務諸表等におけるキャッシュ・フロー計算書の作成に関する実務指針」がそのいくつかの「設例」で採用している作成法をいうものとする[1]。それを参考にして、図表5-11と図表5-12に後退法の修正仕訳を示している。

(1) 直接法のキャッシュ・フロー計算書

　ここで、「後退法」と呼ぶ意味は間接法の場合よりも直接法においてはっきり現れている。期中の取引仕訳の反対仕訳を行うからである。すなわち、直接法の計算書では、図表5-11の区画ⓐに示すように、比較貸借対照表（BS）から増減額を反対仕訳によって消去するほか、損益計算書（PL）からも反対仕訳によって収益及び費用項目を消去する。例えば、商品販売の修正取引①では、売上収益65を借記によって消去したのち、比較貸借対照表の売掛金増加からの振替額15を除いて、貸方に「売上収入50」が計上される。これは本来、現金勘定借方の増加であるが、ここではそれが貸方に記入されている。図表の区画ⓑに示すキャッシュ・フロー計算書ですべての収入が貸方、すべての支出が借方

図表5-11　後退法 ――直接法のCF計算書

ⓐ	(借方) 直接法の修正仕訳 (貸方)				ⓑ CF計算書 ―原型損益計算書の型―			
①	売上(PL)	65	売上収入 売掛金(BS)	50 15	商品仕入支出 利息支払額	20 5	売上収入 株式発行収入	50 43
②	商品仕入支出 買掛金(BS)	20 18	商品(BS)	38	設備購入支出 借入返済支出	30 8		
③	商品(BS)	22	売上原価(PL)	22	現金増加	30		
④	利息支払額 未払利息(BS)	5 2	支払利息(PL)	7	説明：			
⑤	設備(BS)	26	減価償却費(PL)	26	ⓐ後退法の修正仕訳により収入支出以外の項目は消去される。			
⑥	設備購入支出	30	設備(BS)	30	ⓑ収入は貸方、支出は借方。現金増加額は貸方残高でプラス30。原型損益計算書の型である。			
⑦	借入金返済支出	8	借入金(BS)	8				
⑧	資本金(BS)	43	株式発行収入	43				

図表5-12　後退法――間接法のCF計算書

	(借方)	間接法の修正仕訳	(貸方)	
ⓐ	利益剰余金(BS)	10	当期純利益	10
①	売掛金増	15	売掛金(BS)	15
②	商品増	16	商品(BS)	16
③	買掛金(BS)	18	買掛金増	18
④	未払利息(BS)	7	支払利息	7
	未払利息減	5	未払利息(BS)	5
⑤	設備(BS)	26	減価償却費	26
⑥	設備増	30	設備(BS)	30
⑦	借入金減	8	借入金(BS)	8
⑧	資本金(BS)	43	資本金増加	43
ⓑ		収入支出項目による言い換え		
④	未払利息減	5	未払利息	5
	利息支払額	5	←直接法④を代用	
⑥	設備増	30	設備(BS)	30
	設備購入支出	30	←直接法⑥を代用	
⑦	借入金減	8	借入金(BS)	8
	借入金返済支出	8	←直接法⑦を代用	
⑧	資本金(BS)	43	資本金増	43
	←直接法⑧を代用		株式発行収入	43

ⓒ	CF計算書 －変動貸借対照表の型－			
	売掛金増	15	当期純利益	10
	商品増	16	買掛金増	18
	利息支払額	5	支払利息	7
	設備購入支出	30	減価償却費	26
	借入返済支出	8	株式発行収入	43
	現金増加額	30		
		104		104

説明：
ⓐ現金外項目の期中増減額を「増加減少」という用語によって、変動貸借対照表に振替える。

ⓑ囲い文字の語彙は言い換えられた部分である。各仕訳は矢印←で示すように、それに対応する直接法の仕訳（図表5-11のⓐ）によって代用される。

ⓒ当期純利益は貸方。現金増加額は貸方残高で、意味上、マイナス30。変動貸借対照表の型である。

に出ているのでこれが原型損益計算書の型であることは明らかである。日本でしばしば「収入は貸方である」と説明されることがあるが、これは後退法の原型損益計算書の型を想定しているからである。実務では特別に原型損益計算書を意識して作成しているわけではないが、結果的に、それと同じ型をとっていることになる。実務で作成されるこのような財務諸表の存在は、現金勘定に限定した部分的なものではあるが、原型損益計算書が実在していることの証拠ともなるのである。

(2) 間接法のキャッシュ・フロー計算書

　間接法の計算書を作成する場合には、比較貸借対照表が用いられる。図表5－12の区画ⓐに示すように、精算表では、現金外項目の増減額を貸借反対の記入によって消去しながら、それをキャッシュ・フロー計算書に振り替えることになる。「資産増加・負債資本減少」に属する項目を計算書の借方に、「資産減少・負債資本増加」に属する項目を貸方に振り分ける。例えば、修正仕訳①では、比較貸借対照表の増減欄の「売掛金増15」を、反対の貸方記入「売掛金（BS）15」を通して、同じ借方の「売掛金増15」へ振り替える。これは現金外の資産項目の期中増減額を「増加・減少」で表現する変動貸借対照表の「借方」へ振り替えることを意味する。期末に、すでに作成されている比較貸借対照表から時間的に先行する変動貸借対照表へ戻しているという意味で後退法である。

　仕訳⑤の貸方「減価償却費26」は本来「設備減26」または「減価償却累計額増26」であるが、伝統的に「減価償却費」という項目名が用いられている。この費用項目は振替元の比較貸借対照表勘定には存在せず、また、本来、費用項目が貸方に現れることはない。ここでは「費用勘定による言い換え」がなされているのである。ただ、このような言い換えは同じマイナス符号付の項目間の言い換えであるから、特に問題とするほどのことはないかもしれない。

　会計基準に従って作成される間接法のキャッシュ・フロー計算書に特有な問題として「収入支出項目」がある。営業キャッシュ・フロー区分の「小計」以下の部分や、投資活動区分と財務活動区分の全体が直接法と同じ収入支出の総額で表示される（図表5－4の直接法と間接法(a)参照）。本来、間接法は現金外項目の変動との関連でキャッシュ・フローを表現するものであるから、現金の収入項目や支出項目が計算書に現れることはあり得ない。ただ、有用性の観点から実務の計算書はこれらの項目を導入している。ここでは、この導入の意味を、図表の区画ⓑ「収入支出項目による言い換え」という表題のもとで示している。理論上の「指示対象」が、全く異なった意味の「語彙」の「指示対象」に変換されているのである。

　間接法の仕訳⑥を用いて説明すると、現金外項目に属する「設備増30」とい

う項目を現金項目に属する「設備購入支出30」という語彙に言い換えるのである。その結果、精算表上の修正仕訳においては、図表5-11の区画ⓐの「直接法の仕訳⑥」によって代用していることになる。金額が同額であるということから、「設備の増加30」（変動貸借対照表の借方のプラス要素）が「現金の減少30」（マイナス要素）に意味転換されているのである。矢印「←」で示したその他の仕訳④・⑦・⑧についても同様である。筆者は、以前の論考でこのような言い換えを用語上のトリックと呼んだが、別の言い方をすれば、語彙取り替えの変形操作とでもいえようか。ただ、問題は、この変形操作の結果が、計算書を構成する語彙体系に概念的に見て致命的な混乱を引き起こしているという点である。このような言い換えは、もともとプラスを意味する語彙をマイナスを意味する語彙へ、またはその逆へと転換することを意味する。要するに、語彙体系のレベルで変換率（－1）を適用したのと同じ意味を持つ。その結果、間接法の計算書では、「設備購入支出」というマイナスを意味する語彙が、「売掛金増加」や「商品増加」というプラスを意味する項目と同じ借方側に並んで表示されることになる。語彙体系として見た場合、結果的に、間接法の計算書は矛盾をはらんだ語彙の集合から構成されることになる。このような相互に矛盾する語彙の羅列は有用性という点から導き出されたのであろうが、論理性、または理解可能性という点から許容されるのかどうか問題は残る。

　先の図表5-10に述べたように、例外的に、これらの「収入支出項目による言い換え」が適用された諸項目については、借方に支出項目、貸方に収入項目が現れた計算書は変動貸借対照表の型であり、それと貸借反対の場合には原型損益計算書の型と判定することになる。いずれも、この部分は本来の型とは貸借反対で原理的には異なったものとなる。

　最後に、図表の区画ⓒにキャッシュ・フロー計算書を示しているが、当期純利益が貸方に現れており、これが変動貸借対照表の型をとることは明らかであろう。作成法から見ても、期首期末の貸借対照表だけを前提に置くのであるから、変動貸借対照表の型を取るのは必然であろう。ただ、「収入支出項目による言い換え」を部分的に適用することによって、この間接法のキャッシュ・フ

ロー計算書は、事実上、間接法と直接法を混合した形をとることになる。

2 前　進　法

　ここで前進法というのは、米国の文献に多く見られるＴ勘定法などを含むもので、比較貸借対照表や損益計算書を作成資料として用いることは後退法と同じであるが、精算表での修正仕訳は異なる[2]。前進法では、期首貸借対照表を前提におき、期中の変動を追加的に記入しながら、期末貸借対照表に到達する過程で、キャッシュ・フロー計算書を導き出す方法である。したがって、精算表での修正仕訳は期首と期末の貸借対照表の間に挟まれた形で進行する。なお、先に作成した図表5－3と図表5－6では、変動貸借対照表や原型損益計算書から間接法と直接法の計算書を同時並行的に作成したが、これも前進法に含まれる。期首貸借対照表を前提に置き、それに期中取引の仕訳を総括的に追加記入してゆく点では、通常の前進法と同じであるからである。次に見るように、前進法によって作成された間接法の計算書は原型損益計算書そのものである。

(1) 直接法のキャッシュ・フロー計算書

　図表5－13の区画ⓐに示すように、直接法の修正仕訳は、現金項目の期中の変動について、借方増加記帳を「収入」とし、貸方の減少記帳を「支出」として表現する。発生する損益項目は直接に利益剰余金の増減として記入している。収入と支出がそれぞれ現金勘定の借方と貸方に対応しており、図表の区画ⓑに示すように現金増加額（収入）は借方残高となり、これが変動貸借対照表の型であることは明らかであろう。前進法では、新しく期中取引を追加記入する形になるのであるから、現金収入が借方記入になるのは自然であろう。

(2) 間接法のキャッシュ・フロー計算書

　前進法によって間接法の計算書を作成する場合、修正仕訳は図表5－14の区画ⓐのようになる。これは先の図表5－6「原型損益計算書から作成されたキャッシュ・フロー計算書」に示したものと全く同じものである。本質的に変動貸借対照表と原型損益計算書との一対一の対応関係に基づいた記帳を基礎に置いていることがわかる。例えば、修正仕訳①では、「売掛金」の増加が変動

図表5-13　前進法 ――直接法の CF 計算書

ⓐ	（借方）　直接法の修正仕訳　（貸方）				ⓑ CF 計算書　－変動貸借対照表の型－			
①	売上収入 売掛金	50 15	利益剰余金 （売上）	65	売上収入 株式発行収入	50 43	仕入支出 利息支払額	20 5
②	商品	38	仕入支出 買掛金	20 18			設備購入 借入返済支出	30 8
③	利益剰余金 （売上原価）	22	商品	22			現金増加額	30
						93		93
④	利益剰余金 （支払利息）	7	利息支払額 未払利息	5 2	説明： 　ⓐ損益項目は直接に利益剰余金に加減する処理をとる。 　ⓑ収入は借方、支出は貸方。現金増加額は借方残高のプラス30。変動貸借対照表の型である。			
⑤	利益剰余金 （減価償却費）	26	設備	26				
⑥	設備	30	設備購入支出	30				
⑦	借入金	8	借入返済支出	8				
⑧	株式発行収入	43	資本金	43				

貸借対照表の借方に記入されると同時に貸方には「売掛金増」が記入されるが、これは「収益勘定」（通常損益計算書の「売上」）である。これが性格上、「収益勘定」であることは、修正仕訳④の支払利息や修正仕訳⑤の減価償却費など費用勘定がその借方に出ていることからもわかる。ゴシック体で示した項目は、通常、収益または費用項目とされるものをも含めて、すべて原型損益計算書の構成要素である。借方記入の当期純利益10が原型損益計算書から利益剰余金への振替記帳、すなわち「－純利益（振替）10」を表すことはいうまでもない。この項目が借方にあるのでこれは原型損益計算書の型である。

　実務におけるこのような計算表の作成も原型損益計算書の実在性を証明しているということができる。いま、後退法が作成する直接法のキャッシュ・フロー計算書（図表5-11の区画ⓑ）と、前進法が作成する間接法のそれ（図表5-14の区画ⓒ）とを結合すると、完璧な一つの原型損益計算書ができあがる。

第5章 キャッシュ・フロー計算書の意味構造

図表5-14 前進法──間接法のCF計算書

ⓐ	(借方)	間接法の修正仕訳	(貸方)	
	当期純利益	10	利益剰余金	10
①	売掛金	15	売掛金増	15
②	商品	16	商品増	16
③	買掛金増	18	買掛金	18
④	支払利息	7	未払利息	7
	未払利息	5	未払利息減	5
⑤	減価償却費	26	設備	26
⑥	設備	30	設備増	30
⑦	借入金	8	借入金減	8
⑧	資本金増	43	資本金	43
ⓑ		収入支出項目による言い換え		
④	未払利息	5	未払利息減	5
	←直接法④を代用		利息支払額	5
⑥	設備	30	設備増	30
	←直接法⑥を代用		設備購入支出	30
⑦	借入金	8	借入金減	8
	←直接法⑦を代用		借入金返済支出	8

⑧	資本金増	43	資本金	43
	株式発行収入	43	←直接法⑧を代用	
ⓒ		CF計算書 ─原型損益計算書の型─		
	当期純利益	10	売掛金増	15
	買掛金増	18	商品増	16
	支払利息	7	利息支払額	5
	減価償却費	26	設備購入支出	30
	株式発行収入	43	借入返済支出	8
			現金増加額	30

説明:

ⓐ現金外項目の増減を一対一の関係で貸借反対に記入する。

ⓑ囲い文字の語彙が言い換えられた部分である。各仕訳はそれに対応する直接法の修正仕訳によって代用される。

ⓒ当期純利益は借方である。現金増加額は借方残高のマイナス30。原型損益計算書の型である。

図表5-6の原型損益計算書の間接法と同じものになるのである。

　原型損益計算書の収益費用概念が通念と異なる点は、そこでは「資本金」の増加が借方で「費用(資本金増加)」となっている点である。これは、元入資本の変動と収益費用概念との関連性をどのように説明するかという、これまでしばしば提示してきた問題とつながる。現在の資産負債アプローチは、「資本取引」という伝統的な名のもとに、元入資本の変動と収益費用概念との結びつきを頑なに拒否しているため、それが大きな論理的矛盾を抱えていることは先の第二章で指摘した。間接法のキャッシュ・フロー計算書では元入資本増加

(取引仕訳⑧の借方項目「資本金増43」)は現金外項目に属し、ここでは当然に「費用」となる。そして現金増加額30を計算するために、費用であるからこそ純利益に加算され、それに戻し入れられる。つまり、「当期純利益10＋資本金増加費用43」が現金増加額30を計算する要素の一つとなる。現在の資産負債アプローチは、資本金増加の費用性を認めないので、間接法のキャッシュ・フロー計算書について、元入資本の増加または減少を純利益へ戻し入れる過程を説明できないことになる。

ただ、実務上の間接法では、図表の区画ⓑの「収入支出項目による言い換え」によって、この費用項目「資本金増43」は「株式発行収入43」に変形されている。このことは、実は、いま問題としている側面を表面から覆い隠す効果をもっていると考えられる。収入または支出という語彙によって言い換えられているので、ここで提示している問題が顕在化することはない。実務はこの言い換えによって、この問題から巧妙に身をかわしていることになる。

以上、見てきたように、実務で作成されたキャッシュ・フロー計算書は変動貸借対照表の型または原型損益計算書の型のいずれかに収まってしまう。このことから、キャッシュ・フロー計算書を作成する過程は、直接法にせよ間接法にせよ、作成済みの期首及び期末の貸借対照表、損益計算書やその他の勘定記録を参考にしながらも、それから得られた情報を、変動貸借対照表または原型損益計算書を構成している記帳単位の集合に還元し、それらの期中変動を再現する過程であるということができる。

3　間接法の収入項目と支出項目

先の図表5-4では、日本の「会計基準」に従って作成される間接法の計算書を報告式により間接法(a)として示したが、これは、これまで述べてきた間接法(b)の計算書とはプラス・マイナスの符号の付け方が反対になっている。この違いがどのような考え方から生じたかを示すために、次に、図表5-15を作成している。これは先の図表5-8の形を用いたもので、説明を簡単にするため、図表の全8区画に㋐～㋘の記号を付けている。この図表は、実務上、間接法の

図表5-15　間接法の収入項目と支出項目

（借方）　　変動貸借対照表　　（貸方）		（借方）　　原型損益計算書　　（貸方）	
㋑支出項目： 現金外資産増　－61 負債資本減　　－13	㋺収入項目： 純利益（振替）　＋10 現金外資産減　＋26 負債資本増　　＋68	㋩収入項目： 純利益（振替）　＋10 現金外資産減　＋26 負債資本増　　＋68	㊁支出項目： 現金外資産増　－61 負債資本減　　－13
㋭収入： 現金増　　　　＋93	㋬支出： 現金減　　　　－63	㋣支出： 現金減　　　　－63	㋠収入： 現金増　　　　＋93

説明：
　伝統的に「現金外資産減・負債資本増」は現金収入をもたらすという仮定のもとで**収入項目**と呼ばれ、「現金外資産増・負債資本減」は現金支出をもたらすという仮定のもとで**支出項目**と呼ばれてきた。その結果、間接法でも現金増加額はプラス30となる。
（ⅰ）後退法による現金増加額の計算：
　　　　直接法：原型損益計算書型の計算。㋠収入93　　－　㋣支出63　　＝＋30
　　　　間接法：変動貸借対照表型の計算。㋺収入項目104　－　㋑支出項目74　＝＋30
（ⅱ）前進法による現金増加額の計算：
　　　　直接法：変動貸借対照表型の計算。㋭収入93　　－　㋬支出63　　＝＋30
　　　　間接法：原型損益計算書型の計算。㋩収入項目104　－　㊁支出項目74　＝＋30

計算書の冒頭に現れる利益剰余金増加（純利益振替項目）を「プラス項目」として示す会計基準の考え方を説明するためのものである。

　表の上段の現金外項目（間接法）については、図表5-8のプラス・マイナスの符号を、伝統的に用いられてきた「収入項目」と「支出項目」という用語に従って反転させている。例えば、現金外資産増・負債資本減（＋）は現金支出を伴うという仮定のもとで支出項目（－）という概念のもとに総括される。反対に、現金外資産減・負債資本増（－）は現金収入をもたらすという仮定のもとで収入項目（＋）という概念に総括される。この用語は説明のために実務で伝統的に用いられてきた用語である。一般の教科書でも、この説明法が頻繁に用いられる。

　プラス・マイナスの符号が書き換えられた結果、後退法では、間接法の変動

貸借対照表の収入項目㋺（本来のマイナス項目）が支出項目㋑（本来のプラス項目）を超える超過額のプラス30がそのままプラス符号付きの現金増加額として計算される。前進法についても同様に、原型損益計算書の収入項目㋩（本来のマイナス項目）が支出項目㋥（本来のプラス項目）を超える超過額30がそのまま現金増加額として計算される。結果的に、間接法を含めて、すべての計算で「現金増加額」は直接法と同じプラス30として計算されることがわかる。

間接法で用いられる収入項目・支出項目という用語は、すべての現金外項目に変換率（-1）適用したものであり、理論的に認められないことはいうまでもない。すべての現金外項目の増減が現金の収入や支出と結び付いているわけではない。例えば、商品の売上げによって生じた売掛金の増加は現金外資産増加として支出項目に属することになるが、なぜこれが支出項目なのか理解できない。また、商品購入に伴う買掛金の増加が負債増加として収入項目となるのも奇妙である。間接法が写像するものは、現金外項目自体の変動であって、それが収入支出といかに関わるかには全く影響されない。また、このことは、特に現金外項目に時価評価される項目が含まれる事例を考えるとはっきりする。例えば、ある資産項目について評価益が計上された場合、このような見方によると、それは現金外資産の増加となるから、奇妙にも「支出項目」と呼ばれることになる。

会計基準に従った間接法(a)の計算書（図表5-4）では、当期純利益10はプラス符号付きとみなされている。これは伝来の「収入項目」の概念を適用したものと考えられる。本来は、マイナス符号付きの繰越利益剰余金増加高を指示する項目が、先ず、プラス符号付きの純利益そのものを意味するものとされ、さらに、プラス符号付きの「現金増加」（借方資産の増加高）を示すものとされているのである。

これまでの考察から明らかなように、「純利益（振替）」の項目は通常の「会計取引」を表すものではない。現金勘定をはじめ、その他の貸借対照表勘定の変動とは直接の関連をもたないのである。しかし、間接法の純利益をプラス項目とする以上のような見方が、多くの場面で、間接法のキャッシュ・フロー計

算書について事実に反した説明法や様々な誤解を生みだしていると考えられる。

4　実務指針の精算表の問題

　最後に、日本の「実務指針」（会計制度委員会報告第 8 号）の精算表について触れておかなければならない。この指針に例示されている精算表の作成法に従って間接法の計算書を作成すると、次の図表5 - 16と図表5 - 17に示すようになる[3]。

　図表5 - 16の清算表では、比較貸借対照表からキャッシュ・フロー計算書への振替欄を二つ設定している。一つは、振替(a)の欄であって、これは実務指針が示す振替法に従ったものである。もう一つは振替(b)の欄であって、これは筆者がこれまで述べてきた論理に従った方法である。実務指針は筆者のマイナス符号に相当する部分を括弧（　）で示しているが、その例示によると、比較貸借対照表から得られた「増減」の額をキャッシュ・フロー計算書に振り替える際に、その増減額をゼロとするために、プラス符号をマイナス符号に、またはその逆に反転させ、そして、各増減額をゼロとするために反転させたその符号のままでキャッシュ・フロー計算書に振り替えている。例えば、③売掛金増加は比較貸借対照表の増減欄で15であるが、振替(a)の欄ではそれをゼロとするためにマイナス記号を付けて（15）とし、これをそのまま、キャッシュ・フロー計算書の借方に（15）として振り替えている。しかし、これは単なる振替仕訳であるから、振替(b)の欄の記入が示すように、売掛金増加のプラス15はその振替先でもプラス15が維持されなければならない。同様に、比較貸借対照表増減欄の⑫利益剰余金増加（10）はその振替先（同じ貸方）の「当期純利益」でも（10）が維持されなければならない。当期純利益（10）となる。振替元の利益剰余金（10）が振替先で当期純利益10に反転することはあり得ないのである。この精算表では、振替過程においてすべての項目においてプラスとマイナスが反転する結果になっている。要するに、すべての振替項目について変換率（－1）を乗じているのである。このように、実務では精算表での計算書の作成過程において暗黙のうちに変換率が適用されている。

図表5-16　実務指針の精算表(1)

勘定	期首貸借対照表	期末貸借対照表	増減	振替 (a)	振替 (b)
現金	15	45	30	① 15、②(45)	〃
売掛金	10	25	15	③(15)	〃
商品	30	46	16	④(16)	〃
設備	45	49	4	⑤ 26、⑥(30)	〃
買掛金	(15)	(33)	(18)	⑦ 18	〃
未払利息	(5)	(7)	(2)	⑧ 7、⑨ (5)	〃
借入金	(40)	(32)	8	⑩ (8)	〃
資本金	(35)	(78)	(43)	⑪ 43	〃
利益剰余金	(5)	(15)	(10)	⑫ 10	〃
1. 営業活動CF：			当期純利益	⑫ 10	(10)
			売掛金増加	③(15)	15
			商品増加	④(16)	16
			減価償却費	⑤ 26	(26)
			買掛金増加	⑦ 18	(18)
			支払利息	⑧ 7	(7)
			利息支払額	⑨ (5)	5
2. 投資活動CF：			設備購入支出	⑥(30)	30
3. 財務活動CF：			借入金返済支出	⑩ (8)	8
			株式発行収入	⑪ 43	(43)
			現金増加額	30	(30)
			現金期首残高	① 15	(15)
			現金期末残高	②(45)	45
			合計	0	0

　実務指針が比較される期首と期末の貸借対照表についてその負債資本項目に括弧を付する時、それは筆者の一元論の表示法と同じ方法に従ったことを意味する。結果的に、増減欄では資産減少項目と負債資本増加項目には括弧が付く。当然、実務指針の間接法計算書の貸方項目、すなわち当期純利益（利益剰余金増加）、減価償却費（設備減少）、買掛金増加、支払利息（未払利息増加）、株

図表5-17 実務指針の精算表(2)

(借方)	間接法のCF計算書 ―振替(a)による―		(貸方)
利益剰余金	10	当期純利益	10
売掛金増加	(15)	売掛金	15
商品増加	(16)	商品	16
設備	26	減価償却費	26
買掛金	18	買掛金増加	18
未払利息	7	支払利息	7
利息支払額	(5)	未払利息	5
設備購入支出	(30)	設備	30
借入金返済支出	(8)	借入金	8
資本金	43	株式発行収入	43

説明：
(1) 実務指針の設例では、図表5-16の**振替(a)**の欄に示すように、増減欄の金額を下部の計算書に振り替えるさい、増減額の符号をプラスからマイナスへ、またはその逆へと反転させている。これに対して、**振替(b)**の欄では、増減欄の符号のまま振り替えている。上表の借方項目から括弧を外し、貸方項目に付けるべきである。当期純利益（10）、減価償却費（26）、買掛金増加（18）、支払利息（7）、株式発行収入（43）となる。図表5-4参照。
(2) 現金勘定の振替仕訳①と②について。
　　　(借) ②現金期末残高　45　(貸) 現金　　　　　　　30
　　　　　　　　　　　　　　　　　　　①現金期首残高　15
　実務指針はこの仕訳を精算表には組み込んでいない。振替(a)の欄ではそれを組み込んだものと想定し、増減額をゼロとするための反対記入の符号のまま計算書に振り替えている。ここで、現金の増加額は、事実に反して、マイナス符号付きの（30）（＝②期末残高（45）＋①期首残高15）となる。これに対して、振替(b)では、現金増加額はプラス符号付きの30（＝期末残高45＋期首残高（15））となり、この直接法の30に間接法の（30）が対応する。その合計額を表示するとすればゼロとなる。

式発行収入（資本金増加）については、すべて同じ括弧（マイナス符号）を付けなければならない。

なお、図表5-17の説明(2)では、間接法が示す現金増加額を直接法が示す現金増加高30と関連付けている。実務指針の精算表では、キャッシュ・フロー計算書の末尾において、間接法の現金増加高を直接法と同じようにプラス符号付き（括弧なし）の30で示し、それに直接法の現金期首残高15をプラスして現金期末残高45を表示している。ここでは、このような表示法が理論的に成立するかという問題になる。

実務指針では、修正仕訳としては現金項目について振替仕訳①と②を例示しながら、これを精算表には組み込んでいない。図表5-16の精算表では、それを組み込んだものと想定して振替(a)に含めている。実務指針の振替法(a)によれば、現金項目については、現金期末残高がマイナス符号付きの（45）、現金期首残高がプラス符号付きの15となり、現金増加高はマイナス符号付きの（30）となるが、これは事実に反する。これに対して、振替(b)が正しい結果を招くことは明らかであろう。

この振替仕訳の意味は、先に第4章第2節において考察した転換仕訳との関連で見ると理解しやすいであろう（図表4-8）。期中取引に即して認識された変動差額を転換仕訳によって残高差額に転換する場合には、その現金増加高30の記入を消去し、これを期首残高の費用化額（15）と期末増加高の収益化額45の結合、つまり残高差額30に置き替える。先に明らかにしたように、転換仕訳では、それが適用される勘定が資産に属する場合、期末残高は収益化されてプラス符号付きとなり、期首残高は費用化されてマイナス符号付きとなる。精算表の振替(b)の欄に示すように、計算書の末尾で計算された間接法の現金増加高（30）に、この符号に従って、期首残高（15）と期末残高45を加算すれば、その結果はゼロとなる。

このように、間接法の現金増加額（30）と直接法の現金増加額30の合計はゼロになる。図表5-4に示した間接法(b)の計算書のように、計算書の末尾において、現金外項目の変動だけを表示する様式をとるならば問題は生じない。「現

金外項目増加額(30)+現金外項目期首残高(15)=現金外項目期末残高(45)」となる。しかし、直接法の現金増加高30と結びつけた表示法を採るとすれば、その合計額はゼロとするほかないのである。比較されている期首と期末の貸借対照表が、それぞれ、すでにゼロ等式で成立しているので、両者の増減高から構成されている計算書でもゼロ等式が成立するのは当然の帰結である。

　従来、間接法ではその計算プロセスにおいては、戻し入れの観点から説明されることが多かった。この場合、純利益項目がプラス項目としてその前提に置かれた。その結果、戻し入れられる項目の側では、プラスの収益項目がマイナス項目へ、マイナスの費用項目がプラス項目へと変換された。例えば、減価償却費の (26) を26に反転させた上で、それをプラスの純利益10に加算するのである。変換率の適応が前提にあるので、間接法でも最終項目の現金増加額が直接法のプラスの現金増加額30にそのまま一致することになる。

　これに対して、振替(b)を前提に置いた場合には、このような反転は必要のないものである。減価償却費は、元のマイナス符号、すなわち (26) のまま純利益 (10) に加算される。すなわち、減価償却費を計上する以前の純利益 (振替) (36) に戻される。そして、それを戻し入れとして説明する[4]。ある項目を戻し入れるということは、その項目が損益項目として計算される以前の状態に戻すという意味である。すべての項目を戻し入れたのち、現金外項目の合計はマイナス符号付きの (30) となる。変動貸借対照表では、借方側の現金増加項目30に対して、貸方側に純利益 (振替) 項目 (30) すなわち利益剰余金増加 (30) が対応する。借方がプラス項目であるならば貸方はマイナス項目でなければならない。実務指針によって作成された計算表には、複式簿記の構造上、貸借対照表には存在しないはずの「プラス符号付きの当期純利益項目」や、「マイナス符号付きの売掛金増加項目や商品増加項目」が表示されているが、ここで、このような計算書はどのような性格の計算書と解されているのであろうか。

　間接法の純利益項目をプラス符号付きとする見方は、現在の資産負債アプローチが純利益 (振替) 項目を借方残高としての純利益と「同視」してプラス

符号付きとみなすのと同類の誤りである。先の図表5-6の「純利益計算」で明らかにしているように、「プラス符号付きの純利益」は取引①～⑧から発生するものであって、その計算に純利益（振替）項目がその構成要素として含まれることはない。現金外項目に含まれる「純利益」はマイナス符号付きの未処分利益の増加でしかあり得ないのである。

　実務指針の設例のように、プラス・マイナス符号を反転させることは、実務上、間接法か直接法のいずれか一方の計算書だけを選択するという状況のもとでは、それなりの理由はあると考えられる。キャッシュ・フロー計算書と銘打って公表している以上、間接法の現金増加額をマイナス符号で示すわけにはいかないかもしれない。また、プラス・マイナスの符号を「特別の断りなしに」反転させることは、恐らく、間接法は直接法と作成方法が違うだけのもので、それと同じ現金増加額を表現するという信念の上に立っているとも考えられる。ただ、ここで提起している問題はあくまで理論的なレベルでの間接法の見方に関わるものである。理論は理論でその本質を見極めなければ、会計理論は一歩も前に進めないし、いつまでも科学化しない。

第3節　キャッシュ・フロー計算書を巡る概念的諸問題

1　作成方法か写像対象か

　一般に、キャッシュ・フロー計算書の解説書では、直接法と間接法の対立は作成法の対立として説明されていることが多い。しかし、両者の対立は、作成方法の対立ではなく、何をもってキャッシュ・フローを表現するかという、その写像対象ないし表示対象の対立にあると見るべきであろう。作成法に複数の異なった方法があっても、貸借対照表や損益計算書を作成した後に、期中の現金項目または現金外項目の「変動」を導き出している点では同じである。直接法と間接法との対立は、変動貸借対照表を二分する現金項目の集合と現金外項目の集合との対立である。この点を強調すれば、直接法は「キャッシュ・フローの計算書」であるのに対して、間接法はキャッシュ・フロー計算書という名は

もっていても、その実は、「現金外項目のフロー計算書」ということになる。

　直接法と間接法の対立は単に作成法の差異にすぎないという点だけを強調すれば、計算書の目的は直接法の表現するキャッシュ・フローであり、間接法もその作成方法が異なるだけで、基本的には直接法と同じ現金増加額を示すべきであるという観念に陥り易い。先に指摘した実務指針の精算表の問題も恐らくここから発生している。この点、従来、両者の対立が写像対象の対立に基づくものであるという点についての認識が不十分であったと考えられる。

　これとは別に、直接法は損益法であり、間接法は財産法であるという見解もある[5]。これが謬論であることは、これまでの考察から明らかであろう。財貨の増加や減少の表現であれば、それが直ちに残高比較を基礎におく財産法であるとする、いわゆる二項対立概念の最も弱い面がもろに表面化した一例である。そこでは冒頭から「直接法は損益法であり間接法は財産法である」という命題が前提におかれ、なぜそうであるかについての論証はどこにも書かれていない。直接法の「収入」は「現金増加」を意味し、間接法の「売掛金増加」と同じ資産増加を表現する点では、両者は同質のものである。この場合、どうして前者が変動差額（損益法）で後者が残高差額（財産法）になるのであろうか。すべての項目について残高差額は変動差額に等しいのであるから、このような区別は無意味である。また、直接法と間接法の境界線は適用される資金概念のいかんにより変動する。例えば、運転資本変動表を作成するとすれば、変動貸借対照表は、直接法の「現金、売掛金、商品等を含む運転資本項目」と間接法の「設備、資本金、長期借入金等を含む運転資本外項目」とに二分される[6]。キャッシュ・フロー計算書では間接法に含まれていた売掛金等の諸項目がここでは直接法に含まれることになるが、それらは、ここでは、先の財産法から損益法へと転換することになるのであろうか。

　間接法を財産法とする見方は、後退法が間接法の作成に用いる比較貸借対照表からヒントを得たものと思われるが、複式簿記では変動差額の認識のほうが残高差額のそれよりも時間的に先行する。このような粗雑な対立概念を前提において、複式簿記の「サイエンス」が明らかにされるとは到底考えられない。

2 会計のグレーゾーン

　会計理論の領域では、ドイツ語文献に見られる運動貸借対照表など、変動貸借対照表の概念はあるが、筆者が深層構造論の基底に置く原型損益計算書の概念は全く存在しない。すでに、先の第3章では包括利益計算書のもつ意味をこの原型損益計算書との関連で明らかにしたが、本章でのキャッシュ・フロー計算書の四つの型の抽出や、次章で取り上げるマクロ会計型損益勘定も、この概念の導入によって初めて可能となるものである。従来の複式簿記の計算構造についての認識は、多くの場合、貸借対照表のみを中心に置き、「借方と貸方」という一つの構造、すなわち、「二元性」のみを前提に置いていると考えられる。これまで、損益計算書との関連で「複式性」という側面の存在を無視するか、軽視することが、複式簿記の構造についての正当な認識を妨げてきた要因の一つではないかと考えられる。

　筆者が用いているプラスとマイナスの符号は意味論上の符号であって、複式簿記のそれぞれの記帳が純損益計算に与える影響からその構造を捉える視点を基礎に置いている。すなわち、複式簿記のシステムを通して認識される事象が純利益に対してプラスとして作用するかマイナスとして作用するかという観点からその構造を捉える数理的な視点である。このように、プラス・マイナスがある以上、ゼロの点も確実に存在する。「資産－負債＝資本（純資産）」という純資産二重表示論を唱えたシュアでさえ、期間損益計算を説明する際に、「資産－負債－資本＝0」というゼロ等式を認めた。このゼロ等式は資本等式からも必然的に導き出される式である。しかし、現在の資産負債アプローチの定義体系は資本の部を借方残高としての純資産（プラス）と「同視」し、このゼロ等式を認めない立場をとっている。

　現在の会計基礎理論では、資本会計やキャッシュ・フロー計算書等の理論を含めて、いくつかの分野がグレーゾーンとして放置されている。その原因は複式簿記の構造について意味論の考察が欠如しているところにあると考えられる。複式簿記は会計の言語であるということが長い間言われ続けてきたにもかかわらず、この基本構造についてはほとんど理解されていないか、あるいは

第5章　キャッシュ・フロー計算書の意味構造　197

もっぱら実用性ということにかこつけて、ほとんど問題にしない風潮が蔓延している。これらのグレーゾーンに共通に見られる欠陥は、その概念構造が複式簿記の計算構造と連携せず、両者の間に基本的な齟齬が生じているという点にある。この欠陥を克服しない限り、会計理論の純化は望めないと思われる。

注
(1) 企業会計審議会「連結キャッシュ・フロー計算書等の作成基準」。会計制度委員会報告第8号「連結財務諸表等におけるキャッシュ・フロー計算書の作成に関する実務指針」。
(2) 前進法の修正仕訳(調整仕訳)については、主に次の著書を参照している。鎌田信夫「キャッシュ・フロー会計の原理(新版第2版)」税務経理協会、2007年。45-59頁。T勘定法については、61-77頁。
(3) 会計制度委員会報告第8号「連結財務諸表等におけるキャッシュ・フロー計算書の作成に関する実務指針」Ⅲ設例。例えば「乙社キャッシュ・フロー計算書(間接法)精算表」参照。現金及び預金の増加額がプラスの事例でわかりやすい。精算表の下部の「現金及び現金同等物」では、プラス価値で計算された「現金増加額」を「期首残高」に加算して「期末残高」を表示している。
(4) 拙稿「会計、その神話の崩壊(7)」『経理研究』第53号、2010年。この論考では、間接法を戻し入れの観点から説明したが、その際に前提においたのは「振替(b)」である。
(5) 石川純治「キャッシュ・フロー簿記会計論」森山書店、2005年。石川純治「複式簿記のサイエンス」税務経理協会、2011年。
(6) 拙著「会計言語の構造」森山書店、1995年、220-225頁。

第6章

ミクロ会計とマクロ会計

　マクロ会計は国民経済会計または社会会計とも呼ばれる。ここで問題にしたいのは、マクロ会計は、勘定理論的な観点から見た場合、ミクロ会計とどのような形で結びついているのかという問題である。つまりマ・ク・ロ・会・計・と・ミ・ク・ロ・会・計・の・構・造・論・的・な・同・型・性・を巡る問題であって、これは同時にミクロ会計からマクロ会計への入口についての理論的基礎固めという意味をも持っている。両会計の勘定理論的な同型性という点に問題を絞った場合、おおまかに見て、二つの問題があるように見える。

　第一に、マクロ会計においては、その歴史的展開の過程において、マクロ会計の勘定体系が企業会計の複式簿記を基礎とした貸借対照表や損益計算書と何らかの関連性があることは一般的な認識となってはいる。しかしながら、両会計の同型性はどのようにして説明できるかという点になると、必ずしも共通した認識が形成されているわけでもなく、未だに透明性に欠ける側面を残しているように見える。

　第二に、現在、ミクロ会計の企業会計制度では、資産負債アプローチの提供する純資産概念を基礎とした定義体系が採られているが、果たして、このような定義体系がマクロ会計と理論的な意味での同型性を保つことが出来るのかという問題がある。例えば、周知のように、マクロ会計では、発行された株式は負債に含まれる。したがって、マクロ会計の「正味資産」の概念は、資産負債アプローチがその基本的な前提におく「純資産（株式発行による元入資本変動をそのうちに含む）」の概念とは全くの別物である。この点だけを見ても、資産負債アプローチの定義体系はマクロ会計の概念体系とは結びつかない。

　筆者の深層構造論では、元入資本の増加は株式保有者の資産勘定の保有株式

とは逆関係にあるものとして捉えられており、保有株式の増加がプラスであればその発行元である企業の資本金増加はマイナスであるとされている。したがって、マクロ会計のもとでの金融資産と金融負債（発行株式をも含む）との間の相殺関係は深層構造論によってこそ理論的に保障されている。これに対して、資産負債アプローチの純資産概念については、筆者は第１章や第２章において、すでにその概念的な曖昧さについて批判を展開してきた。したがって、この点については、ここでこれ以上深入りする必要はないであろう。本章では、もっぱら第一の問題、すなわち、マクロ会計とミクロ会計の間の勘定理論的な同型性という問題だけを採りあげておきたいと思う。

第１節　変動貸借対照表勘定と原型損益勘定

　議論を簡潔に進めるために、先ず、筆者が正当と考える両会計の同型性の核心部分を提示することから始めたい。図表6－1にミクロ会計とマクロ会計とを対比している。なお、用語の問題になるが、マクロ会計ではもっぱら「勘定」という用語を用いるので、ここでは、原型損益計算書の代わりに「原型損益勘定」という用語を用いることにする。内容は変わらない。

　先ず、明らかなことは、国民経済会計の基礎にあるものは、ミクロ会計の「変動貸借対照表」と「原型損益勘定」の二つであるという点である。筆者は企業会計の勘定体系の基礎に変動貸借対照表と原型損益勘定を置き、両者の間に一対一の対応関係を設定してきた。そして、企業会計の場において作成される通常の損益計算書は、この原型損益勘定から独自の分類法と相殺の手続きを適用することによって導き出されるものであるとしてきた。この点はマクロ会計でも変わらない。以下、明らかにするように、マクロ会計は「生産勘定」と「所得分配勘定」から出発するが、これは企業会計の通常の損益計算書と同じく原型損益勘定から導き出されたものである。他方、蓄積勘定はこれまでの考察の前提に設定してきた変動貸借対照表そのものに等しい。

　企業会計の場に見られる通常の損益勘定だけを想定しても両会計の同型性は

図表6-1 ミクロ会計とマクロ会計

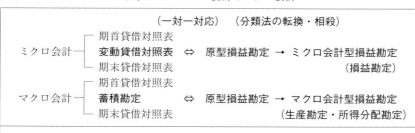

説明：
(1) マクロ会計の「蓄積勘定」はミクロ会計の「変動貸借対照表」に相当する。双方向矢印の記号は有高勘定の変動と収益費用の発生とが複式性の原理を介して一対一の対応関係にあることを示す。
(2) 右向きの矢印は同じ原型損益勘定から異なった分類法と相殺法の適用によって、それぞれ、ミクロ会計型損益勘定としての通常の損益勘定と、マクロ会計型損益勘定としての生産勘定や所得分配勘定が生成されることを示す。

十分には説明できない。生産勘定や所得分配勘定は企業会計の通常の損益勘定から生成されるのではない。通常の損益勘定がそこから導き出されるのと同じ原型損益勘定から導き出されるのである。つまり、同じ原型損益勘定から、それぞれに異なった独自の分類法と相殺法の適用によって導き出される。その結果、導き出された表層構造上の損益勘定は全く異なったものとなる。ミクロ会計は原型損益勘定からそれ独自の表層構造を持つ通常の損益計算書を導き出すものであり、マクロ会計も同様である。したがって、ミクロ会計から出発すれば、マクロ会計の生産勘定等は、企業会計の損益勘定を、一旦、原型損益勘定に引き戻し、それに金融資産負債と非金融資産との二分という、新たな視点からの分類法と、それに基づく相殺操作を付け加えて導き出されるものであって、当然、その表層構造は通常の損益勘定とは異なったものとなる。この関係を図表が示している。

第2節　ミクロ会計型損益勘定とマクロ会計型損益勘定

1　ミクロ会計型損益勘定

　ミクロ会計とマクロ会計の損益勘定の基本的な相違点をより具体的な形で明確にするために二つの図表を作成している。先ず、図表6-2では、仮定した取引の仕訳を変動貸借対照表の諸勘定に記入し、そこから企業会計に見られる「通常の損益勘定」を直接に導き出している。ここで導出された損益勘定をミクロ会計型損益勘定と名付ける。

　この図表では、先に述べた原型損益勘定の表示は省略している。変動貸借対照表の記入単位の集合のうち、プラス記号の記帳単位を「貸方」に集合し、マイナス記号の記帳単位を「借方」に集合すると、例えば、先にキャッシュ・フロー計算書の作成との関連で述べた原型損益計算書（図表5-6）のように、原型損益勘定を作成することができるが、ここでは紙面の関係でこれを省略している。変動貸借対照表の記入単位については、左右対称式のT字型を採らず、プラスとマイナスの符号を付けているが、原型損益計算書の記入単位はそれと一対一の対応関係にあるので、変動貸借対照表の記入は原型損益勘定の記入を同時に兼ね備えていると見ればよい。

　ミクロ会計型損益勘定の特徴は、簿記上の交換取引によって生じた財貨の変動については、その「取得時点」では損益勘定には全く計上されないという点に見られる。企業会計の損益勘定のこのような表現様式については、先に「価値の連続性がない」という表現で特徴づけておいたが、ここではそれを想起されれば十分である（図表1-4）。例えば、機械の購入取引①は財貨と現金との交換取引であるが、プラス価値部分（流入財の価値増加）とマイナス価値（流出財の価値減少）は完全に相殺消去されて損益勘定に現れることはない。しかし、他方において、図表の説明(2)に示すように、それらの財の費消化の過程は減価償却費の計上など、損益勘定を通じて認識される。取得原価は損益勘定上ではゼロであるが、その費用だけが損益勘定で表現される。通常の損益勘定

には財の変動について価値の連続性がないのである。

2 マクロ会計型損益勘定
(1) 非金融資産勘定と金融資産負債勘定の分離

次に、図表6-3では、図表6-2と同じ取引と仕訳を仮定し、実体財については、変動貸借対照表の各勘定で「増加高」または「減少高」にまとめ、それを直接に右側の損益勘定に移項している。機械増加、原材料増加、仕掛品増加、製品増加などであるが、それらはそのまま収益勘定でもある。そして、その結果、金融資産や金融負債の変動についても、その増加高と減少高が損益勘定に直接に現れることになる。機械購入支出（現金支出）、原材料購入支出（買掛金増加）、売上高（現金収入）などである。また、非貨幣資産について見れば、原材料、仕掛品、製品、機械等の諸勘定についても、その増加減少がその他の勘定と相殺消去されることなく、相互に独立に表現されるので、ミクロ会計型損益勘定では失われていた価値の期間的な連続性が、ここでは回復されていることが明らかであろう。全体的に見て、金融資産負債の変動と非金融資産のそれとが完全に分離され、それらの変動が、すべて個々に独立して損益勘定で表現されることになる。筆者はこれをマクロ会計型損益勘定と名付ける。マクロ会計の生産勘定や所得分配勘定の基礎となるのが、このマクロ会計型損益勘定である[1]。

このマクロ会計型損益勘定によって計算された純利益5は先のミクロ会計型損益勘定と等しい。ということは、二つの型は、変動貸借対照表における「同じ取引事実の認識と仕訳」をもとにしながら、「機械、原材料、仕掛品、製品等の変動」は、それに付随する「金融資産負債の変動」とは完全に分離した形で単独に捉えられ、それらはすべて残らず、損益勘定に反映されること示している。二つの型の損益勘定では、ただ、異なった分類法と相殺法が適用されただけの違いがあるにすぎない。ここでは生産財の評価問題は無視するが、両者の計算する純利益の一致関係は、どのように異なった評価方法、例えば取得原価評価法のほか時価評価法を適用しても変わらない。つねに変動貸借対照表の

図表6-2 ミクロ会計型損益勘定

取引	変動貸借対照表							損益勘定（ミクロ会計型損益勘定）	
	現金	原材料	仕掛品	製品	機械	買掛金	資本金	繰越利益	費用	収益
期首貸借対照表	+30	+5	+20	+10	+35	-15	-60	-25		
①機械購入	-10				+10					
②原材料購入		+15				-15				
③仕掛品へ振替		-12	+12							
④減価償却費			+6		-8				減価償却費 -2	
⑤支払給料	-13		+7						支払給料 -6	
⑥製品へ振替			-21	+21						
⑦売上・売上原価	+32			-19					売上原価 -19	売上 +32
⑧株式発行	+14						-14			
⑨純利益振替								-5	純利益振替 -5	
変動差額対照表	+23	+3	+4	+2	+2	-15	-14	-5	-32	+32
期末貸借対照表	+53	+8	+24	+12	+37	-30	-74	-30		

取引の仮定：
①生産者より機械を購入し現金10を支払う。（借）機械10（貸）現金10。
②原材料15を掛けで購入する。（借）原材料15（貸）買掛金15。

③原材料12を仕掛品に振替える。(借) 仕掛品12 (貸) 原材料12。
④減価償却費8を計上し、6を仕掛品に振替える。(借) 減価償却費2・仕掛品6 (貸) 機械8。
⑤支払給料として現金13を支払い、7を仕掛品に振替える。(借) 仕掛品7・支払給料6 (貸) 現金13。
⑥仕掛品21を製品勘定に振替える。(借) 製品21 (貸) 仕掛品21。
⑦製品の現金販売32。売上原価は19である。(借) 現金32 (貸) 売上32。(借) 売上原価19 (貸) 製品19。
⑧資本金14を現金で受け入れる。(借) 現金14 (貸) 資本金14。
⑨純利益の振替。(借) 損益5 (貸) 繰越利益5。

説明:
(1) 変動貸借対照表の交換取引 (①機械購入、②原材料購入など) については、その借方項目と貸方項目が相殺消去され、通常の損益勘定には現れない。
(2) 在庫や機械の購入時の取得原価の増加は購入対価との相殺によって損益勘定には現れないが、その取得原価の費用化の過程は売上原価、減耗損、減価償却費などによって損益勘定で認識される。

図表6−3　マクロ会計型損益勘定

仮定：期中取引の仕訳は図表6−2と同じである。

変動貸借対照表

	現金	原材料	仕掛品	製品	機械	買掛金	資本金	繰越利益
期首貸借対照表	+30	+5	+20	+10	+35	−15	−60	−25
①機械購入 機械増	−10				+10			
					+10	−15		
②原材料掛仕入		+15				−15		
③仕掛品へ振替 原材料増		−12	+12					
		+3						
④減価償却費			+6		−8			
⑤支払給料	−13		+7					
⑥製品へ振替 仕掛品増			−21	+21				
			+4					
⑦売上・原価 製品増	+32			−19				
				+2				
⑧増資	+14						−14	
⑨純利益振替							−14	−5
蓄積勘定	+23	+3	+4	+2	+2	−15	−14	−5
期末貸借対照表	+53	+8	+24	+12	+37	−30	−74	−30

生産勘定
（マクロ会計型損益勘定）

費　用		収　益	
現金減・機械	−10	機械増	+10
買掛金増・原材料	−15		
		原材料増	+3
減価償却費	−8		
現金減・給料	−13		
		仕掛品増	+4
		現金増・売上	+32
		製品増	+2
純利益振替	−5		
	−51		+51

第6章 ミクロ会計とマクロ会計 207

説明:
(1) マクロ会計型損益勘定では非金融資産(総資本形成)の変動と金融資産負債の変動の二分割が基本となっている。

　非金融資産の変動　　：機械増10＋原材料増3＋仕掛品増4＋製品増2－減価償却費8　＝　11
　金融資産負債の変動：現金増・売上32－現金減・原材料15－現金減・買掛金増・原材料料10－買掛金増・給料13＝－6
　純利益　　　5

(2) 生産勘定の貸方には売上高と総資本形成が並列的に現れる。売上高は直接には金融資産の増加(現金収入など)を示す。財貨・サービスの総資本形成は総資本減耗と固定資本減耗によって集約的に表現される。

(3) 蓄積勘定の貸方はその借方で「原材料増3＋仕掛品増4＋製品純増2(製品増21－売上原価19)＋機械増加10＝19」、貸方で「機械減(減価償却費)8」となり、生産勘定貸方の総資本形成と貸借を反対にして一対一の対応関係にある。

(4) 有高変動型の費用収益対応との関連：売上利益＝売上高32－(在庫品期首残高35＋原材料購入残高15＋減価償却費振替高6＋支払給料振替高7－在庫品期末残高44) ＝売上高32－売上原価19＝13。図表6-2のミクロ会計型損益勘定の売上利益13を参照。

諸勘定と原型損益勘定の諸勘定での記入は一対一の関係にあり、ただ、ここでは、異なった分類法と相殺法が適用されているというだけの差異があるだけである。ミクロ会計型からマクロ会計型への分類転換にあたって、新しく付け加えられた認識の要素は全くなく、マクロ会計型損益勘定は、通常の企業会計が認識する諸要素と完全に同じものから構成されていることに注目すべきである。企業会計の損益計算書では表示はされないが経験的には仕訳を通して認識されているすべての要素がそのまま採り入れられる。ミクロ会計型損益勘定では交換概念に基づいて異なった財の変動の多くが表示上では相殺消去されているのに対して、マクロ会計型の損益勘定では、そのような相殺が存在しない。そこでは、生産財の期中の変動もすべて損益勘定（生産勘定）において集約的に表現されていることになる。そして、その増加（＋）は貸方（収益）であり、その減少（－）は借方（費用）である。

　他方、最初に述べたミクロ会計型損益勘定においても、取得した財貨の変動の認識がすべて排除されるわけではない。なるほど、交換取引による財の購入過程は損益勘定では相殺される。しかし、購入後の財の価値変動は、減耗損・売上原価や減価償却費など、マクロ会計でいう総資本形成の変動の一端は通常の損益勘定の内部で認識されている。このことはミクロ会計型損益勘定も総資本形成の変動についての認識の一端をすでに取り込んでいることを示している。企業会計の通常の損益勘定について、それが収入や支出などの計上だけに限られると誤解してはならない。

　図表の説明(4)では、ミクロ会計であれマクロ会計であれ、売上高は貨幣資産の変動にのみ関連し、総資本形成とは分離されているという事実を明確にするために、有高変動型の費用収益対応との関連を示している。原材料、仕掛品、製品の三勘定を「在庫品勘定」で一括し、有高変動型の費用収益対応の計算式を示し、ミクロ会計型損益勘定が表示する売上原価との関係も示している。売上高はもっぱら金融資産の増加と関わり、売上原価はもっぱら総資本形成の変動とのみ関連していることが読み取れる。これまで筆者が転換仕訳との関連で述べてきた「有高変動型の費用収益対応」も損益勘定において金融資産負債の

変動と非金融資産の変動との並列的表示が可能であるという事実と意味上の関連性を持っている。

マクロ会計型損益勘定は「売上高」と「総資本形成の一要素としての在庫品変動」との分離を最も具体的に示しつつ、最終的には、企業会計のミクロ会計型損益勘定に含まれる「売上高と売上原価の間の収益費用対応」とも構造的につながっていることが明らかであろう。後述するように、マクロ会計の分野では、論者達の多くがこれら二つの要素のうち「売上高」の概念だけで、蓄積勘定をはじめ、損益勘定や産出勘定をも説明しようとしているために、多くの場合、ミクロ会計とマクロ会計の同型性についての基本的説明には躓いていると考えられる。

総資本形成にかかわる情報だけであればそれは変動貸借対照表から直接に得ることができる。しかし、それが売上高と並んで同じ計算表に現れるという事態は、原型「損益勘定」を想定しなければ説明できない。売上高という勘定は変動貸借対照表には存在しないからである。

(2) **分類法の転換と分解仕訳**

これまで述べたような分類法の転換がいかにして可能かという問題は、これまでもしばしば説明してきたように、「分解仕訳」によって説明可能である。ここでは原型損益計算書の作成は省略しているが、先に第5章の図表5-6に例示したキャッシュ・フロー計算書がその一例である。この原型損益計算書は分解仕訳の集合のうち、収益と費用の諸勘定を一表にしたものであった。いま、図表6-2に示したミクロ会計の「通常仕訳」を分解し、それぞれの項目を再分類することによってマクロ会計型の原型損益勘定は作成可能である。例えば、原材料の購入取引であれば、(イ)「(借方) 原材料15 (貸方) 原材料増加15」と(ロ)「(借方) 買掛金増加15 (貸方) 買掛金15」に分解され、原型損益勘定では、「(貸方) 原材料増加15」が収益項目であり、「(借方) 買掛金増加15」が費用項目となる。

マクロ会計の場合、特に分解仕訳を前提に置かれければならない理由がある。企業会計が認識する取引を、すべて一旦、損益取引の集合に分解し、それ

に再分類を施して、経済の全体を把握することは、すべての取引を同じ平面で統合化し、マクロ会計の全体的な構造論的解明を進めるに当たって、極めて有効と考えられるとともに論理的必然性をも有していると考えられる。例えば、先の原材料の掛仕入の通常仕訳は二つの損益取引(イ)と(ロ)に分解された。ここでは需要の側面が「買掛金増加」と「原材料増加」という、いわば、「金融資産負債（カネ）の変動」と「非金融資産（モノ）の変動」とに完全に分離されているのである。と同時に、国民経済に統合したとき問題となるのは、ミクロ会計型損益勘定に見られるような購入者の側の「原材料」と「買掛金」との間の相殺消去関係ではない。この財の供給者の側は、その販売収益については「(借方) 売掛金15（貸方）売上15」と仕訳しているであろう。そして国民経済への統合の過程で買掛金と相殺されるのはこの売掛金であって原材料ではないのである。マクロ会計では、金融資産と生産財はあらかじめ分離したものとして把握されていなければならないのである。金融循環と実物循環との分離である。ミクロ会計からマクロ会計への移行にあたって、損益取引への一元的分解が論理的な必然性を持つことが明らかであろう。これを想定しない限り前には進めない。

(3) 蓄積勘定と生産勘定の対応

蓄積勘定と生産勘定の関連性を勘定形式で明示したものが次の図表6-4である。先に、第5章の図表5-8で、原型損益計算書から作成したキャッシュ・フロー計算書を二元性と複式性の型に従って示したが、この図表は、それとは分類法が異なるだけで、性質上、それと同種の表である。この図表を示したのは、生産勘定及び所得分配勘定が貸借対照表勘定ではなくて「損益勘定の系列」に属する勘定であることを明確にするためである。複式性の原理に従って、蓄積勘定の借方項目（プラス項目）と生産勘定の貸方項目（プラス項目）は一対一の対応関係にある。同様に、蓄積勘定の貸方項目（マイナス項目）と生産勘定の借方項目（マイナス項目）は一対一の対応関係にある。

説明の(1)にある二元性と複式性の区別については先に説明を尽くしているので、ここでは、それがそのまま当てはまることを確認するだけで十分であろ

図表6-4　蓄積勘定と生産勘定

蓄積勘定				生産勘定			
（＋）	（変動貸借対照表）		（－）	（－）	（マクロ会計型損益勘定）		（＋）
現金増（売上）　＋32		[中間消費支出]		[中間消費支出]		現金増（売上）　＋32	
		現金減（機械）	－10	現金減（機械）	－10		
総資本形成：		負債増（原材料）	－15	負債増（原材料）	－15	総資本形成：	
機械増　＋10						機械増　＋10	
原材料増＋3		機械減（償却引当）－8		機械減（償却費）　－8		原材料増＋3	
仕掛品増＋4		現金減（支払給料）－13		現金減（支払給料）－13		仕掛品増＋4	
製品増　＋2　＋19		純利益	－5	純利益	－5	製品増　＋2　＋19	
小計	＋51	小計	－51	合計	－51	合計	＋51
現金増	＋14	資本金増加	－14	注：図表6-3の変動貸借対照表と生産勘			
合計	＋65	合計	－65	定を再現したものである。			

説明：
(1) 蓄積勘定の内部での借方（＋）と貸方（－）の対立、また生産勘定の内部での借方（－）と貸方（＋）」の対立は取引の「二元性」に基づく。蓄積勘定と生産勘定との間で、プラス（＋）とマイナス（－）とが貸借反対となっている関係は「複式性」に基づく。従って異なった意味での「貸借反対」という「二つの構造」が存在する。
(2) 生産勘定の純利益計算：純利益は**純収入**と**純資本形成**の和として計算される。

　　　純利益5＝（売上高・収入32＋総資本形成19）－（購入高・支出38＋固定資本減耗8）
　　　　　　＝（売上高・収入32－購入高・支出38）＋（総資本形成19－固定資本減耗8）
　　　　　　＝－純支出6＋純資本形成11

(3) **中間消費支出**は**金融資産の減少**または**金融負債の増加**と関わり、中間財が流入した痕跡を示すが、中間財の費消関係は資本形成の価値変動の記録によって集約的に表現される。

う。ここでの要点は、説明の(2)に「生産勘定の純利益計算」として生産勘定における純利益計算を示していることである。ここで購入高とは財貨及びサービスの購入を指す。ミクロ会計と同じ額の純利益5を計算しながら、それがモノの変動（純資本形成の11）とカネの変動（純支出の−6）という二つの要素の変動額の和によって計算され表現されている点に注目すべきである[(2)]。これは、マクロ会計でいう営業余剰の基本的な構成要素を示しているのである。それが、ミクロ会計型の純損益計算とは全く異なった様相を呈していることは明らかであろう。これをそのまま国民経済に統合すればマクロ会計に行き着く。しかし、同時に、両者ともにミクロ会計の通常仕訳の集合を基礎に置く「同じ原型損益計算書」（同一の純利益額）からの変形にすぎないことをも忘れてはならない。

(4) 売上高と総資本形成

　マクロ会計型損益勘定で最も注目すべきことは、その貸方の収益側に財貨・サービスの売上高と総資本形成（固定資本増加・在庫品増加）という二つの項目が並列して現れるということである。ミクロ会計型損益勘定の収益側には、財の評価収益等を別にすれば、「売上高」だけが現れるのと比較して、大きな相違点である。筆者は、企業会計の仕組みを十分に理解している者がマクロ会計へ進む際に先ず躓く点が、マクロ会計では総資本形成が売上高の収益項目と並列的に現れるという現象ではないかと思う。ミクロ会計からマクロ会計へという歩みはここで挫折してしまう。あるいは、理論的には曖昧なままに、そのようなものとして理解を強いられているのかもしれない。

　ミクロ会計からマクロ会計へと進む場合、企業会計の損益勘定を、一旦、原型損益勘定に引き戻し、マクロ会計型損益勘定を明確に導き出すという形での説明が必要と考えられる。マクロ会計では総資本形成という形で財貨の期中変動はすべて生産勘定において集約的に表現されていることになる。その増加（＋）は貸方（収益）であり、その減少（−）は借方（費用）である。これに対して、ミクロ会計型損益勘定では、財貨の期中の変動はすべて経験的には認識されているのもかかわらず、表示上、資本形成にかかわる項目としては、取

得した財の費消に関わる売上原価、減耗損、減価償却費、その他の評価損益等が断片的に損益勘定に現れるにすぎない。

　さらに、いわゆる中間消費は、マクロ会計型損益勘定では、中間消費「支出」、すなわち金融資産の減少または負債の増加としてのみ現れる。中間消費は、財貨・サービスの購入の痕跡を示すものの、直接には貨幣資産負債の変動と関わるのであって、財貨やサービスが購入後にどのように消費されたかのいかんには関係がない。図表6-3の設例の原材料購入高15を見れば、付加価値の計算にあたり産出から控除される中間消費は購入支出15で確定する。もし減耗2が発生すれば、残りの13だけが総資本形成に回されるであろう。産出から中間消費を控除するのは、購入した中間財がすべて費消されたからではない。また、運送費などのサービスの購入であれば、それを生産財の構成要素に組み入れない限り、直ちに費消されたものとみなされ資本形成には影響を与えない。産業連関表の内生部門（中間需要と中間投入）も財の流れを示すだけでその消費を示すのではない。また、最終消費部門ではマクロ会計の約束により財は原則として購入と同時に直ちに費消されたものとみなされる。中間消費は中間財の費消とイコールではない。購入した財やサービスがどのように費消されるかは、貨幣循環とは全く別個に、もっぱら総資本形成の評価に関わる問題である。

　ここでモノ（ここではサービス）とカネが完全に分離されている一例として支払給料に注目しよう。マクロ会計型損益勘定では、生産勘定借方の「現金減少（支払給料）-13」に示されているように、ここでの支払給料は端的にその「支払」の全額13が雇用者報酬支出として表示されている。他方、ミクロ会計型では、支払額13のうち、その一部の支払額7は仕掛品（資本形成）に振替えられているので、費用として計上される支払給料6はその支払額13と一致しない。マクロ会計型損益勘定の強みは、その総資本形成をどのように評価しようと、その雇用者報酬支出13は影響を受けず、変わらないという点にある。実際、マクロ会計において、総資本形成について時価や物価指数等を用いた自由な評価が可能となるのはこのように、損益勘定でモノとカネとが完全に分離されているからでもある。と同時に、マクロ会計では、どうしてもマクロ会計型損益

勘定を通さない限り、事実上の貨幣の受取額や支払額を記入する所得分配勘定を説明できないということも明らかである。生産勘定や所得分配勘定は、マクロ会計型損益勘定を前提に置かなければ説明できない。

次の図表6-5では、マクロ会計型損益勘定が需要と供給という二つの側面に対して持つ関連性を示している。ここでの論点は、第一に、損益勘定においても、蓄積勘定での分割に対応して、金融資産負債の変動と非金融資産（資本形

図表6-5 マクロ会計型損益勘定の基本構造

費用（－） マクロ会計型損益勘定	収益（＋）
金融資産負債の変動	
ⓐ′ 金融資産減少・負債増加	ⓐ 金融資産増加・負債減少
財貨・サービスの購入高(支出高)　××	財貨・サービスの売上高(収入高)　××
資本形成の変動	
ⓑ′ 資本形成の減少	ⓑ 資本形成の増加
固定資本減少(固定資本減耗を含む)　×× 在庫品減少（売上原価を含む）　　××	固定資本増加　　　　　　　　×× 在庫品増加　　　　　　　　　××
純利益　　　　　　××	
合計　　　　　　　　　　　××	合計　　　　　　　　　　　××

説明：
(1) **需要面と供給面**
　　　需要面での取引　例：（借）原材料 ×× （貸）現金 ××
　　　　　　ⓐ′ 現金減少　⟷　ⓑ 原材料増加
　　　供給面での取引　例：（借）現金 ×× （貸）売上 ××
　　　　　　　　　　　　　（借）売上原価 ×× （貸）製品 ××
　　　　　　ⓑ′ 売上原価　⟷　ⓐ 現金増加（売上）
　　　需要面はⓑとⓐ′との結合取引であり、供給面はⓐとⓑ′との結合取引である。借方と貸方に、需要面と供給面とがそれぞれ**並列的**に現れる。
(2) **収入支出と資本形成**
　　　収入と並んで貸方に現れるのは資本形成の増加であり、支出と並んで借方に現れるのは資本形成の減少（固定資本減耗や売上原価を含む）である。純利益は純資本形成と純収入の合計である。

成)の変動が完全に分離可能であることを明確に示すためである。第二に、産業連関表等との関連で用いられる需要と供給という用語との関連を明確にするためである。需要面での取引は支出と資本形成の増加との結合であり、供給面での取引は収入と資本形成の減少との結合である。一国経済に統合した場合には、対応関係は、金銭債権債務の側面での支出と収入の間と、資本形成の側面でのその増加と減少の間で生ずる。

(5) 付 加 価 値

　深層構造論では、財貨・サービスの売り手と買い手、あるいは金銭の貸し手と借り手などの対立する二つの極の間の関係を逆関係(反対関係)という視点から捉えている。例えば、AがBに「商品を販売した」という事実が認識されれば、Bは「商品を購入した」という事実は論理必然的に推論できる。また、「受け取った」という一方の極は「与えた」という他方の極を推論させる。一つの極がプラスであれば他方の極はマイナスである。産業連関表や需要供給表なども、以上述べてきた勘定体系と、このような推論関係で結びついている。ただ、マクロ会計では、多くの側面で、同じ金額の項目について「視点」の転換がなされ、その転換された視点から「用語」が選択され適用されることが多いように思われる。例えば、生産勘定の貸方の「売上高」は、本来、供給者の側からの財貨・サービスの「供給高」である。しかし、それを購入者の側から見ればそれは「需要高」となる。企業によって供給された財が中間消費と最終消費のいずれに振り向けられるかは、供給者の側からは把握できず、それはもっぱらその需要者の側の財の使用の仕方によって決まる。このような統計上の制約もあって、同じ金額の項目が視点の転換に応じて全く対立した意味で捉えられることが多い。

　マクロ会計型の生産勘定に照らせば、一国経済に統合したとき、中間消費は貸方側と借方側に出る。すなわち、供給者の中間財売上高Pとして貸方に、需要者の中間財購入高Pとして借方に出る。他方、生産された財貨・サービスのうち、その一部は中間消費として生産過程で費消される。残りの一部分は最終消費財の売上高Cとして家計部門や政府部門へ振り向けられ、他の部分

図表6-6　産業連関表

		中間需要			最終需要					需要合計	控除・輸入計	国内生産額
		(1) 農林水産業	(2) 鉱業	⋯	内生部門計	最終消費支出		総固定資本形成	在庫純増	輸出計	最終需要計		
						民間	一般政府						
中間投入	(1) 農林水産業	・	・	・	・	・	・	・	・	・	・	・	・
	(2) 鉱業	・	・	・	・	・	・	・	・	・	・	・	・
	⋯												
	内生部門計	・	・	・	・								
粗付加価値	雇用者所得	・	・	・	・	(注) 総務省ほか編「平成17年（2005年）産業連関表―総合解説編―」の生産者価格評価法による表を参考に作成。この連関表では家計外消費支出（宿泊・日当、交際費、福利厚生費等）を企業消費と見て外生部門（粗付加価値部門）に位置づけているが、ここでは国民経済計算に合わせている。							
	営業余剰	・	・	・	・								
	資本減耗引当	・	・	・	・								
	間接税（控除・補助金）	・	・	・	・								
	粗付加価値部門計	・	・	・	・								
	国内生産額	・	・	・	・								

が総資本形成Ｉとして残る。この最終消費財へ振り向けられた財貨・サービスは所得の分配・使用勘定の借方側の最終消費支出と金額的に対応する関係にある。輸出Ｅは売上高であり、輸入Ｍは購入高である。さらに固定資本減耗「－Ｄ」を考慮して、マクロ会計型損益勘定の産出Ｏは次のようになる。

$$O = P + C + I - D + E - M$$

上の式の両辺から中間財購入高Ｐを控除して純付加価値Ｙは次のようになる。

$$Y = O - P = C + I - D + E - M$$

(6) 産業連関表とマクロ会計型損益勘定

　産業連関表や投入産出表はマクロ会計型損益勘定をそのまま具体化したものである。これらの表は一般に行列形式で表現され、その表示方法は一様ではないが、ここでは総務省の作成する産業連関表を参考にして図表6-6に示している[3]。

　この表示形式の上の半分はマクロ会計型損益勘定を横倒ししたようなものであるが（ただし付加価値部門は縦型のまま）、行（横）方向に「中間需要」が産業部門別に記録されるほか、「最終需要」として最終消費支出（民間・一般政府）と総資本形成（総固定資本形成・在庫増減）のほか輸出（控除・輸入）が含まれる。他方、列（縦）方向では、「中間投入」が産業部門別に記録されており、国内生産額からこの中間投入額を控除した残額がここでいう粗付加価値であって、その分配額として、雇用者所得、営業余剰、資本減耗引当、間接税（控除・補助金）が示されている。産業部門ごとに、行方向での国内生産額は列方向でのそれと金額的に一致する関係にある。産業連関表を構成するこれらの諸項目は、すべてマクロ会計型損益勘定によって直接に表現可能なものである。行方向は総資本形成をふくむマクロ会計型損益勘定の収益面に相当し、列方向は費用面を示す。企業会計を中心とするミクロ会計型損益勘定は、マクロ会計型損益勘定を介して、産業連関表とも結び付くことになる。

第3節　総資本形成の位置付け

　マクロ会計を巡る理論の領域で、産出という概念について、上に述べたようなマクロ型損益勘定の概念が共有されているか否かについては、筆者は疑念を抱いている。入門書や解説書を見ると、多くの場合、産出勘定の貸方は最初から、定義上、空白となっている場合が多い。すなわち、産出概念についての直接的な定義がないのである。あるいは、産出概念はあってもそれが複式簿記の勘定体系と論理的に結び付けられていないというべきかもしれない。筆者はいくつかの入門書を当たってみたが、「売上高が産出である」という説明はあっ

たが、総資本形成がそのまま売上高と並ぶ産出のもう一つの構成要素であるという点については、積極的な意味での説明を何処にも見出すことはできなかった。

次に、先の図表6-4のマクロ会計型損益勘定（生産勘定）に示すような複式簿記の深層構造論的側面がマクロ会計の理論の領域において十分に理解され、かつ共有されているかという点を検証するために、ミクロ会計からマクロ会計への勘定理論的橋渡しを試みている一般の入門書を手掛かりに見ておきたいと思う。

図表6-7の左側には、武野秀樹著「国民経済計算入門」に書かれている設例を引用して示している[4]。国連が国民経済計算の標準方式として提示している国民勘定システム（System of National Accounts -SNA-）のうち、この入門書は特に1993年に改訂された1993SNAを前提におき、終始、その線に沿った説明が叙述の中心部分を占めている。したがって、以下の筆者の考察に批判的な部分が含まれているとすれば、それは直接には1993SNAに対する批判となる。

武野の設例では、AがBにその生産物として住宅を4,000万円（図表では40として示す）で販売したと仮定して、Aの側の経常勘定（生産勘定）および蓄積勘定の記入と、Bの側のそれとを対照的に示している。図表の左側にそれを示している。この左側を「ミクロ会計型勘定記入」としたのは筆者である。これは、後述するように、売上原価の側面を無視しているので厳密な意味ではミクロ会計型とはいえないが、一応、分解仕訳を想定せず、通常の仕訳のみを仮定しているという意味でミクロ会計型としておく。

これに対して、図表の右側のマクロ会計型勘定記入は、筆者が、武野の設例をマクロ会計型の勘定記入に書き直したものである。その際、武野の設例に、「AがBに販売した住宅の売上原価は3,500万円（図表では35）であった」という仮定を追加して、勘定記入を行っている。この仮定を追加したため、Aの側では、経常勘定の貸方（源泉）に在庫品減少（総資本形成の一要素）のマイナス3,500万円を追加し、蓄積勘定の借方にも同額を記入している。さらに、B

第6章 ミクロ会計とマクロ会計 219

図表6-7 ミクロ会計型勘定記入とマクロ会計型勘定記入

ミクロ会計型勘定記入		マクロ会計型勘定記入	
Aの勘定記入：			
使途　　　経常勘定　　　源泉		使途　　　経常勘定　　　源泉	
バランス項目　40 （貯蓄）	住宅の販売　40 （生産物の販売）	バランス項目　5 （貯蓄）	住宅の販売　40 **総資本形成**　−35
資産 変動　　　蓄積勘定　　　負債正味 　　　　　　　　　　資産変動		資産 変動　　　蓄積勘定　　　負債正味 　　　　　　　　　　資産変動	
預金　　　40	バランス項目　40	預金　　　40 **総資本形成**　−35	バランス項目　5
Bの勘定記入：			
経常勘定		経常勘定	
		借入金（負債）　40	住宅（固定資本形成）40
蓄積勘定		蓄積勘定	
固定資本形成 40	借入金　　40	固定資本形成 40	借入金　　40
説明： （1）　ミクロ会計型勘定記入：Aの勘定記入では、売上高と関連する金融資産の変動だけが認識されている。総資本形成の変動は「蓄積勘定」のみに現れ経常勘定に現れることはあり得ないという仮定が置かれている。 （2）　マクロ会計型勘定記入：Aの勘定記入では、在庫品減少35を総資本形成の減少として記入している。Bの勘定記入では、経常勘定の貸方に総資本形成（固定資本形成）を、借方に負債増加を記入している。統合経常勘定では、Aの営業利潤（売上利益）5が発生している。当勘定は統合蓄積勘定と一対一の対応関係にある。		統合経常勘定	
		Bの購入高　　40 Aの営業余剰　　5	Aの売上高　　40 総資本形成： 　Bの固定資本形成 40 　Aの在庫品減　−35
		45	45
		統合蓄積勘定	
		Aの預金増加　　40 総資本形成： 　Bの固定資本形成 40 　Aの在庫品減　−35	Bの借入金増加 40 Aの貯蓄　　　　5
		45	45
		※統合経常勘定と統合蓄積勘定は武野の図表にはない。	

の側では、蓄積勘定の記入のほか、経常勘定にも記入している。すなわち、貸方に収益要素として固定資本増加4,000万円を記入し、借方に費用要素として同額の負債増加を記入している。これに対して、武野による左側のミクロ会計型勘定記入では、住宅を購入したBの側の経常勘定は、源泉側と使途側がともに空白となっている。

マクロ会計において、産出を売上高との関連だけで説明することは適切ではない。左側のミクロ会計型勘定記入では、Aの側では「売上高」（住宅の販売）と蓄積勘定での「金融資産の増加」だけが記入されている。すなわち、Aの蓄積勘定では、在庫品の減少が生じているはずであるが、それが想定されていない。

また、特に問題なのは、購入したBの経常勘定は貸借ともに空白になっているという点である。Aの経常勘定で在庫品の減少（マイナスの総資本形成）が認識されていないのに対応して、Bの経常勘定の貸方でプラスの固定資本形成が認識されていない。恐らく、ここでは、AとBとを合体した場合に、Bの経常勘定の貸方の「固定資本増加4,000万円」の記入は、Aの経常勘定の貸方の「売上高4,000万円」によって表現されているので、不必要と見ているのかもしれない。武野の説明でも、「4,000万円の固定資本形成（住宅の販売）」という表現があり[5]、販売と固定資本形成とが同視されている。すなわち、AとBを統括したとき、Aの側で生産物としての住宅の販売を示す「売上高4,000万円」が、即、Bの側での固定資本形成と同じものを表現しているかの如く解されている。しかし、Aの経常勘定の貸方の「売上高4,000万円」は、生産物の増加それ自体を表すものではなく、同じAの蓄積勘定の借方の「金融資産（預金）増加4,000万円」に対応する複式記入を表しているにすぎない。貯蓄が売上高4,000万円に等しいというのも奇妙であるが、ともかくも、この経常勘定では、生産財の流れを示すものは全く計上されていないことになる。

生産財の流れは、売上高とは全く別個に、Aの経常勘定の借方要素である総資本形成の減少（在庫品の減少）と、それを購入したBの経常勘定の貸方要素である固定資本形成（住宅の増加）との間の増減関係として表現されなければ

ならない。Aの経常勘定の総資本形成の減少3,500万円が、Bの経常勘定の貸方側では総資本形成の増加4,000万円として表現される。筆者が新たに追加した「統合経常勘定」が示すように、この取引によって、Aの側に売上利益から営業余剰500万円が生じる。統合により購入者Bの借入金増加は販売者Aの預金増加と相殺される関係にある。「統合蓄積勘定」の貸方の「貯蓄項目500万円」との関連も明確であろう。

　このマクロ会計型の勘定記入でAの記入とBの記入を比較してみよう。Aの側の勘定記入は売上原価（マイナス符号付きの総資本形成）の記入も行っているので、通常のミクロ会計型勘定記入と全く同じである。これと比較すると、武野が行った左側の記入では売上原価を想定せず、それを表示してもいないので、正確には、真正のミクロ会計型勘定記入ともいえないことになる。これは、マクロ会計の論者達が、その勘定体系の説明に当たって売上高の概念のみを前提において説明する際に採られる一つの型であると考えられる。これを擬似ミクロ会計型損益勘定と呼ぶこともできよう。本来のミクロ会計型損益勘定は、むしろ右側のマクロ会計型損益勘定に内包されていると見るべきである。両者は同じ原型損益計算書を基礎にしたものであるからである。

　さらに、もう一つ問題が残っている。それはBの経常勘定の借方の「借入金（負債）の増加4,000万円」の記入も、固定資本形成の貸記とともに、武野の説明では欠けているという点である。

　武野は、その著書の同じ箇所で、その他の例として、家計Bが生産者Aから乗用車を現金支払いとローン付きで購入した例を挙げている[6]。ここで、購入者Bの記入はどのようになるであろうか。いま、すべてを借入金でまかなったと仮定すれば、ミクロ会計型の仕訳であれば、「（借）乗用車（車両運搬具）××（貸）借入金××」となるが、それは分解仕訳①「（借）乗用車××（貸）乗用車増加（収益）××」と分解仕訳②「（借）借入金増加（費用）××（貸）借入金××」という二つの仕訳に分解される。ただ、マクロ会計では、家計の消費者が購入した場合、それは最終消費支出と見なされるので、分解仕訳①は記入されない。残るのは分解仕訳②のみであって、蓄積勘定の借入金勘定貸

方の増加記入に対応して、経常勘定の借方に借入金増加が費用として計上されることになる。すなわち、最終消費財の売買取引では、モノの増減は記入されず、金融資産負債の変動だけが収益費用として計上されるのである。武野の設例でも、この事例については、Bの経常勘定の借方に、負債の増加に対応して、「消費用途の財貨の購入（最終消費支出）××」だけが費用として計上されるとしている。

　武野のこのような説明で疑問となるのは、最終消費財を購入した場合には負債の増加が経常勘定の借方に費用として記入されながら、先の住宅購入の事例のように、固定資本財を購入した場合には、なぜそれが記入されないかという問題である。すなわち、記入に統一性がないのである。ミクロ会計の通常仕訳はすべて損益取引に分解できるのであるから、統一的な記入法を保つ以上、図表6-7のマクロ会計型勘定記入に示したように、その借方に「借入金（負債）4,000万円」が費用として記入されなければならない。要するに、記入の統一性を保つためには、すべての金融資産負債および非金融資産の変動についての記入もその前提に置かれなければならないということになる。

　武野によって例示された勘定記入には、総体的に見て、いくつかの点で問題があると思われる。第一に、経常勘定（損益勘定）の内部で、非金融資産（総資本形成）と金融資産負債との分離が明確になされていない。金融資産負債の変動にのみ係わる売上高や購入高が生産物そのものの変動を表すものの如く解されている。売上高をそのまま生産物の流れと重ね合わせて見る立場が前提に置かれているのである。事実、貨幣の流れが生産物の流れと重なる点は確かに存在する。生産物の価値も貨幣の流れとのかかわりで価格付けされる。しかし、貨幣の流れと生産物の流れは別のものであり、マクロ会計ではこの二分割が決定的な重要性をもつ。営業余剰もこれらの二つの循環が重なり合うところで発生する。マクロ会計型の生産勘定はこれら二つの流れを分割しながらも、両者を共にそのうちに含んでいることを見逃してはならない。

　第二に、蓄積勘定と経常勘定との間の複式性という関係が全く無視されている。ここでは、経常勘定（損益勘定）が、ストックの変動を直接に示す蓄積勘

定（変動貸借対照表）と貸借反対に一対一の対応関係で写像していることが全く無視されている。マクロ会計一般の勘定理論的説明では、「資本形成は蓄積勘定によってのみ表現され、生産勘定（損益勘定）に現れることはあり得ない」という仮定がおかれ、そのもとで社会会計の勘定体系が解釈されていることがわかる。その勘定による表現においてミクロ会計との同型性が推測されながらも、原型損益勘定の概念が共有されていないために、その生産勘定や所得の分配・使用勘定の理論的位置付けや、それと蓄積勘定との間の関連性が未だに大きな盲点の一つとなっているように見える。

第4節　財貨・サービス勘定の問題

1　総資本形成と損益勘定

　財貨・サービス勘定は1993SNAにおいて導入されているものであるが、この勘定の設定の意味やその性格については、必ずしも理論的に明確ではなく、マクロ会計の入門書に見られる当勘定についての一般の説明にも釈然としないものがある。ここでも、武野がその著作の中で「勘定の統合表示（勘定連結形式）」という名のもとで簡潔に示している図表を借りて考察することにする。国民経済計算の統合勘定の表示形式として勘定連結形式を適用し、それを1993SNAのシステムの定義に従って示せば、次の図表6-8のようになるという。

　図表では、中央に「取引項目およびバランス項目」が設けられ、その両側に一国経済勘定と財貨・サービス勘定が設定されている。一国経済勘定から財貨・サービス勘定が導き出される過程は次のようになる。先ず、生産勘定では、一国経済勘定の貸方項目の産出Oが財貨・サービス勘定の借方に移され、借方項目の中間消費Pが貸方に移されている。さらに、産出高計算の構成要素である輸入Mが借方に、また輸出Eが貸方に配置されている。次の所得の分配・使用勘定では、一国経済勘定の最終消費Cが財貨・サービス勘定の貸方へ、固定資本減耗-Dが財貨・サービス勘定の借方へ移されている。また蓄

図表6-8 勘定の統合表示 —勘定連結形式—

勘定	使途（資産の変動）			源泉（負債と正味資産の変動）	
	財貨・サービス（源泉）	一国経済	取引項目およびバランス項目	一国経済	財貨・サービス（使途）
生産勘定	O M	P	産出 中間消費 輸入 輸出	O	P E
		Y	総付加価値	Y	
所得の分配使用勘定	−D	T_1 T_2 C	第Ⅰ次所得の配分 経常移転 固定資本減耗（−） 最終消費	T_1 T_2 −D	C
		S	純貯蓄	S	
蓄積勘定		I −D ⊿F	総資本形成 固定資本減耗（−） 資本移転（純受取） 金融資産・負債	 T_3 ⊿L	I −D

武野秀樹「国民経済計算入門」の表2-4（31頁）と表3-4（50-51頁）を参考に作成。海外部門や統計上の不突合は省略し、部分的に簡略化している。 第一次所得の分配 T_1 には、雇用者報酬、生産・輸入品に課される税（控除・補助金）、財産所得の受取と支払が含まれる。

説明：
(1) 一国経済勘定の生産勘定において、産出Oを借方へ反対記入することにより、財貨・サービス勘定を導き出している。この勘定の借方が**源泉**となり、貸方が**使途**とされている。当勘定の借方合計額は貸方合計額に等しく、貸借均衡している。−Dの項目を除けば、O＝P＋E−M＋C＋Iとなる。総付加価値Yは次のようになる。Y＝O−P＝E−M＋C＋I
(2) 財貨・サービス勘定の設定では、総資本形成Iは、経常勘定の本来の要素ではなく、財貨・サービス勘定の設定によってはじめて中間消費Pや最終消費Cと並ぶ一要素として統合されたかのような形をとっている。
(3) **基本３勘定説**。 財貨・サービス勘定を除き、「生産勘定」、「所得の分配・使用勘定」及び「蓄積勘定」という三つの勘定のすべてについて、貸方が源泉で借方が使途とされている。

積勘定では、一国経済勘定の借方項目の総資本形成 I と固定資本減耗 − D が財貨・サービス勘定の貸方に移されている。このように三つの勘定のそれぞれにおいて、一国経済勘定の諸項目が財貨・サービス勘定では貸借反対に移されている。

1993SNA の定義を直接に参照すると、「生産勘定」についてはそのコード番号を 1 としたうえで、その貸方の「源泉」の側で「産出」を単一の項目として示し、その借方の「使途」の側で中間消費を控除した段階で総付加価値を、さらに固定資本減耗を控除した段階で純付加価値を示している[7]。これに対して、「財貨・サービス勘定」については、そのコード番号をゼロとしたうえで、生産勘定とは貸借反対に、この勘定の左側（産出、財貨・サービスの輸入、生産物に課される税など）が源泉（Resources）を、右側（中間消費、最終消費、総資本形成、輸出など）が使途（Uses）を示すとしている[8]。そして、この財貨・サービス勘定の最も重要な特徴は「すべての使用」（貸方）と「すべての源泉」（借方）との間で貸借が均衡している点にあると述べている[9]。

筆者は財貨・サービス勘定の設定やそれに伴って生じる貸借逆転説に対しては、二つの問題があると思う。

第一に、あらゆる財の変動を表示するマクロ会計型損益勘定を前提に置けば、このような勘定を敢えて設定する必要はない。従来、ダミー勘定の導入は、「誰が」を主体とする取引者勘定を、「何が」（財貨・サービスなどの経済対象物）を主体とする取引勘定に変換するために必要とされると説明されている[10]。しかし、マクロ会計型損益勘定は取引者勘定でありながら、同時に複式性によって蓄積勘定の総資本形成や金融資産負債の変動をも一対一の関係で表現しており、あらゆる「誰が」の取引者勘定の統合は、そのまま、あらゆる「何が」を示す取引勘定の統合ともなり、その両面につながっている。

第二に、仮にダミー勘定を設定しても、貸借が逆転するという場合、それがどのような意味で逆転するのかという点について、理論的な首尾一貫性がないのではないかという疑問がある。

財貨・サービス勘定の性格については、マクロ会計型損益勘定を前提に置け

ば、全く別の見方が可能である。貸借逆転説は、財貨・サービス勘定の貸方に移されたP項目やC項目を、一国勘定の借方のP項目やC項目と「同じ勘定」を貸借反対に逆転させたものと解している。しかし、財貨・サービス勘定の貸方の中間消費Pは、借方の中間消費支出（中間消費財購入高）と同じものではなく、中間消費財売上高という収益項目であり、同じく貸方の最終消費Cは借方の最終消費支出と同じものではなく、生産された財貨・サービスのうち、最終消費財として売上げられた部分という意味での収益項目である。したがって、これらの借方の費用項目と貸方の収益項目は概念的に対立関係にあるのであって、金額的には同じであっても、同じ項目を示すものではない。

　ここで特に問題となるのは、財貨・サービス勘定の貸方に記入された総資本形成Iと固定資本減耗 $-D$ である。ここで特徴的なのは、固定資本減耗 $-D$ は「所得の分配・使用勘定」の借方（マイナス項目であるから財貨・サービス勘定では「源泉」としての「産出」に対して「使途」となろう）に出ているのに対して、総資本形成から固定資本減耗を除いた純資本形成の部分（$I-D$）は本来の経常勘定から完全に排除されていることである。要するに、ここでは、純資本形成の部分は、この財貨・サービス勘定の設定によって、はじめて中間消費Pや最終消費Cと並ぶ一要素としてこれらの要素と「統合」されていることになる。このことは、純資本形成は蓄積勘定によってしか表現されず、経常勘定に現れることはありえない、という暗黙の前提のもとに、当勘定の設定を通して、それを要素PやCと並列する要素として経常勘定の中に統合するために設定されたのではないかという疑念を抱かせるに十分である。武野も財貨・サービス勘定をコード番号0の勘定として生産勘定から独立させることによってはじめて図表6-8に示すような「統合表示」が可能となったかのごとく説明している。仮に、財貨・サービス勘定の導入が、資本形成を生産勘定に取り込むためにだけ考え出されたものであるとするならば、これは複式簿記の深層構造についての誤解に基づくものであって、このような勘定の導入は無用なものと考えられる。

　ここで導入された財貨・サービス勘定は、定義上、貸借均衡していて、バラ

ンス項目を生じさせないという点からも明らかなように、この勘定を用いて、一国経済勘定の産出Oをいったん借方に記入し、その貸方に中間消費Pをはじめとする諸項目を記入するとき、これは元々、貸方項目の「産出O」について、それらを構成している諸要素に開いて見せているだけのことにすぎない。財貨・サービス勘定の設定によってはじめて総資本形成が売上高と結び付けられたのではなく、それ以前に、貸方項目の産出はすでに売上高のほか総資本形成をもその要素として含んでいるのである。蓄積勘定は非金融資産の変動として総資本形成を収容する「資本勘定」のほか、金融資産の変動を収容する「金融勘定」があるが、そのいずれの勘定の増減も、ともに損益勘定の記入と一対一の対応関係にあるはずのものである。あらためて、総資本形成だけを生産勘定に関連づける必要はない。このように見ると、ダミー勘定として重ねて導入された財貨・サービス勘定は循環論的な性格を帯びてくることになる。

　マクロ会計理論の領域では、伝統的に、資本形成がもっぱら蓄積勘定（変動貸借対照表勘定）によってのみ表現されるかのごとき前提がその勘定観の前提に置かれているように見える。外国の文献でも、古くから「購買力」の入（貸方）と出（借方）という説明に見られるように、販売のみを産出勘定の要素と見てそれだけで生産財の流れを説明する方法は前より広く採用されているようである。また、企業会計の勘定理論でも、貸借対照表勘定を実体勘定とし、損益勘定を名目勘定として特徴づける傾向もある。例えば、金丸哲も1993SNAの勘定体系を明らかにするにあたり、蓄積勘定を「実体勘定」とし、経常勘定を「名目勘定」として性格付けた上で、「生産物（モノ）勘定」の変動の認識はもっぱら蓄積勘定の要素であるかのごとき前提のもとで、それが生産勘定として経常勘定に取り込まれる過程を説明している[11]。しかし、このような勘定理論的前提のもとでは、企業会計の伝統的なミクロ会計型損益勘定においてさえ、たとえ取得時の財貨の増加高は表示されないにせよ、取得後はその多くの部分が費用として計上されているという事実が無視されていることになる。

　通常の解釈のように、PやCを支出の項目と見れば、それらはマイナス符号付きとなるが、総資本形成Iはもともと資産の増加であってプラス符号付き

であり、意味論上、両者の間に加法性は成立しない。先のマクロ会計型損益勘定の基本構造（図表6-5）が示すように、その借方側の「支出」と並んで現れるのは資本形成の「減少」（在庫品減少や固定資本減耗）であって、その「増加」ではない。総資本形成は同じプラス符号付きの収入（売上高）と意味のある加算が可能となるのであって、支出とは加算不可能である。財貨・サービス勘定では、本来はプラス符号付きであるはずの総資本形成Ⅰをマイナス符号付きの投資「支出」と言い換えて、両者を統合していると見られるが、このような形での統合に何らかの理論性があるとは考えられない。総資本形成と支出とは全くの別物であり、この総資本形成をマイナス符号付きの支出概念のもとに統合することは出来ない。財貨・サービスが時価で評価されるのであれば、これはますます支出概念から遠ざかる。財貨・サービス勘定がその表示上の便宜性や有用性の観点から設定されたのであれば、このような勘定の設定に敢えて異を唱える必要はないかもしれない。しかし、問題となるのは、貸借逆転ということの意味の曖昧さから生じている概念構成上の混乱である。

2 生産側と支出側

日本の国民経済計算年報に統合勘定が掲載されている[12]。それによると国内総生産勘定（生産側及び支出側）は次の図表6-9のようになっている。この国内総生産勘定は産出額から中間消費を控除した後の総付加価値（国内総生産）から出発している。

国民経済計算年報の末尾に参考資料として「国民経済計算の見方・使い方」が掲載されているが、その説明によれば、総固定資本や在庫品は「投資支出」という意味で「支出側」を表すという[13]。恐らく、総資本形成を投資支出としたのは、蓄積勘定における総資本形成の増加には、その反対記帳（貸記）として投資「支出」が対応すると解したのであろう。しかしながら、マクロ会計では、支出というのは金融資産の減少または負債の増加をいう。ここでは、非金融資産は金融資産負債から基本的に分離されているのであるから、設備や在庫品の増加それ自体を「支出」によって表現することは出来ない。流入する機

第6章 ミクロ会計とマクロ会計

図表6-9 統合勘定

1. 国内総生産勘定（生産側及び支出側）				2. 国民可処分所得と使用勘定			
雇用者報酬		××	(−)	民間最終消費支出		××	(−)
営業余剰・混合所得		××		政府最終消費支出		××	
固定資本減耗		××		貯蓄		××	
生産・輸入品に課される税		××		国民可処分所得／国民調整可処分所得の使用		××	
（控除）補助金	(−)	××					
統計上の不突合		××		雇用者報酬		××	(+)
国内総生産（生産側）		××		海外からの雇用者報酬(純)		××	
民間最終消費支出		××	(+)	営業余剰・混合所得		××	
政府最終消費支出		××		海外からの財産所得(純)		××	
総固定資本形成		××		生産・輸入品に課される税		××	
在庫品増加		××		（控除）補助金	(−)	××	
財貨・サービスの輸出		××		海外からその他の経常移転(純)		××	
（控除）輸入	(−)	××		国民可処分所得／国民調整可処分所得		××	
国内総生産（支出側）		××					

3. 資本調達勘定			
1 実物取引			
総固定資本形成		××	(+)
（控除）固定資本減耗	(−)	××	
在庫品増加		××	
海外に対する債権の変動		××	
資産の変動		××	
貯蓄		××	(−)
海外からの資本移転等(純)		××	
統計上の不突合		××	
貯蓄・資本移転による正味資産の変動		××	
2 金融取引			
対外資産の変動		××	(+)
対外資産の変動		××	
海外に対する債権の変動		××	
対外負債の変動		××	(−)
海外債権の変動及び対外負債の変動		××	

説明：

(1) 国民経済計算年報・平成23年度、78～83頁。統合勘定（暦年）を参照した。海外勘定は省略。数値は省略し科目名だけを示す。各勘定の借方または貸方に、意味論上の比較のためマクロ会計型の（+）と（−）の記号をつけている。

(2) 「国内総生産勘定」の貸方「**民間最終消費支出・政府最終消費支出**」は「国民可処分所得と処分勘定」の借方の同項目と同額で対応する。同じ貸方の「**総固定資本形成・在庫品増加**」は「資本調達勘定」の借方の同項目と同額で対応する。「国民可処分所得と使用勘定」の借方「**貯蓄**」は「資本調達勘定」の貸方の同項目と同額で対応する。

(3) 三つの勘定すべてについて、借方側が上段に、貸方側が下段に位置付けられている。「国内総生産勘定」と「国民可処分所得と使用勘定」についても、借方（−）が上段に、貸方（+）が下段に位置付けられている。

械は流出する現金とは別の物である。ここでは、同じ貸借逆転という操作が項目PやCと総資本形成Iとでは、全く異なった意味で適用されていることがわかる。総資本形成については、その貸方化に伴って支出した現金という全く異なった対象物に転化されているのである。財貨サービス勘定によって総資本形成Iが貸方化（使途化）されただけでこの側を支出側という概念で総括することはできない。

同じことは、輸出や輸入についてもいえる。財貨・サービス勘定では「輸入」は源泉となり、「輸出」は使途とされている。国民経済計算年報の説明によれば、輸出は「海外からの国内生産物に対して行われる支出」であるという。しかし、輸出は海外への売上高（供給高）であって、国内向けの売上高と並ぶプラスの要素である。海外部門から見て支出であるから、輸出も支出であるということにはならない[14]。

生産側と支出側という用語の対比も奇妙である。国内総生産勘定では借方と貸方が「国内総生産（借方側）＝国内総支出（貸方側）」という形で対比されているが、借方には雇用者報酬や営業余剰など生産活動からの「要素所得」を含むためにこの側を「国内総生産」と呼び、これに対して、貸方については、総付加価値に相当する部分について需要面の観点から「国内総支出」と呼ぶことが以前からの慣習となってはいる。しかし、勘定論の観点から見れば、一つの勘定において、借方と貸方の対立は、「同類の財または取引」の分類を前提にしてプラスとマイナスの対立関係にあるはずである。一方が支出であればその反対側は収入でしかあり得ない。一方が生産であれば他方は消費であろう。また、要素所得と並ぶ固定資本減耗がなぜ生産側であるのかもわからない。財貨・サービス勘定の設定を介しても、貸借逆転の結果がどうして生産側と支出側との対比なのか、意味不明なのである。

産業連関表の解釈や説明を巡って、需要と供給という用語に混乱が起きているように見える。先の図表6-5に示したように、本来、一経済主体は財貨・サービスの需要者でもあり、供給者でもある。その需要面は支出（マイナス）と保有財の増加（プラス）をもたらし、その供給面は収入（プラス）と保有財の減

少(マイナス)をもたらす。マクロ会計型損益勘定は、「需要面」から生ずる保有財の増加と「供給面」から生ずる売上高とを同じ「プラス価値の増加」として同じ貸方に並べて表示する。したがって、借方と貸方との対立を単純に需要と供給の対立として統括的に定義することはできない。財貨・サービス勘定の設定を介して生みだされた用語は、マクロ会計理論の領域に無用な概念的混乱を惹き起こしているように見える。

　図表では、意味論の観点から、三つの勘定のそれぞれについて、その右側に(＋)や(－)の符号を付けている。これは先の図表6－3や図表6－4に示した符号のつけ方に従ったものである。先ず、資本調達勘定については特に問題は生じない。その「(1)実物取引」の借方「資産の変動」はプラス符号付きであり、貸方の「貯蓄・資本移転による正味の変動」はマイナス符号付きと見ることができる。また、「(2)金融取引」の部は「資産の変動」の部の「海外に対する債権の変動」の内訳を対外資産の変動と対外負債の変動に分けて表示しているにすぎない。

　問題は経常勘定に相当する「国内総生産勘定」と「国内可処分所得と使用勘定」である。いずれの勘定でも、マクロ会計型損益勘定に照らした場合、上段がマイナス符号付きの項目で、また、下段がプラス符号付きの項目で構成されている。本来ならば、プラス符号付きの項目が上段に位置すべきであり、両勘定において、上段と下段は反対になるべきであろう。国内総生産勘定の借方側の営業余剰・混合所得は、貸方総額から費用総額(雇用者報酬や税等)を控除した貸方残高(プラス)を意味しており、表記上は、本来の残高を意味する側とは反対の借方側に現れる。しかるに、ここでは、このバランス項目が上段に位置づけられ、その貸方残高は下段にあって支出側とされている。結局のところ、ここでは、三つの勘定のすべてについて、借方が上段に、貸方が下段に位置付けられているのである。

3　基本3勘定説か基本2勘定説か

　先の図表6－8の説明(3)に基本3勘定説を採りあげている。本章を締めくく

るにあたり、それに簡単に触れておかなければならない。もともと源泉とか使途という用語それ自体が曖昧な概念であり、この用語が異なった局面で異なった意味で適用されているように見える。武野は、「生産勘定」と「所得の分配・使用勘定」と「蓄積勘定」という三つの勘定を並列的に捉え、これらを総括して「基本3勘定」と呼んでいる[15]。この捉え方の特徴は、先の図表6-7や図表6-8にも示されているように、これら三つの勘定のすべてについて、その貸方を一律に「源泉」とし、借方を「使途」として捉えている点にある。すなわち、経常勘定の貸方（または借方）を蓄積勘定の貸方（または借方）と「同視」する勘定観である。

　この見方を図表6-4に示したマクロ会計型損益勘定の観点からする捉え方と比較すると決定的な違いがあることがわかる。この図表では、蓄積勘定と生産勘定では、複式性によってプラス・マイナスの符号の与え方が貸借反対になっている。深層構造論に立つこの説を、基本3勘定説に対して「基本2勘定説」と呼ぶことにしよう。ここでは、複式性の立場から、経常勘定の貸方がプラスであるならば、蓄積勘定ではその借方がプラスでなければならないし、経常勘定の借方がマイナスであるならば、蓄積勘定ではその貸方がマイナスでなければならない。これに対して、基本3勘定説では、経常勘定の貸方が「源泉」であると同時に、蓄積勘定でもその貸方が同じく「源泉」とされている。

　このような基本3勘定説は、恐らく、伝統的にマクロ会計の支配的な勘定観として受け継がれてきたものと考えられる。武野もいう、「従来、一般的にもちいられてきた用語法では、経常勘定と蓄積勘定の右側の記録は「流入（incomings）」、左側の記録は流出（outgoings）」とそれぞれ呼ばれていた」[16]と。蓄積勘定の貸方（負債・正味資産の変動）を源泉とし、その借方（資産の変動）を使途とする勘定観は、古くから貸借対照表の貸方を「資金の源泉」とし、借方を「資金の運用」とする勘定観を前提においている。1993SNAの定義でも、この解釈のもとで源泉と使途が説明されている[17]。基本3勘定説では、この定義が、そのまま、損益勘定にも拡張して適用されていることになる。しかしながら、マクロ会計型損益勘定に照らせば、経常勘定（生産勘定）の貸方の「源

泉」は総資本形成（非金融資産の増加）そのものをも含み、資金の使途（運用）の側面をも表現していることになり、貸方を「源泉」という概念で統合する解釈は成立しないことになる。

　経常勘定と蓄積勘定を結ぶバランス項目としての「貯蓄」は、本来、経常勘定の貸方残高（プラス）を意味すると同時に、蓄積勘定の借方残高（プラス）を意味する。これら二つのバランス項目の価値は貸借を反対にして一致する関係にある。したがって、仮にこの定義法に従い、経常勘定の貸方側（プラス）を「源泉」と呼ぶならば、蓄積勘定ではその借方側（プラス）を増加させる取引（総資本形成の増加、金融資産の増加、負債資本の減少）こそが源泉でなければならないし、その貸方側（マイナス）を増加させる取引（総資本形成の減少、金融資産の減少、負債資本の増加）が「使途」となる。このように、深層構造論では、蓄積勘定と経常勘定を複式性によって貸借反対に対応させる基本2勘定説をとることになり、基本3勘定説とは基本的に対立する。

　現在のマクロ会計は勘定体系の「表記法」としては徹頭徹尾、二元論に立つ。付随的にマイナス符号を用いることはあっても、資産の増加もプラスであれば負債資本の増加もプラスである。しかし、このような二元論を前提に提示されている基本3勘定説では、貸方が損益勘定であれ蓄積勘定であれ一律に「源泉」であり、「借方」が使途とされている。これはマクロ会計の表記法とは別に、それに新たに一つの解釈を付け加えていることになる。

　「源泉・使途」という用語を用いた勘定解釈論については、二つの問題点を指摘できよう。第一に、なるほど、過去志向的に見れば、貸借対照表の資本負債項目は資金流入の源泉先を示し、資産はその運用を示す。しかし、未来志向的に見れば、資産側が資金の源泉となり、貸方は、例えば負債の返済や利益配当など、その運用先を示す。現在の資産負債アプローチが資産概念を中心に置き、負債をマイナスとするのも、この未来志向と関係がある。一方的に、貸借対照表の貸方を源泉とするのは不適切であるということになる[18]。ここでは、蓄積勘定が「資本『調達』勘定」とされていることからも明らかなように、調達面だけを捉えている点で、一面的といえる。

第二に、源泉・使途という語を用いる場合、意味論との関連が明確でない。恐らく、源泉がプラスで使途がマイナスとされているのであろうが、この用語を複式簿記の計算構造と関連づけた場合、その意味が不明である。先の図表6－8を見ると、「源泉」が「負債・正味資産の『変動』」ともされ、また「使途」が「資産の『変動』」ともされている。しかし、これら二つの対立する変動には、それぞれ、さらに、プラスとマイナスという二つの側面があるはずである。すなわち、資産側の変動にプラスとマイナスという二つの面があり、負債・正味資産の変動にもプラスとマイナスの二つの面がある。例えば、資産の変動には、現金の支出（マイナス）と購入した商品の増加（プラス）という二面がある。資産変動を一括して使途（マイナス）と限定することはできない。このようなプラスとマイナスの二面性が、源泉と使途という用語とどのように関連しているのか不明なのである。この点を見ても、このような対立概念は複式簿記の計算構造を意味論的に説明する概念としては不適格といわざるを得ない。

　このような基本3勘定説の基本的な問題は、損益勘定が貸借対照表勘定から完全に独立したものとしては捉えられていない点にある。基本3勘定説は負債と正味資産の両方を共に源泉という一つのカテゴリーに含めているので、シェア理論のような折衷論と同じものではない。ただ、問題を「正味資産概念」に限定すれば、純資産二重表示論に類似した観点と結びつく。先の図表1－15の「シェア理論の合計試算表」を想起されたい。先ず、現在の資産負債アプローチと同様に、蓄積勘定の貸方の「正味資産の部」を「プラス」とする。その一要素である「貯蓄」もプラス符号付きとなり、これは損益勘定の「貸方残高としての純利益」と「同じ貸方」のプラス符号で結び付くことになる。プラスの貯蓄がそのままプラスの正味資産へ組み込まれる。その結果、損益計算書と貸借対照表の二つを通して、その同じ貸方がプラス（源泉）という概念で総括される。このようなシェアの純資産二重表示論については、損益計算書が貸借対照表から完全に分離されていない状態にあるという点などを含めて、すでにその問題点を明らかにしてきた。もともと意味論のプラス・マイナス符号と結び付かない基本3勘定説が、結局はシェア理論的な二重表示論と親近性をもつ事

態が明らかであろう。マクロ会計の領域における基本３勘定説の存在は、ミクロ会計のみならずマクロ会計においても、シェア流の二重表示論がいかに一般の会計論者の間に根強く残っているかを如実に物語っている。

4 会計一般理論

　マクロ会計の理論領域においては、世界的に見ても、マクロ会計型損益勘定の存在が共有されていないことは明らかなようである。これは、従来、ミクロ会計とマクロ会計に共通している複式簿記の構造について、その深層構造にまで喰い入った考察がほとんどなされてこなかったためである。両会計の橋渡しを試みた学者もいるが、所得概念論は別として、勘定理論的側面に関する限り表面的な議論にとどまっている[19]。

　マクロ会計型損益勘定は産業連関表や供給需要表とも直接に結びつくのであるから、それがマクロ会計の領域で共有されていないということは、同時に、これらの産業連関表や投入産出表が未だに複式簿記の勘定理論と結びつけられていないということをも意味している。SNAが供給・使用表を規定するに当たって、ダミー勘定として財貨・サービス勘定の設定を必須の前提条件としているのもそのためである[20]。現在の国民経済計算の体系は、依然として複式簿記の深層構造についての誤解のうえに成立している。

　武野は、その著作の「はしがき」において、経済学では交換という概念が基礎に置かれているが、「国民経済計算では、そのような考え方はしない。財貨・サービスの販売は、非金融フローと金融フローとの同時発生であり、両者は、最初から異なるものとしてとらえられ、異なる勘定に記録される。そこでは『交換』ということは意識されていない。実際、『交換』とは無関係な取引はいくらでもある。すべての取引あるいはフローは、より一般的な立場から解釈され、処理されなければならない」と述べている[21]。実は、このような取引概念は、筆者がこれまで述べてきた深層構造論とその根を等しくするものである。筆者は、分解仕訳によって、すべての会計取引を便益（収益）関連取引と犠牲（費用）関連取引に分解し、それを勘定の意味論の基礎に置いてきた。この構造は

ミクロ会計でもマクロ会計でも変わらない。もし、ミクロ会計とマクロ会計とを統合する会計一般理論というものが存在するとすれば、それは、このような勘定観に沿った形で構成されなければならない。

マクロ会計の特徴の一つとして注目すべきことは、それが基本的には変動貸借対照表（蓄積勘定）を基本においた変動差額計算をその前提においているということである。このことは、すべてが財の「増加または減少」という用語で語られていることから明らかであろう。この点、複式簿記の本家本元であるべき現在の企業会計の定義体系が「はじめに純資産ありき」の定義体系に固執しているのと対照的である。皮肉な事態というべきである。

注
(1) 原型損益計算書からマクロ型損益勘定が生成される過程については、すでに、個別企業の付加価値計算書との関連で言及している。拙著「会計言語の構造」森山書店、1995年、252-264頁。同「会計深層構造論」中央大学出版部、1999年、145-178頁。
(2) 拙著「現代会計の構造」中央経済社、1976年、82-87頁。
(3) 総務省・内閣府・金融庁・財務省。文部科学省・厚生労働省・農林水産省・経済産業省・国土交通省・環境省編「平成17年(2005年)産業連関表―総合解説編―」総務省、2009年3月、6-7頁。なお、産業連関表の解説書として次のものがある。宮沢健一編「産業連関分析入門(新版)」日本経済新聞社、2002年。
(4) 武野秀樹「国民経済計算入門」有斐閣、2001年、20頁、表1-4。
　　なお、ここでは、次の著書をも参照した。倉林義正・作間逸雄「国民経済計算」東洋経済新報社、1980年。金丸哲「1993SNAの基本構造」多賀出版、1999年。作間逸雄編著「SNAがわかる経済統計学」有斐閣、2003年。中村洋一「新しいSNA-2008SNAの導入に向けて」日本統計協会、2010年。河野正男・大森明「マクロ会計入門―国民経済計算へのアプローチ」中央経済社、2012年。
(5) 同上、23頁。
(6) 同上、19頁、表1-3。
(7) Commission of the European Communities, International Monetary Fund, Organization for Economic Co-operation and Development, United Nations and World Bank [1993], *System of National Accounts 1993*, Brussels/Luxembourg, New York, Paris, Washington,D.C., p. 38, Table 2.1.
(8) Commission of EC, et al. [1993], p. 49, Table 2.2.
(9) Commission of EC, et al. [1993], p.49, par. 2.156.

第6章　ミクロ会計とマクロ会計　237

(10)　Commission of EC, et al. [1993], p. 48, par. 2.152., p. 74, Table 2.6.
(11)　金丸哲「1993 SNA の基本構造」多賀出版、1999年、61-69頁、75-80頁。ここでの仕訳を用いた説明法が適切かどうかについては再検討が必要と思われる。ここでは、生産物の購入の側の仕訳が「(借)生産物 ××(貸)現金 ××」とされているのに対して、その販売の側の仕訳は単に「(借)現金 ××(貸)生産物 ××」となっている。営業余剰の中心を占める販売損益は売上高(カネ)と売上原価(モノ)との対比によって計算されるが、このような営業余剰がどのようにして計算されるのか、この仕訳では不明である。
(12)　内閣府社会総合研究所国民経済計算部編「国民経済計算年報・平成23年版」メディアランド株式会社、2011年、78-83頁。
(13)　内閣府経済社会総合研究所編、510頁。
(14)　海外勘定(図表6-9では省略)の経常取引勘定では、その借方の「支払側」に「財貨・サービスの輸出」(海外部門から見れば輸入すなわち支払)という科目名で記載され、その貸方の「受取側」に「財貨・サービスの輸入」(海外部門から見れば輸出すなわち受取)という科目名で記載されている。同じ一つの勘定に、経済主体を異にした科目名が混在している結果になっている。
(15)　武野「国民経済計算入門」27-30頁。
(16)　同上、19-20頁。
(17)　Commission of EC, et al. [1993], p. 28, par. 2.57. ここでは負債の変動が「源泉」として、資産の変動が「使途」として説明されている。
(18)　拙著「会計深層構造論」191-197頁。
(19)　ここでは筆者が関心を持った二人の学者を挙げておく。(イ) Fisher, I., *The Nature of Capital and Income*, the Macmillan Co., 1906. フィッシャーの関心は所得の概念論にあった。彼は実現所得(realized income, real income)の概念を自説の中核におき、それを稼得所得(earned income)の概念と対照させて論じている。拙著「利潤計算論」中央経済社、1970年、219~222頁。拙著「現代会計の構造」中央経済社、1976年、245~246頁。(ロ) Mattessich, R., *Accounting and Analytical Methods*, R. D. Irwin., 1964. マテシッチは勘定理論的側面から橋渡しを試みているといえるが、借方貸方の勘定構造については単に借方合計が貸方合計に等しいという形でしか定義しておらず、伝来の勘定観の域を出ていない。拙著「会計と構造」税務経理協会、1991年、83頁。拙著「会計言語の構造」、115頁、300-301頁。
(20)　Commission of EC, et al. [1993], p. 435, par. 15.5.
(21)　武野「国民経済計算入門」、i-ii。

結　び

　これまでの考察で明らかにしたように、複式簿記が会計仕訳を通して認識する会計取引としては、基本的には、損益取引しか存在しない。一般に交換取引といわれるものは、これらの収益取引と費用取引のいくつかが経験的に結合して派生的に生み出された取引である。プラス符号付きの収益取引とマイナス符号付きの費用取引は、それぞれ貸借対照表（資産勘定・負債勘定・資本勘定）と損益計算書（収益勘定・費用勘定）の間で一対一の対応関係で、しかも貸借反対に認識される。

　すなわち、プラス符号付きの収益取引は貸借対照表勘定の借方（資産増加・負債資本減少）と損益勘定の貸方（収益の発生）に記入され、両者は同値のまま貸借反対に一対一に対応する関係にある。また、マイナス符号付きの費用取引は貸借対照表勘定の貸方（資産減少、負債資本の増加）と損益勘定の借方（費用の発生）に記入され、両者は同値のまま貸借反対に一対一の対応関係にある。

　これらプラスの収益取引とマイナスの費用取引が結合したとき、貸借対照表勘定内と損益勘定内のそれぞれにおいて、借方勘定と貸方勘定が同値で対応し、それぞれの側でゼロ等式が成立する。いわゆる交換取引はその代表的な取引例である。また、貸借対照表について、貸借対照表等式「資産＝負債＋資本」のほか、資本等式「純資産＝資本」の等式が成立可能となるのも、同値の資産と負債との間にゼロ等式が適用された結果である。

　このように、会計取引には、必ず貸借対照表勘定での認識と損益勘定での認識が一対一に対応するので、複式簿記機構を基礎とする会計全般にわたる議論をする際に、両者を切り離して議論することはできない。また、理論的に貸借対照表勘定と損益勘定のどちらが優先するかという議論すら、そもそも成立する余地がない。

　会計情報の社会的重要性ということを考えた場合、情報の有用性ということももちろん重要である。その際、例えば、純利益情報と純資産価値情報のいず

れを重要とするかの議論も無用ではない。そして、そのいずれかを基礎にして、一つの定義体系の樹立を考えることもあっていいことである。

しかし、その場合に考えなければいけないことは、どのようなアプローチをとろうと、その前提に複式簿記を置く限り、いかなる定義体系も複式簿記の構造の普遍的性格を無視しては成立しないであろうということである。自己が選択したアプローチを強調するあまり、客観的に存在するはずの複式簿記の計算構造についての理解をゆがめるようなことは避けなければならない。

このようなことは、企業会計の分野のみならず、マクロ会計の分野でもそのままあてはまることである。マクロ会計で採用されている勘定観に問題があるとすれば、複式簿記の発祥地ともいうべき企業会計に関わる理論家達が、正当な意味での複式簿記観を提供してこなかったことがその原因の一つとなっているとも考えられる。国民経済学の分野で研究を行ってきた経済学者達が企業会計の論者達以上に複式簿記の本質を理解していたとも考えにくい。いずれにしても、私見によれば、これまで考察してきたように、現在時点の事実問題として、ミクロ会計およびマクロ会計の両分野にあって、正当な意味での勘定理論が確保されているとは到底いえない状況にある。

本書のはじめに述べたように、数学者ルカ・パチオリはベニス簿記の存在を世に紹介したけれども、その構造については何らの解釈も与えなかった。複式簿記はその誕生以来、広く利用されるようになり、世界的な共通言語の位置を獲得するまでに至ったが、その基本的構造をどのように理解するかという問題については、現在時点でも、なお解決されないままであり、一致した見解が構成されたとは言い難い状況にある。

従来、いわゆる会計理論として提示されてきた理論の多くに、計算構造を無視した、いわば観念論ともいうべき性格のものが多く見受けられる。筆者は、この点を、提示されている会計理論の概念的構造と客観的に実在する複式簿記の構造との間に「齟齬」が生じているという表現で指摘してきた。この傾向は、動態論と静態論の対立、あるいは損益法と財産法の二項対立概念にも見られる。損益計算書重点主義と貸借対照表重点主義との対立ともいわれる。例えば、

損益法は収益と費用を対応してその差額として純利益を計算し、財産法は貸借対照表勘定の期末残高を期首残高と比較して純利益を計算するものであるという。現在の資産負債アプローチがこのような二項対立概念に影響されて、あえて損益勘定を無視したような定義体系を提示していることは特に第2章で明らかにした。

　貸借対照表と損益計算書を結ぶ構造的関連性は選択された評価方法のいかんによって左右されるものではない。多くの異なった評価方法も、この一つの同じ構造的関連性の上に成立可能となっている。時価だからといって損益を残高差額として計算するのではない。複式簿記では、時価評価を行う場合でも、取得原価の記録を原点としながら、その「繰り越されてきた簿価」をそのときどきの「時価」と比較しつつ、そのプラスまたはマイナスの評価差額を簿価に加減するだけのことである。財産法が残高差額であるならば、「残高差額＝変動差額」という関係を通して、それは同時に「変動差額」の計算、すなわち、費用収益対応の損益計算にそのまま直結するはずである。第4章で特に転換仕訳という概念を提示し、その考察にはかなり煩瑣な説明を要したが、「変動差額＝残高差額」という計算原理を明確にするためにも、この点の考察は避けられないものであった。

　意味論上のゼロ等式の存在が最も鮮明な形であらわになるのが第5章で述べたキャッシュ・フロー計算書である。直接法と間接法の境界線は、現金項目と現金外項目、または流動資金項目と流動資金外項目など、資金の区分の仕方によって変動するが、どのような場合でも両者の純増加額の合計はゼロとなる。従来の会計理論では、貸借対照表と損益計算書に続く第三の財務諸表といわれながらも、その計算書を理論的に位置付ける試みが全くなされてこなかったが、その原因がどこにあるのかという点について考えてみるのも無駄ではないであろう。

　また、最後の第6章ではマクロ会計の一端に触れたが、深層構造論にとっては、これも避けられないことであった。というのは、キャッシュ・フロー計算書を除いて、筆者が従来主張してきた「深層構造から表層構造へ」という変換

の過程が最も鮮明な形で現れる事例の一つが、ミクロ会計型損益計算書とマクロ会計型損益計算書との対比に見られるからである。ある意味、この二つの損益計算書の対比にこそ、筆者のいう深層構造から表層構造へという定義が最も端的に表現されているといえるかもしれない。

　最後になるが、筆者が望みたいことは、一般に当然のこととして採用されている勘定観が普遍性をもち得るか否かについて、もう一度、検討しつつ、先ず以て共有しうる勘定観を確保する必要があるのではないかということである。本書で述べてきた仕訳の意味論的解釈や現在の勘定観についての批判的な検討が、ミクロおよびマクロの会計の両分野にわたって見られる閉塞的な状況を前にして、それを打ち破るなんらかのきっかけを与えてくれるならば幸いである。

索　引

【あ　行】

洗い替え方式……… 100, 149, 152, 154, 155, 157
有高変動型の費用収益対応………… 138, 207
一元的取引……………………………… 123
一元論…………………………… 9, 36, 125
一致の原則……………………………… 30, 91
意味符号…………………………………… 3
営業余剰…………………………… 212, 221
役務債権債務勘定…………………… 129, 146

【か　行】

会計一般理論…………………………… 235
会計制度委員会報告第8号………… 189
概念意見書第6号…………… 66, 72, 113
概念フレームワーク……………… 79, 117
価値実現の等式………………… 89, 157, 158
価値の連続性…………………………… 19, 202
株式報酬費用……………………… 72, 73, 79
勘定連結形式…………………………… 223
間接法……………… 166, 174, 181, 183, 192
企業会計基準第25号…………………… 115
企業会計原則……………… 128, 135, 143
犠牲関連取引………………… 14, 20, 74
基本3勘定説………………… 224, 232
客観的逆関係………………… 123, 134
キャッシュ・フロー計算書………… 119, 163
キャッシュ・フロー損益計算式……… 173
キャッシュ・フロー変動差額計算式
　………………………………… 174, 176
切り放し方式………… 97, 149, 154, 155, 156
金利スワップ………………… 132, 159
組替調整額………………… 102, 107
経過勘定………………… 128, 146
経常勘定…………………… 218
原型損益勘定……………… 200
原型損益計算書………… 16, 18, 22, 163, 171, 179
源泉…………………… 225, 232
合計試算表……………… 45, 47
後退法………………………… 178
国際会計基準第2号………………… 75
国際会計基準第32号………………… 136
国内総支出………………… 230
国内総生産………………… 230
国民勘定システム………… 218
雇用者報酬支出………………… 213

【さ　行】

財貨・サービス勘定………………… 223
財貨動態論………………………… 24
財産法………………… 25, 60, 162
財産目録………………………… 55
最終消費支出………………… 221
産業連関表………………… 217
産出………………… 217, 224, 225
残高差額損益計算式………… 26, 59
シェア………… 10, 12, 37, 40, 47, 83, 235

243

時価評価の重層性	120, 160	その他有価証券	94, 102, 153
資産擬制論	71, 77	その他有価証券評価差額金勘定	94, 153
資産相互取引	37	損益法	25, 60, 162
資産負債アプローチ	25, 37, 53, 60, 63, 69, 84, 113, 199		

【た 行】

実現利益系統	87, 107, 153	貸借均衡式	31
使途	225, 232	貸借対照表等式	33
資本等式	34	武野秀樹	218
資本取引	71, 185	蓄積勘定	201, 210, 218
収益費用アプローチ	25, 60	中間消費	213, 215
主観的逆関係	124, 135	中間消費支出	211
純資産残高差額損益計算式	59, 61	調整仕訳	102
純資産損益計算式	59	直接法	166, 172, 179, 183
純資産直入法	58	貯蓄	233
純資産二重表示論	41	デット・エクイティ・スワップ	38
純資産の部	56	転換仕訳	138
純資産変動差額損益計算式	59, 60	当期業績主義	30, 117
純資本形成	211, 212, 223	統合勘定	228
純利益二重表示論	40, 44	当座預金勘定	127
償却原価法	157	取引の八要素	81
商品売買取引の三分法	140, 144		

【な 行】

正味の債権または債務	126	二元性	19, 48
新株予約権	73, 79	二元論	10
深層構造論	9	ノーム・チョムスキー	2
垂直型ゼロ等式	31		
水平型ゼロ等式	31		

【は 行】

ストック・オプション	58, 73	売買目的有価証券	148
生産勘定	206, 210	費用収益アプローチ	120
折衷論	10, 37	付加価値	213, 215
ゼロ等式	27, 31, 33, 35, 44, 47, 169, 196	複式性	19, 49
前進法	183	分解仕訳	13, 164, 209
相殺	18, 133		
相殺契約	134		
総資本形成	211, 226		
その他の包括利益	87, 92		

分類法の転換……………………18, 209
便益関連取引……………………14, 20, 74
変動差額損益計算式……………26, 59, 61, 111
変動貸借対照表……16, 22, 111, 163, 166, 182, 200
包括利益………………………………69, 87,
包括利益計算書…………………29, 94, 97, 104
包括利益変動差額計算式………………111

【ま　行】

マクロ会計型損益勘定……………201, 202, 206
ミクロ会計型損益勘定……………201, 202, 204
未実現利益系統……………………87, 107, 148
持分金融商品………………………75, 136, 137
持分相互取引………………………………37
戻し収益………………………………102
戻し費用………………………………104

【ら　行】

リサイクリング………………………106
理論仕訳………………………………95
ルカ・パチオリ………………………9, 240

【わ　行】

ワルプ…………………………………145

著者紹介

田 中 茂 次（たなか・しげつぐ）

1930年	宮崎県生まれ
1954年	東京大学文学部卒業
1959年	中央大学大学院商学研究科修士課程修了
	同大学助手
1962～2000年	同大学専任講師、助教授、教授
	現在、中央大学名誉教授

[主な著書]

『利潤計算論』中央経済社、1970年
『現代会計の構造』中央経済社、1976年
『会計と構造』税務経理協会、1986年
『物価変動会計の基礎理論』同文舘出版、1989年
『会計言語の構造』森山書店、1995年
『損益計算の構造』森山書店、1996年
『会計深層構造論』中央大学出版部、1999年
『キャッシュ・フロー計算書』中央経済社、1999年

会計の意味論　　　　　　　　　　　　　　　中央大学学術図書 (95)

2018年10月10日　初版第1刷発行

著　者　　田　中　茂　次
発行者　　間　島　進　吾

発行所　　中　央　大　学　出　版　部
郵便番号192-0393
東京都八王子市東中野742-1
電話 042(674)2351　FAX 042(674)2354
http://www2.chuo-u.ac.jp/up/

© 2018　Shigetsugu Tanaka　　　　　印刷　電算印刷㈱
ISBN978-4-8057-3144-4
本書の出版は中央大学学術図書出版助成規程による。

本書の無断複写は、著作権上の例外を除き、禁じられています。
複写される場合は、その都度、当発行所の許諾を得てください。